苏霍姆林斯基
教育经典

# РАЗГОВОР С МОЛОДЫМ ДИРЕКТОРОМ ШКОЛЫ

# 给校长的
# 建议

[苏] 苏霍姆林斯基 著

管海霞 译

长江出版传媒

长江文艺出版社

图书在版编目（ＣＩＰ）数据

给校长的建议 / （苏）苏霍姆林斯基著 ；管海霞译
. -- 武汉：长江文艺出版社，2021.4
（大教育书系）
ISBN 978-7-5702-0982-8

Ⅰ . ①给… Ⅱ . ①苏… ②管… Ⅲ . ①校长－学校管
理 Ⅳ . ①G471.2

中国版本图书馆 CIP 数据核字(2021)第 026176 号

责任编辑：马　蓓　　　　　　　　　　责任校对：毛　娟
装帧设计：柒拾叁号　　　　　　　　　　责任印制：邱　莉　　王光兴

出版：长江出版传媒　长江文艺出版社
地址：武汉市雄楚大街 268 号　　　　邮编：430070
发行：长江文艺出版社
http://www.cjlap.com
印刷：武汉珞珈山学苑印刷有限公司

开本：720 毫米×970 毫米　　　　1/16　　印张：15　　　　插页：1 页
版次：2021 年 4 月第 1 版　　　　2021 年 4 月第 1 次印刷
字数：185 千字

定价：35.00 元

# 代前言

# 苏霍姆林斯基教育思想在
# 中国的传播及其现实意义

苏霍姆林斯基是乌克兰著名的教育家，虽然在苏联早已闻名于世，但是在中国，直到改革开放以后才被介绍进来。最先介绍他的事迹和教育思想的是北京师范大学外国教育研究所，即现在的国际与比较教育研究所。1981 年该所连续翻译出版了苏霍姆林斯基的《要相信孩子》《把整颗心献给孩子》《给教师的一百条建议》，后来又翻译出版了《帕夫雷什中学》。几乎与此同时，华东师范大学外国教育研究所的杜殿坤教授翻译出版了《给教师的建议》一书。苏霍姆林斯基的教育思想一经在中国传播就受到教育界的广泛重视，一时间在中小学校教师中掀起了学习苏霍姆林斯基教育思想的热潮。25年来虽然国外各种教育思想像潮水般地涌入中国，但中国中小学教师仍然念念不忘苏霍姆林斯基。这是因为苏霍姆林斯基的教育思想具有普适性、先进性、丰富性，是符合教育的普遍规律、符合儿童的成长规律的。他懂得儿童的心，能用自己的满腔热情灌浇儿童的心灵。他的事迹，只要是教师，看了无不为之感动。

苏霍姆林斯基教育思想的核心是人道主义。相信人，相信每一个孩子是他的教育信条。1960年他写了一本书，就叫《要相信人》，中国翻译过来的时候，因为当时正在批判人本主义、人道主义，因此把它译为《要相信孩子》。其实他的原意是不仅要相信孩子，而且要相信人。他教育学生要关心人。他说："我认为，对人漠不关心是最不能容忍、最危险的一种缺点。"他又说："我们内心中应当对人，对他身上的良好开端具有无限的信心。"这有点像我国古代孟子的心善说，认为每个人生下来是善的。至于社会上还有坏人，那是因为没有受到良好的教育，再加上恶劣的环境的影响。教师应该相信纯洁无瑕的学生，这种信念是我们每个教育工作者都应该具备的。我国现在社会正处在转型时期，社会上各种思潮影响到青少年的思想，因此现在青少年的思想有点混乱，出现了不少问题。但是我们仍然坚信每一个孩子的天性是很纯洁的，都是要求上进的，都是可以教育的。只有有了这种信念，才能做好教育工作。我们把这种信念概括为"没有爱就没有教育"。爱学生这是教师最高的职业道德。这种爱不同于父母对孩子的爱，它是一种对教育事业的爱，对人民的爱，对民族的爱，是无私的爱，不求回报的爱。只有具有这种感情才能相信每一个孩子，才能把他们培养成才。

苏霍姆林斯基认为每个人身上都具有某些好的素质，教师要善于挖掘这些素质。他说："每一个儿童身上都蕴藏着某些尚未萌芽的素质。这些素质就像火花，要点燃它，就需要火星……教育最最重要的任务之一，就是不要让任何一颗心灵里的火药未被点燃，而要使一切天赋和才能都最充分地发挥出来。"我认为，任何学校，每一个教师都应该把这种思想作为自己的教育理念，作为自己教育行为的准则。

教师要相信学生，首先要让学生自己相信自己。为了建立孩子的自信心和自尊心，老师要特别注意自己的一言一行，不说损害学生自尊心的话，慎重地对待给学生的评价。

我国教育现实中绝大多数教师都是热爱学生的，但是也有一些教师对学生不那么热爱，有些教师只爱一部分学习好的、听话的学生。从而让有些学生受到伤害。如果我们把苏霍姆林斯基作为一面镜子拿来对照一下，我们就会发现有许多值得改进的地方。

我认为，教师热爱孩子要建立在信任和理解的基础上。教师要理解孩子的需要，理解孩子的想法，同时让孩子理解自己。教师对孩子的要求要让孩子理解，而不是强迫命令。这就需要教师和学生沟通，从而建立起互相信任、互相理解的关系。有了这样的师生关系，教育也就很容易了。

苏霍姆林斯基设计的教育目标是要培养人的和谐全面发展。什么叫和谐发展。他说："所谓和谐的教育，就是如何把人的活动的两种职能配合起来，使两者得到平衡：一种职能就是认识和理解客观世界，另一种职能就是人的自我表现，自己的内在本质的表现，自己的世界观、观点、信念、性格在积极的劳动中和创造中，以及在集体成员的相互关系中表现和显示。"又说："和谐的教育就是发现蕴藏在每个人内心的财富。……就是使每个人在他的天赋所及的一切领域中最充分地表现自己。人的充分表现，这就是社会的幸福，也是个人的幸福。"他的话语中充满了以人为本，以学生为本的精神。他说，每个教师都应该想一想，我们要把学生培养成什么样的人。我们培养的就是和谐的全面发展的人。在人的和谐发展中，苏霍姆林斯基特别强调要培养学生的精神生活。他认为，我们要培养的人，不只是有知识、有职业、会工作的庸庸碌碌的人，而是要培养大写的人，就是有高尚的精神生活，有理想、有性格、关心别人、关心集体的人。他说，我们时刻不能忘记："有一样东西是任何教学大纲和教科书，任何教学方法和教学方式都没有做出规定的，这就是儿童的幸福和精神生活。"他说："我认为教育的理想就在于使所有的儿童都成为幸福的人，使他们的心灵由于劳动的幸福而充满快乐。"要做到这一点，就需要把学校各方面的工作结合起来。

苏霍姆林斯基的和谐全面发展教育思想很值得我们今天来学习。我国十多年来一直在推进素质教育。所谓素质教育就是把提高每一个孩子的素质作为教育的目标。素质包括身体心理素质、思想道德素养、科学文化素养，具有创新精神和实践能力。各种素质中最具统率作用的是人的世界观、价值观等核心观念，也就是苏霍姆林斯基所说的精神生活。培养全面发展、和谐发展的人，就是要培养他们具有高尚的精神生活。要培养学生的精神生活，教师首先要有高尚的精神生活。我们有些老师起早贪黑，辛辛苦苦备课教学，但是脑子里想的是学生的学习成绩，眼睛盯着的是学生的分数，很少思考和关心学生的精神生活。这样的工作虽然辛苦，却缺乏方向，孩子将来能否成为有丰富的精神世界和创新能力的人，却要打个问号。

苏霍姆林斯基认为，学校里智育起着重要作用。但是，智育不等于简单地传递知识。学生获得知识是为了增长智慧、增长才干，以便于以后能创造性地工作，造福于人类，同时成为一个精神充实、文明幸福的人。苏霍姆林斯基说："对我这个教育者来说，一件必须的、复杂的、极其困难的工作，就是使年轻人深信：知识对你来说之所以必不可少，并不单单是为了你将来的职业，并不单单是为了你毕业以后考上大学，而首先是为了你能享受一个劳动者的丰富的精神生活；不管你是当教师还是当拖拉机手，你必须是一个文明的人，是你的子女的明智的和精神上无比丰富的教育者。"他认为，知识既是目的，又是手段。知识不是为了"储存"，而是为了"流通"。教师不只是让学生记住知识，而且要注意发展学生的精神世界。他意味深长地说："不要让上课、评分，成为人的精神生活的唯一的、吞没一切的活动领域。"我觉得这句话好像是直接针对我国当前的教育现实讲的。

这些话对我们也有很大的启发意义。我们现在的教育受到的升学压力越来越重。升学是重要的，是每个家长都期望的。但是如果从我国民族的长远利益来考虑，升学就不是唯一的，更重要的是要把我们的下一代培养成全面发展的，有高尚精神境界的，有创造能力的人才。这不仅对国家、对社会来说很重要，就是对每个人的发展、每个人将来的幸福生活也是至关重要的。教育的任务就是要促使学生和谐全面的发展，将来不仅能为社会作贡献，而且自己能够过上文明幸福的生活。因此，我们的老师不能只顾眼前考试的成绩，让上课和评分吞没一切。

培养学生的精神世界是道德教育的主要内容。他说："形象地说，道德是照亮全面发展的一切方面的光源，而同时又是人的个性的一个个别的特殊的方面。"他强调道德教育要从童年抓起。童年时代由谁来引路，周围世界中哪些东西进入了他的头脑和心灵，这些都决定着他今后将成为一个什么样的人。对祖国、对劳动、对长者、对同志的关系都应从孩子开始观察，开始认识，开始评价周围世界的时候就开始培养。

道德教育需要有自己的独立大纲，需要学校和老师精心设计。同时德育也离不开智育，要防止教学与教育脱节：即在传授那些本来可以培养高尚的心灵的知识时，不去触动学生的思想，不使知识转化为学生的信念。也就是说，道德教育要渗透到教学中。

结合当前我国新的课程改革，这个观点也是很有意义的。新课标强调三维目标，即知识与技能、过程与方法、情感态度与价值观。这三维目标是有机结合的。这和苏霍姆林斯基的观点不谋而合。

苏霍姆林斯基非常重视学生的个性的发展。他认为，学生都是具体的，没有抽象的学生。学生的禀赋、才能、爱好和特长是各不相同的，要让它们充分发展，就要提供良好的条件。他说，为什么经常在一年级就出现成绩不好，落后的学生呢？这就是因为在智力劳动领域中没有对孩子个别对待。他说："教学和教育的艺术和技艺就在于揭开每个儿童的力量和可能性。"他重视研究每一个学生。他在帕夫雷什中学担任校长23年，一直坚持不脱离教学，不脱离学生。他担任一门课的教师同时还兼任班主任，从一年级一直教到十年级学生毕业。23年中，经过他长期直接观察的学生达3700多人。他了解每一个学生的个性，注意培养他们的个性。他提出学校要达到三项具体要求：一是让每个学生都有一门特别喜爱的学科，鼓励他"超纲"；二是让每个学生都有一样入迷的课外制作活动；三是让每个学生都有他自己最爱读的书。他说："如果一个学生到十二三岁在这三方面还没有明显的倾向，教师就应当为他感到焦虑，必须设法在精神上对他施以强有力的影响，以防止他在集体中变成一个默默无闻，毫无长处的'灰溜溜的'人。"所以他非常重视培养学生的学习兴趣。

什么叫个性？就是一个人不类同于别人的思维品质、智能结构和人格品貌。个性的核心是创造性，创造就不是类同的。个性的发展首先源于兴趣。我曾经总结一条，就是"没有兴趣就没有学习"。学习是从兴趣开始的。教育要从小培养学生的学习兴趣，有了兴趣，他就会把学习当作快乐的事，就会以苦为乐，刻苦钻研。社会上任何一个成功者都是对自己的事业充满兴趣，同时执著追求，刻苦钻研。每一位诺贝尔奖获得者是这样，比尔·盖茨更是这样。因此，学校不是只给学生死的知识，更重要的是要培养学生对某门学科的兴趣，并使之成为他的爱好。这样的学生将来才能成为有个性，有创造能力的人才。所以苏霍姆林斯基说的，如果孩子在十二三岁还没有什么感兴趣的学科，还没有什么爱好，老师就应该为他感到焦虑，这句话有着深刻的含义，值得我们细细品味。

苏霍姆林斯基也非常重视美育、体育、劳动教育，把它们作为和谐发展的重要组成部分，它们之间是互相联系的，而最重要的都是为了培养学生丰富的精神世界，为了学生的幸福的生活。

以上我只是作了简要的介绍，我们可以看到，苏霍姆林斯基的教育思想具有丰富性、全面性、深刻性。所谓丰富性，表现在苏霍姆林斯基不仅在理论上论述了教育的规律、原则，而且身体力行，亲身实践，有着丰富的活生生的案例。他的理论不是苍白的，而是有血有肉，五彩缤纷的。所谓全面性，他几乎论述到了教育的各个方面：德育、智育、体育、美育、劳动教育都在他的视野之内，都有精辟的论述。所谓深刻性，就是他提出的每一个教育命题都有着深刻的哲理。他讲德智体美劳各育的任务不是孤立的，而是统一的，统一在培养学生的精神生活，和谐发展。他把人的价值放在教育的第一位。因此，我们学习苏霍姆林斯基的教育思想就不能就事论事，应该理解他的教育思想的精神实质，学习他的教育思想的精神。近些年来我国教育界引进了许多西方教育思想，大多是教学的技术层面的。例如建构主义理论、多元智能理论等，都是论述如何使学生在智力方面得到发展，如何主动地获取知识，却很少涉及学生的和谐全面的发展，尤其很少涉及学生精神世界的培养。因此我觉得今天我们有必要重新审视苏霍姆林斯基的教育思想的深刻意义。今天，我们提倡素质教育，就是要让学生和谐全面地发展。培养学生的高尚品质是核心，培养学生的创新精神和实践能力为重点。苏霍姆林斯基的教育思想不就非常切合我们的实际吗？我们要学习苏霍姆林斯基的教育思想，推广他的办学经验，明确教育目标，把提高学生素质，培养学生的精神生活放在重要位置。教育是一门科学，需要认真研究它的规律，遵循教育规律施教，就能事半功倍，取得较好的成绩。教育又是一门艺术，需要每个教师去创造，教师要根据学生不同的素材去创造出一个个具有鲜活个性的人才。

苏霍姆林斯基既是一名教育科学家，又是一名教育艺术家。他所创造的美丽的作品永远是我们的楷模。

北京师范大学比较教育研究中心

顾明远

# 作者的话

本书中和青年校长的系列谈话文章，曾于 1965—1966 年发表在《国民教育》杂志上，这些文章引起了学校领导者们的关注和重视。在把杂志上的文章整理成书时，又新增了一章关于学校道德教育问题，并对其余章节也进行了补充和更新。本书中涉及的问题，包括对学校教育和教学过程施行领导的下列几个方面：教师集体和教师个人的创造性工作；课堂上的教育和教学过程；教师的教育学修养；怎样指导教学过程；怎样分析课堂教学；怎样做学年总结；教师和学生的相互关系；怎样教育问题学生等。之所以挑选这些问题作为重点来谈，首先是因为本书的主旨就是要探讨中学教学过程中遇到的各种问题，以及如何指导解决这些问题。有鉴于此，也将对教师创造性工作的特点加以阐述。

和青年校长们探讨的这些问题，并不能解决学校领导工作中遇到的所有复杂难题。这些就教学过程和领导教学中出现的问题所提出的建议与意见，一方面是基于个人多年的经验，另一方面，也是在利用现代化科技成果，并在总结国内优秀的学校领导者的经验的基础上形成的。将个人的经验总结出来，并以建议的形式传承给年轻一代的学校领导者们，这是一件责任重大的事。这需要对其他学校领导者业已取得的成绩，加以深入地、反复地、科学地分析。只有当教育家们的创造性工作是建立在坚实的科学基础之上时，所得出的结论才是具有指导性意义的。

# 目 录 ｜ CONTENTS

# 第一次谈话　教师创造性工作中的几个主要问题

○ 教学是一项复杂的脑力劳动，如果想领导教学，就必须理解和清楚它的一切细枝末节。

　　作为校长，要想领导好学校这样一个集体，就必须深刻理解教育过程中最精深微妙的细节，并厘清其深层次的根源——包括学生的精神世界，学生的智力劳动特点，以及理解掌握知识和信念形成的过程。校长应该既是精通业务、经验丰富的教育学家，又是一名心理学家。但是，经验丰富的校长不是一日就能练成的。在我们面前有一个极其重要的问题：怎么样才能让新上任的校长们，在最短时间内快速获得经验？

　　对于新上任的校长来说，需要操心的问题太多了：怎么样领导教育和教学工作？怎么样组织、计划和确定自己的工作，才能照顾到学校生活这个复杂机体中的各个细节？怎么样让家长正确地教育子女？怎么样在领导工作中杜绝形式主义和行政命令作风？校长是否一定要熟悉教学计划中的所有学科？怎么样直接地或间接地加入学生的生活和学习中去？等等。

　　随着教师思想水平和教学业务水平的不断提高，校长如果把主要精力投入行政事务工作中，那么就会有跟不上教育科学发展的危险。该如何避免这种危险呢？教育素养和教育之间的相互关系是什么？怎么样分析课堂教学？除了分析课堂教学之外，还可以通过其他什么方式来研究和总结教师的工作经验？

对于绝大多数青年校长来说，如何让教师们正确领会自己的意图，如何激发教师们的首创精神，这是一项最困难的任务。下面是一位八年制学校青年校长的话：

"今年是我担任校长的第二个年头。我很想做一些创造性的工作，但恰恰在这里'碰壁'了。我应该从何做起呢？我们这个集体在工作中缺少创新与活力。一开始担任学校的领导工作时，我就翻阅了学校图书馆的所有藏书。把教师所需要的书籍全部摆放在最显眼的位置，加以推荐。我为'教师和学生'讨论会指定了参考书，自己也做了准备工作。我担任了八年级一个差班的班主任，并且负责两个课外活动小组——历史小组和摄影小组的辅导工作。我为教学法小组主持过两场活动。但是，所有我做的这一切，并没有引起老师们的兴趣。为什么会这样呢？我现在思考的是，怎么样才能抓住一根主线，然后顺藤摸瓜解决所有难题？怎么样才能让个别老师克服惰性思维，让他们不再对工作持漠不关心的态度，改变个人主义思想呢？"

所谓教师集体的创造性工作到底是指什么呢？应该怎么样领导学校工作，才能激发出教师们的创造性呢？每次和来自全国各地的青年校长们交流时，发现他们非常勤学好问，照例会提出这类问题。我是非常乐于和他们交流领导教育教学工作经验的。

我们帕夫雷什中学已经形成了一个传统，经常接待来自其他学校的校长和教导主任们来校参观访问。一个月两次，每次两三天时间，让参观访问者们参加座谈会、观摩课堂教学、查看学生作业、与教师们交流等。这样就营造出一个提升教育素养的"学校"环境。在我们看来，这是一种推广学校领导工作经验的很有价值的形式。这类活动经常会变成趣味盎然的交流会。这类提升教育素养的活动，主要内容是对教育和教学工作中出现的各种现象进行直接的、生动的观察,并对这些现象以及它们之间的相互关系进行深入的思考。这些活动的参与者们一致坚信,在纷繁复杂的各类现象面前,校长只有从中看出问题的相互联系,才能实现对学校的真正领导。在面对实际工作中出现的各种现象时,我们主要对以下问题进行了探讨。

(1)校长要将行政事务工作、对教育学和教学法的研究工作以及实际承担的教育教学工作结合起来。校长如何才能做到每天都在丰富自己的教育学知识,并不断地完善教育教学的技巧?

(2)课堂教学的质量受多方面的因素制约和影响,这些因素包括:教师的知识面和眼界、学生家庭和学校集体的精神生活、课外活动特别是课外阅读、教师的教学法修养等。

(3)学生的智力在教学过程中的协调发展。这是实际教育过程中最重要、也是公认的最迫切的问题之一。如果教师认为自己的任务仅限于传授一定的知识给学生,因而不专门在儿童的智力发展上下功夫,校长也不对这一方面的教育工作进行密切关注,那么必将导致学生的学习成绩不良。

(4)学校集体和学生家庭的精神生活,是保障学生顺利开展学习的极其重要条件之一。这些参加提升教育素养活动的参观者们,在对课堂教学、学生回答问题、学习成绩优劣的原因和前提条件进行分析之后,得出了一致结论,认为学生的智力兴趣应当超出教学大纲的范围,只有在这种情况下学生才能顺利地进行学习。

(5)要培养学生的学习意愿和对知识的兴趣,培养学生追求精神富有和充实自己智力生活的愿望。这个问题跟教育教学过程中的各个方面都有着千丝万缕的联系。

(6)保持教养和教育的和谐统一,把知识内化成学生的个人信念,达到教学和道德教育的统一。怎么样使共产主义信念成为每个学生的精神财富,这是每位教师和校长都应该特别关注的方面。

(7)要使学生的道德发展源头变得丰富多样。如何将道德信念和道德行为统一起来？单独地使用任何一种方法都无法保证教育的成功。只有将多种条件、前提和方法结合起来，才能创造出培养良好道德的有利氛围。

（8）保持教师和家长教育理念的一致性。多年以来，我们对国内许多学校的教育过程进行了总结分析，一致认为，要使家长形成正确的教育理念和教育观念，就需要依靠所有教师和家长中的积极分子，以便进行有的放矢的工作。

以上这些问题，都是需要校长加以妥善解决的。

## 1. 关键性问题——领导全体教师进行创造性工作

在我看来，教育和教学工作有三个源泉：科学、技巧和艺术。要想领导教育和教学工作，就意味着要精通教育和教学中的科学、技巧和艺术。从广义上来说，教育是一个多维的过程，不仅包括受教育者，也包括教育者，都要在精神上不断充实和更新。而且这一过程的特点在于每一种教学现象都具有深刻的独特性：某种教育真理，在这种情况下是正确的，而运用到另一种情况下可能就不起作用了，用在第三种情况下甚至会是荒谬的。我们所从事的教育事业具有这样的性质：想要领导它，首先要不断地自我充实和自我更新，要让自己在精神上一天比一天更富有。作为一个学校的领导者，需要每日精进，不断提高自己的教育和教学技巧，需要把教育和教学放在首位，需要把研究和了解学生放在首位，因为这些都是学校工作中最本质的内容，只有这样，才能成为一个好领导，成为一名有威信的、博学多识的"教师之师"。

如果您想成为一位好校长，那么您首先应该致力于成为一名好教师，一名优秀的教育专家和教育者，不仅对所任课的班级学生是这样，而且对社会、人民、家长所托付给你的学校的所有学生也都是这样。而如果您一旦成为校长，便认为凭借某种特殊的行政领导能力就能取得成功，那么请您还是打消当一名好校长的念头吧！

只有日渐深入地对教育和教学过程中的每个细枝末节进行钻研，只有不断地开拓为学生塑造灵魂这门艺术的新境界，您才能为别人所信赖和尊重，成为真正的领导者，成为"教师之师"。当我回忆担任校长工作这些年的经历时，印象最深刻的是什么呢？首先就是教师工作的辛苦与繁杂琐碎，在这些工作的过程中，充满了惴惴不安的、焦虑的甚至有时是痛苦的探索、思考和挫败。当然，在这项工作中，也有一些令人感到幸福的发现，它们就像熠熠闪光的宝石一样，不仅鼓舞着校长，尤为重要的是，更鼓舞着所有一起工作的同事们和教师们。毫无疑问，这些发现和创造灵感，犹如一团火，能驱散教师对工作的冷漠和惰性，能点燃教学工作中创造精神的火花。领导学校工作的诀窍之一，就在于唤醒教师自行探索和分析工作的兴趣。如果一个教师能做到尽力去剖析自己的课堂教学、与学生相互关系中的优缺点，那么他就已经成功了一半。

我想起了刚担任学校领导工作的那几年。那时的我，恐怕更多的是去感受，而不是去理解（然而，无论如何，我当时没有意识到）这一点：一般性的号召没法激发出教师进行创造性工作的意愿，而需要想点其他的什么方法。在听课和分析课堂教学的过程中，我常常想：为什么学生的回答总是那么贫乏、苍白又单调？为什么在这些回答里缺失了学生鲜活的、独特的思想？于是我开始记录这些回答，分析学生们的词汇量、言语的逻辑性和修辞成分。我发现，在学生们的意识里，他们所使用的很多单词和词组，并没有跟鲜明的表象、跟周围世界的事物和现象联系起来。我一边分析在同事们课堂上观察到的情况，一边更加深入地思考以下问题：词语是如何进入孩子们的意识的？又是怎么样成为思维的工具的？孩子们是怎么样借助词语来学习思考的？思维又是怎么样反过来促进言语发展的？从教育学的角度看，在对学校精神生活中最复杂而又最微妙的方面——孩子的思维进行指导中，究竟有哪些缺点？首先，我开始条分缕析自己的工作、上课和班级学生的回答问题情况。

比如说，让学生讲述一滴水的旅行故事。学生原本应该讲述初春的溪水、春日的细雨、天上的彩虹和宁静的湖水轻轻的拍击声。关于这一切，学生应该像讲述他所亲身接触的世界一样，因为他自己就是这生机盎然的大自然中的一部分。但是，学生说了些什么呢？是死记硬背的、生硬拗口的词组和句子，这些是他们自己也搞不懂意思的。孩子们的思想为什么会如此贫乏？我一边听着他们的讲述，一边进行着思考，脑海中渐渐形成了一个看法：我们教师没有教会学生思考，从一入学开始，我们就关闭了学生眼前通往迷人大自然的大门。从此以后，他们再也无法倾听到溪水淙淙声，无法倾听到春雪消融声，无法倾听到云雀歌唱的声音，他们只是在背诵那些描述美好事物的句子，枯燥乏味的、苍白单调的句子。

我和教师们交换了自己的想法，把自己观察到的讲给他们听，想以此激发出他们对于创造性思考工作的兴趣。我们对"教育工作"这个概念进行了深入地思考。不应当用偶然的成功和侥幸的结果来衡量我们的成绩，而应当对所做的工作与所得的结果之间的相互关系进行研究，进行持之以恒的探索。让我们先思考这样一个问题：我们教师言语的丰富程度，对学生的言语和词汇的形成，有着什么样的影响？

几个星期之后，我们聚集在一起召开了一次教学法会议，每位教师都讲述了自己的初步观察情况。可以说，对教育和教学工作中某一特定问题进行兴趣交流，是学校领导工作中最主要的部分，对此我一直深信不疑。一起参加教师座谈会的还有教导主任和校长，如果没有校长本人的首创精神，而光靠教导主任去解决所有的教学问题，指望教师自然而然地产生主动精神，那就意味着等待侥幸的发现和偶然的成功。没有校长的以身作则，没有校长的创造源泉，这一切就无法进行。

我挑选了这样一个时刻，把孩子们带到了花园里：乌云遮住了半个天空，阳光下出现了一道彩虹，苹果树上开满了鲜花——有的乳白，有的微红，有的深红，蜜蜂轻轻地发出"嗡嗡"声……"孩子们，你们看到了什么？快说说吧！把你们心中觉得激动的、赞叹的、惊奇的、担忧的东西都说出来吧！"
我发现，孩子们的眼睛里充满了喜悦，但是不知道如何去表达，找不到合适
的词语。我为孩子们感到难过：在学校学习的珍贵时光，就是在思维源泉这
样枯竭的情况下度过的。词语在缺失了鲜明形象的情况下进入了他们的意识
中，因此，鲜活芬芳的花朵变成了夹在书页间干枯的花片，只有外形还能让
人记起来那曾是活生生的花朵。

　　不，不能再继续这样下去了！我们忘记了知识最重要的源泉——周遭世
界、大自然，我们强迫孩子们去死记硬背，导致他们思维不再敏捷。夸美纽
斯①、裴斯泰洛齐②、乌申斯基③、第斯多惠④等教育家的告诫，有时已经被
我们遗忘了。我开始一次又一次课上把学生们带到大自然中去——带到花园
中、森林里、小河边、田野上，那儿是取之不竭、永远常新的知识源泉。我
开始带领孩子们学习用词语描述事物和现象之间微小细致的差别。

　　看，蔚蓝的天空中，云雀在歌唱，一望无际的田野中，风儿吹起层层麦
浪……在烟雾缥缈的远方，隐约可见的是神秘的斯基泰人⑤的坟茔。上百年
的老橡树林里，下面有清澈的小溪淙淙流过，上面有成群的黄鹂在婉转啼唱
着……所有眼前的这一切，都应当让学生用准确的、优美的语言描述出来。
于是，我的案头多了一批又一批新书：有的是关于实物课的教育学著作，有
的是关于植物学、鸟类学、天文学、花卉学等方面的著作和辞典。静谧的春
日晨间，我常常漫步在河畔、树林里和花园中，仔细地观察周围的一切，想
尽力用最准确的词句来描述出它们的形态、色彩、声音和动态。我在练习本
里写了一些"小作文"：写一丛玫瑰，写一只云雀，写火红的天空，写绚烂的

---

　　①　17世纪捷克民主主义教育家。
　　②　19世纪瑞士民主主义教育家。
　　③　19世纪俄国教育家，被称为"俄罗斯教育心理学的奠基人"。
　　④　19世纪德国民主主义教育家。
　　⑤　公元前8世纪—公元前3世纪位于中亚和南俄草原上印欧语系东伊朗语族之游牧民
族。又译"西古提"人（Skutai）、西徐亚人或赛西亚人。

彩虹……

我把在大自然中上的课叫作"到生动的思想发源地去旅行"。这些课能让孩子们的智力活动目的更明确，形式更丰富。它们首先是训练思维的课程。例如有一节课堂上，让孩子们讨论现象、原因和结果。他们在周围世界中寻找因果关系，并进行描述。我看到，孩子们的思维变得越来越清晰、越来越丰富，越来越具有表现力，孩子们的词汇有了感染力，变得生动起来，活泼起来了。

所有这一切，似乎看起来和学校的领导工作没什么关系。其实不然，这一切和校长的工作有着最直接的联系。这正是领导工作的源泉、起点和最微妙的根基所在。在我面前，徐徐展开了一个无比丰富、美不胜收的教育技巧领域——这就是要教会学生独立思考。这个发现鼓舞着我，并且让我体会到创造灵感带来的不一般的幸福感觉。我于是向同事们介绍自己的这一发现，他们开始来观摩我在大自然中的课堂教学。我把自己写的"小作文"读给他们听，我们一起在一个初秋的日子里，去欣赏那层林尽染的景象。我们不仅仅只是欣赏美景，还尽力用更生动的、更富有表现力的词句来描绘眼前美景。

在我们苏联教育学家和心理学家的科学著作中，尤其是在 A. H. 列昂捷夫、Л. B. 赞科夫、Г. C. 科斯秋克等人的著作中，对思想和思维这些复杂的理论原理都已经作了尽善尽美的阐述。我深深地尊重科学、尊敬学者，我一直认为自己是一个实践者，是一名人民教师。和许多其他教师同行一样，我也一直认为，把科学真理转化为创造性工作的鲜活经验，这是科学与实践相结合过程中一个极为复杂的领域。教师的创造性工作正在于方法的选择，在于把理论转变成鲜活的人类的思想和情感。

校长、副校长和课外活动的负责老师们，应当成为教育的科学和实践二者的中间人。他们不仅要宣传，要在实际工作中去落实科学知识，还要以创造性的想法和点子作为契机，把教师们集体组织起来。

我跟同事们介绍词汇教学工作的经验，以及孩子们的语言发展情况，这些交流好像点燃了他们灵感的火花。他们也对"到生动的思想发源地去旅行"的方式产生了兴趣，开始带上学生们去郊游、去徒步。低年级的词汇教学活动开始跟学生们的课外观察、积极活动结合起来了。

我们要让受教育者们坚定一个信念：如果他不能成为一个睿智的、审慎的、心怀万物的"大自然之子"，进而成长为大自然的主人翁的话，他就有可能把自己周围的世界变成荒漠，并且自取灭亡。这一切都要从童年开始——从训练儿童的思维、树立儿童对世界的看法开始。

我的教师同事们渐渐达成了一个共识，那就是要将词汇教学和思维训练结合起来。我们开始经常聚集在一起，讨论这件饶有兴味的工作。我们的讨论氛围是友好的、亲切的。虽然我们也经常争论，但是在一次次争论中才能发现真理。尽管这些真理在教育学中早已是尽人皆知，但是对于我们而言，这是我们自己的发现，是真正意义上的发现。词汇——这是我们教育工作中最重要的、无可取代的工具。每一位低年级的教师首先应当是一名语文教师。大自然是思维取之不竭的源泉，是智力发展的学校。不是消极的感动，而是创造性的、积极且有成果的认知活动——只有在这个微妙的活动领域里，才能找到智力发展的取之不竭的源泉。

这些真理逐渐成为我们全体教师的教育理念，这是很重要的。所有低年级教师也都有了一个写"小作文"的练习本。我们开始分析学生们在不同季节里（比如在春、夏、秋、冬去观察果园）"到生动的思想发源地去旅行"，这个过程中他们掌握到的词汇程度。我们对观察过程中儿童能积极掌握的名词、形容词、副词和动词等各类词汇进行了记录。有的教师介绍了自己进行的有趣的尝试，这些介绍很动人，我们所有人都被高度一致的思想和探索精神鼓舞着。一名生物课女教师注意到学生回答问题中暴露的缺点，比如有时会缺乏逻辑性。于是她开始教学生们如何进行思考：带领他们到大自然中去，带领他们观察万事万物如何循序渐变。在谈到她对智力发展过程的观察时，这位女教师在报告中介绍说：

"应当去大自然中教孩子们进行逻辑思维。我们有时会忘记,我们其实是生活在大自然中的。如今,我制订了每三天去大自然中观察一次的计划。我将利用大自然中的各类现象,向学生说明什么是因果关系、时间关系、功能关系以及相互制约关系,从而让他们学会如何进行思考。学生还需要对长时间观察自然现象写小结。"

可以把我们的探索和发现称作"深入了解儿童思维的秘密",这项工作在精神上把我们紧紧联系在了一起。这样,才有可能让全体教师共同将理论应用到实践中去。我给低年级教师,给生物、物理、化学、地理各科老师们看了系列课程——即"到生动的思想发源地去旅行"的记录。在每一次旅行中,我们对某一种自然现象或者某个季节进行观察:《大自然中的生物和非生物》《大自然中的一切都在变化》《太阳——生命的源泉》《大自然从冬眠中苏醒了》《冬天树林中的鸟儿们》等。教师们对这些旅行课的记录进行阅读和讨论,并且开始自己也做记录。有趣的是,物理教师、数学教师和化学教师一样很需要这类旅行课。我们全体教师从事这项有意义的工作,已经持续 15 年之久了。我们编写了一本《大自然教科书 300 页》,这是关于 300 次旅行课的记录。但工作远远不止于此。

很多年轻的校长经常会问:该怎么去制订校务委员会的工作计划?怎么才能使校务委员会成为学校的集体领导机构?如果教师集体没有被某项探索、某种思想所鼓舞,那么即便十全十美的计划也只能落得一纸空文。请从最平常的小事做起吧!让全体教师——不论低年级、中年级还是高年级教师——一起来思考这个问题:学生的思维、思想和阅读能力之间的相互关系是怎么样的?就让所有教师都来观察学生的智力活动,让他们在深入观察中厘清这两者间有趣的关系吧。

请您相信,如果把这个问题提交由校务委员会讨论,那么讨论将会是津津有味的，还会产生很多创造性的想法。学校同事们身上存在的或多或少的惰性思维，将会被对本职工作的浓厚兴趣所取代。

或者还可以讨论这样一个问题：对学习、对书本、对脑力劳动的兴趣从何而来？如果所有教师都来集中关注这个问题及其相互关系，如果每个人都学会探索兴趣的根源，那么学校就会变成一个充满了创造性思想的实验室。我和副校长一起听课和分析课堂教学时，总是关注教师在如何研究整个集体共同探讨的问题。

每次听到"教师的创造性工作"这个说法时，我总会想起当初的第一个想法，正是这个想法指导着我们，激励着我们一直在进行探索，即应当教会学生独立思考。这是教学过程中最重要的一个方面。不仅在课堂上如此，在师生进行思维碰撞的一切场合中都是这样。如今，我校教师们正在致力于新的探索：对在观察大自然的过程中产生的词汇，进行情感色彩的研究。我们探讨的问题有两个：思维与情感。我们也在更深入地研究课堂教学的每个细节，研究学生在不同学习阶段中的思维方式。

如果没有整个教师集体的奋发努力，没有明确的教育思想统一所有教师的想法，那么，我们无法想象该怎么去推进这项工作。由此，我联想到教育经验的推广问题。如果没有掌握激励创造精神的思想，那么即便想借鉴他人的经验，也只能是徒劳。只有当教师在他自己和同事们的工作中，对各种教育现象之间的相互关系进行了观察和思考，并且主动去探索新的问题，思考怎么样才能提高自己的方法与技巧时，他才能理解别人经验里蕴含的思想。实际运用他人的经验，从来都是一种创造性的工作。

于我而言，经验就像是花园里盛开的玫瑰。如果我们要把别人花园里的一丛玫瑰，移植到自己的一亩三分地里来，需要做些什么呢？首先，要研究自己这块地的土质情况，看看有什么欠缺，需要加以改善，然后再考虑移植。要怎么进行移植呢？要连土一起移，不能损伤根基。然而令人遗憾的是，有时人们是怎么做的呢？校长一听说某个花园里的玫瑰开得好，就派教师们去了：去看看，去把玫瑰带回来，栽到我们的园子里来。于是教师们就去欣赏美丽的玫瑰，揪一丛玫瑰出来，把活生生的根茎都削掉了，有时甚至把花枝也折断了，哪怕这枝丫上还开着馥郁芬芳的花骨朵呢。这样移植过来的玫瑰，没多久就花谢了，叶落了。校长和教师们都很奇怪：怎么会这样子呢？我们是严格按照先进经验创造者那样做的啊，为什么经验却不能落地生根、开花结果呢……这就是说，这种经验没有什么可取之处，大家对它的称赞没有什么道理，以后，我们还是按老样子来吧。

校长应该像辛勤的园丁为玫瑰花培土那样，为借鉴优秀教师所创造的先进经验准备条件。这样的培育准备工作，首先取决于校长作为一名教师其本身所具备的教育技能。教师集体的教育技能反映在教育思想里，但如果教育思想脱离了具体的实践活动，就会光开花不结果。要想把教育思想从一所学校传播到另一所学校，并且应用到实际工作中去，就必须要有扎根于集体信念的个人创造精神。现在我们就来讨论领导教育、教学过程中一个最重要的问题：集体的教育理念和教师的个人创造。

## 2. 集体的教育理念和教师的个人创造

只有在实践中不断解决教育和教学工作中的一系列重要问题，学校工作才能得到彻底改进，学生知识掌握的质量才能得到提高，道德教育才能得到完善。多年来的经验表明，从千千万万种日常现象中提取凝练出来的教育思想、理念，是教育创造的实质所在。

教育思想，形象化一点说，就好比是能让教育技巧得以在其中展翅翱翔的空气。在我们复杂的方方面面工作中，只有在我们去搜寻生活提出来的问题的答案时，碰撞出灵感四射的火花，那才是有创造性的工作。如果没有任何问题，也没有寻找各种事物之间因果关系的意愿，那么任何时候都不会燃起求知欲的火花。只有当你渴望提升自己的事业、自己的工作成果时，只有当你为了没有成果的努力而苦思冥想、坐立不安时，你的脑海中才能出现点燃创造性思想火花的问题来。作为校长，您应该将教育这块璞玉尚未经雕琢的那一面转向教师，让他们为之震动，思之虑之。如果您能做到这一点，那么全体教师们就能从自己的工作中发现教育问题，获得教育理念。

20 年前，在我反复思量了知识获取的质量这个老生常谈的问题之后，组织教师们进行了一次谈话，谈话是这样开始的：

"这里是一至四年级和五至七年级的学生成绩。这些成绩说明什么呢？你们可以看到：五至七年级学生中，不及格的人数比低年级多六倍，而优秀的人数只有低年级的五分之一。为什么会出现这种情况呢？难道是学生越学越差？还是五至七年级的教师比不上低年级的？或者纯粹是低年级的教师在谎报成绩呢？可是低年级的测验试卷就在眼前，都是区里统一命题的，一切都很正常，分数都很好。究竟是什么原因，导致五至七年级的情况急转直下呢？

我和你们一样，也是一名教师。我非常明白，如果不去深入分析这一令人不安的现象背后的原因，而只是一个劲要求提高五至七年级的成绩，那只会导致撒谎和隐瞒。半年多以来，我每天都在重复做一件事：每天听两节课，一节是低年级的，另外一节是五至七年级的。这半年来我一直因为一个想法而坐卧不安：低年级和中年级学生的智力活动究竟有什么区别？有可能是我错了，但我自认为已经抓住了问题的核心。听课时，我认真听学生说什么，观察他们做什么，并且思考一个问题：究竟什么是知识？我们经常会说'要为获得深刻的、牢固的知识而努力'。可是，要知道，知识这个概念太宽泛了。只有仔细观察了学生在想什么、说什么、做什么、讨论什么，我们才能得出一个结论：我们所理解的广义概念上的知识，其实有时指的是完全不同的事情。

有一类知识是关于周围世界的各类规律，还有一类是学生为了学习而必须掌握的知识和技能。如果仔细观察一下低年级学生在课堂上的表现，就可以毫不夸张地说：小学阶段的主要任务，就是要教会学生们使用工具，以便他们终其一生都能靠它来掌握知识。当然，这项任务在以后的教学阶段依旧会存在，但在小学阶段它应该是居于首位的。没有人能否认，在低年级阶段，学生在一般发展上会得到显著提升，能认知周围世界的许多规律。但是，低年级阶段的主要任务仍然是教会学生学习。应当教会他们使用工具，否则，学生就会一年比一年感觉知识更难掌握，成绩也会越来越差，学习能力越来越弱。低年级和以后学习阶段的脱节，就从这里产生了。在低年级阶段，我们过于谨慎，不敢将工具交到学生手里，但是学生如果不能熟练地掌握使用工具，他的智力层面和全面发展就无从谈起。可一旦升到了中年级，教师却要求学生能够快速自如地使用工具。教师甚至不考虑一下，这种工具处于什么状态，他们忘记了工具是需要经常调整和磨砺的，他们也没有看到个别学生手中的工具已经坏了，不可能再继续学习。但教师还是把越来越多的新材料放到学生的'机床'上：'加工吧！别偷懒！快一点！'这种工具到底是什么样的呢？在这其中包含了五种技能：观察（周围世界的各类现象）、思考、表达（所见、所做、所思、所察）、阅读和书写。

当然，这种分类是相对的。思考能力和观察能力是紧密相联的，而同时，它们也是表达能力的源泉。然而，所有这些只是反映智力活动特征的几个单独的技能。我花了半年的时间，仔细观察五至七年级学生的智力活动，反复思考学生知识掌握程度差和努力学习却没有好成绩的原因。我得出这样一个结论：主要原因就在于学生不会使用工具，不会运用那些最重要的技能，正是这些技能构成了完整的学习能力。首先，学生不会积极观察，其次，他们不会阅读。

积极观察，这实质上是学生和周围世界，首先是和大自然互动的最初行为。借助观察，认知和学习才能成为一种劳动，才能锻炼出观察力，而这正是智力素质发展的一个特征。将观察力和有思考的阅读相结合，才能奠定学生智力不断发展的坚固基础。"

这些初步的结论引起了教师们的兴趣。我认为，我们教师集体已经窥察到了教育工作中迄今尚未被看到的那个侧面。我们研究后决定，对所有低年级、中年级和高年级的学生，都要观察他们的学习能力如何，他们从一个年级升入另一个年级时具备了哪些能力，这些能力日后又是如何发展的。

然而，出现在教师们面前的情景，使得他们感到困惑不解，并促使他们去思考整个教育工作的效果。五至七年级的各科教师——地理、历史、自然、物理、化学和数学老师们，在考察了学生的学习技能之后发现，不少学生的阅读技巧远没有达到能自主掌握教学资料的水平。

原来，有一部分学生之所以不会做算术题，是因为他们根本没法自如和自主地读懂题目。

有一个很重要的难题在于，很多学生的阅读还没能变成一种半自主化的过程。我们可以看到，很多学生在阅读课文的过程中，把全部精力都集中到阅读过程本身上去了：孩子们全身紧绷，冒着虚汗，生怕读错了一个词，一旦碰到多音节的词就会读得磕磕巴巴，因为他们不会把词和词组作为一个整体来感知。所以，学生已经没有余力去理解所读内容的含义了。如果只看阅读的过程和阅读的技能，那么初看上去还算差强人意，然而正是这种表面上的顺利迷惑了低年级的教师们。

我们所有老师聚集在一起讨论学生的阅读问题，讨论的氛围非常热烈。一位物理老师问："如果学生还不会阅读，读不懂题目的意思，他怎么才能学好我的物理课呢？应该先提高学生的阅读水平，让他们能一边阅读，一边思考所读材料的意义。只有这样，我们前面所说的工具，才能在学生手中得到自如地运用。"我们决定全体同行都来帮助低年级教师，教学生掌握顺利学习所必需的阅读技能。不仅校长和教导主任，连语文老师、数学老师、物理老师、历史老师和地理老师，大家都去低年级听课。而低年级教师则去中、高年级听课，看对于掌握顺利学习所必需的阅读技能，那些学生掌握程度如何。

教师们在这里发现了低年级教学中一个很严重的不足：阅读课堂上，阅读本身是很少的，而关于阅读的讨论却很多，讨论那些已读的和将要阅读的内容。阅读常常被各种各样的教育性谈话、教育性因素所取代了。低年级教师们在渐渐克服这个不足，他们开始研究和考虑学生在课堂上、在家里应该阅读多少，以及为了完全掌握阅读技能需要阅读多少。而中、高年级的各科教师们开始仔细钻研，在自己的课堂上要做些什么，才能让学生们的阅读工具日渐锋利，而不是慢慢变得迟钝。

我们所有教师越来越确定一点，那就是，掌握知识的能力——在教师的指导下掌握知识和完全独立自主地掌握知识——是学生智力发展中最重要的一个方面。而在这个重要能力中，首要的就是阅读能力。这种认识变成了我们所有人的教育理念，成为激励大家的一个重要因素，没有它就无从谈起创造性工作和教育技能。多年的教育经验表明，只有从集体的教育理念出发对待自己工作的教师，才能产生创造性的工作。

我们这个教师集体已经花费了二十年左右的时间，争取让学生在低年级阶段就能完全掌握阅读的技能，并在以后的学习中能不断发展和提高这种技能。通过多年的观察，我们得出了以下结论：要让学生能够自如且自主地阅读，理解所阅读的内容，要让学生能在阅读的过程中思考所读的内容，而不是考虑怎样才能读正确。要达到这一点，则必须让低年级阶段的学生在课堂和课外的朗读时间不少于 200 小时，默读时间不少于 2000 小时。教师需要做好这项工作的时间分配，而校长和教导主任则应当检查教师是怎么考查每个学生的个人阅读情况的。

我们所说的自如且快速的阅读，并不是指部分最优秀的学生所能达到的那种快速阅读水平，而是指每个学生都必须能掌握的正常阅读。这种阅读水平是以中等能力的学生为标准的，阅读的速度是每分钟 150—300 个单词。

对于教育集体得出的每一个教育理念，都应该总结出一些实际的结论来，而要使每一个教育理念都落实到实际中去，则需要长期而细致的工作。全体教师都应当认识到阅读能力的重要性。而至于怎么样才能教会学生自如地阅读，每个学生要完成多少实际练习，这些研究则属于校长和教导主任的工作范围了。

在分析学生的阅读能力时，我们还得出一个结论：个别教师也没有完全掌握阅读这项技能。我们发现，部分教师对于缺乏感情的朗读并没有在意，这是因为他们自己缺少语感，不能体会所读内容在含义和情感上的细微差别。鉴于这种情况，我们于是为低年级教师组织了一个阅读研讨班。在这个阅读研讨班里，教师们提升自如、自主、有表达力的、有感情的阅读能力。

所有教师对于学生需要掌握的其他学习技能也进行了明确。我们在分析中、高年级学生的学习情况时发现，不少学生在书写的技巧和速度方面，还没能使书写过程也达到半自主化的程度。也就是说，学生在记录书写的时候，不用再考虑如何正确地写出每个字母。我们得出的结论是，五至七年级（即使在高年级，这种毛病也很常见）的很多学生把精力花费在书写过程本身上，而没有余力去思考自己所写的内容。

怎么样才能使学生的书写过程达到半自主化的程度，怎么样才能让学生在书写过程中，将主要精力用于思考所写内容的含义上，用在思考应该写什么的内容上？集体的教育理念又一次成为每个教师产生个人创造的动力，激励着教师们去进行创造性的探索。在研究了书写过程之后，低年级的教师们得出的结论是，应当早在二年级时，就训练学生写字时保持手不颤抖，不需要特别的意志力就能正确写出字来。教师们意识到，要想达到这一点，就必须要有一定量的练习。

为了能让学生学会足够快速地、清晰地、无误地书写，使书写成为学习的方式和工具，而不是学习的最终目的，那么就需要在低年级阶段安排学生完成不少于1400—1500页的纸上书写练习。我们发现，光靠完成语法和算术练习，是达不到这个书写量的。于是，教师们开始专门布置一些训练书写技巧和速度的习题。到了四年级，就开始教学生听教师所述内容，并进行记录的听力训练。

以上所有的结论看起来都是很简单的，但是为了得出这些结论，需要付出多少劳动和探索啊！教师们经常在校务委员会的会议上汇报自己的工作成果。校长和教导主任在听课和分析课堂教学时，也考察每个学生的作业内容和作业量。教师们的个人创造性内容逐年丰富起来了。中年级和高年级的老师们还得出一个结论：在中、高年级阶段，还有一种能力需要掌握，那就是自我监督、自我检查的能力。我和语文、数学、物理、地理、历史老师们一起，分析了一系列课程，以明确培养学生自我监督、自我检查能力的路径。

低年级教师的教育创造工作就这样开始了。几年时间里，学校逐渐建立起一套写作课的体系。老师们教学生观察大自然现象，并以所得到的材料为基础来进行写作。学生们于是写出了下面这样的一些作文题目：《树木的秋日盛装》《第一次寒潮》《春天的花朵》《花园里的蜜蜂们》《夏天的雨》《阳光明媚的冬日》，等等。不难发现，这些有趣的创作活动能教会学生思考、教会学生学习。几年来学校形成的这套写作课体系，就像一根主线，串起了培养各个年级学生思考能力的工作。教师在一年级阶段，就把学生们在以后四年要写的作文题目拟定出来了。这样教出来的学生，等到小学毕业时，就能很好地讲述出所见、所感、所想。

以观察大自然现象所得到的材料来确定作文题目，这是校务委员会讨论的问题之一。我校的所有教师都认识到，这不是一个简单的教学法问题，而是一个关系到学生的智力培育和为今后继续学习做好准备的重要问题。校长和教导主任在分析低年级课程中，应该和教师们共同探讨，把那些成功的经验和做法纳入智力培育的体系中。教导主任日常工作中的一个重要任务，就是要去发现和检验教学中的成功做法。我想建议青年校长和教导主任们专门准备一个本子，把教学中的成功做法和点滴经验都一一记录下来。校领导和负责人应该把值得关注的一切事情都悉心收集起来，就仿佛是每天都在向前看，思考改善教育和教学过程的前景。

总而言之，教师集体只有达成统一的教育理念，低年级教师才能有所创造，即为了让学生顺利地进行学习，就必须教会他们怎么去学习。经验证明，如果所有教师和学校领导都能关注到低年级学生，将低年级看作是掌握学习工具的一个环节，那么他们就能在三年的时间内顺利完成初级阶段的教育。如何领导好一所学校，其诀窍就在于：用统一的教育理念把低年级、中年级和高年级的教师团结起来，让他们共同关注学生的学习，让每个教师的个人创造——如果没有个人创造，就不可能有集体创造——像一条条涓涓不息的溪流，汇聚成集体技巧、集体经验的知识长河。

### 3. 完善的智力活动是思考、理解，而不是死记硬背

学生自觉的智力活动，决定了学校生活的整体气氛和方式，而所得的成果便是学生深刻而牢固地掌握了知识。领导教育集体，成为教师之师，这意味着，校长要亲力亲为指导学生的智力活动，对其施加影响。经常有人会问：怎么样才能一边领导学校工作，一边同时进行科学研究工作呢？对学生的智力活动进行日常地分析，深入了解学生认知周围世界的过程和实质，对大量的事实进行研究，并概括总结，思考怎么样才能使学生的智力活动更加有成效——其实，这就是最生动的、最富有成效的科学研究工作。可以毫不夸张地说，我科研工作中最紧张的时刻就是在课堂上——自己上课和听其他人的课。课堂，就是教育思想的源泉；课堂，就是创造活动的源泉，是教育理念的萌芽之处。我每天至少去听两节课，这不仅是学校工作制度的要求，更是因为我自己首先需要有不断滋养思想的源泉，而这个源泉正是课堂。每当我遇到之前没注意到的教育工作情况时，当我认真观察却百思不得其解的时候，我就会去听五节甚至七节课，试图尽力去找出这个令人心神不宁的问题答

案来。

必须要大量地听课和分析课堂教学，才能对教师的教育学和教学法修养，对他的精神财富、视野和兴趣等做出正确的结论。只有对大量的事实材料及其相互关系进行分析研究后，才能拥有对教育现象的发言权。在完整地听完一节课后，可以和任课教师谈谈。但只有对一系列课程进行分析后，才能对各种教育现象之间的相互关系进行概括。青年校长的任务，就在于要先对事实进行思考和分析，然后逐渐过渡到对各类教育现象的判断。这种过渡不仅取决于校长是否善于观察，而且还取决于是否能听取教师的意见。只有校长和教师共同对课堂进行分析，才能算是充分的。校长和教师们一起对课堂教学进行评议，深入思考，互相了解彼此的思想和观点，这是实施完善的教育领导的一个非常重要条件。

这是 19 年前的事了，我当时在研究三年级一个单元的语法课。有一次在讲解语法规则的课堂上，学生们好像听懂了女教师的讲解，也举出了一些例子，还能把规则背出来。可等到下一次上课时，女教师再问起这条规则，却只有少数几个成绩好的学生还记得，其他人都忘了。为什么会这样子呢？明明昨天所有人都回答得很好啊，这是怎么回事呢？于是又让学生们重新背，重新举例子。等到再一次上课的时候，一切照旧——还是只有那几个成绩好的学生记得。女教师这次没有时间再去复习已经讲过的内容了，她得讲解新内容了。至于那条规则，她只能说："你们回家要继续背，我还会再检查的……"

后来我又去听了好几节课，我不禁陷入了深思：为什么要学生们记住学过的内容会这么困难？每上一次新课，问题就暴露得越来越清楚了：没有充分理解规则，而只是去死记硬背，这样只能获得浅薄的表面知识，而表面知识是很难被长久记住的。这样子一节课接着一节课，没有弄懂的知识就像雪球一样越滚越大。每听一堂课，我都要和教师们探讨：学生应该怎样进行智力活动，才能长久地记住知识，才能经过一定的意志努力后就能不特别费劲地记起规则呢？我们研究了记忆和保持长久记忆力的心理规律，并提出各种假设，想以此推测出影响智力活动成果的原因。我们再三研读苏联教育学家和心理学家的各种著作，想厘清理解、记忆、保持长久记忆力和将知识运用在实践中等过程是怎样发生的？这些著作给我们揭示出很多问题的答案，但是每一个理论性的真理都需要以具体的教学方式和方法来体现。我们不断地冒出了很多新问题：学生既然已经理解了语法规则，为什么记住却这么困难呢？难不成是因为低年级学生本来就难以识记抽象理论，要想长久记住就更难了？

我建议青年校长们要让自己（回头也要让教师们）能用教育理论去阐明教育、教学过程中遇到的各种日常现象。而这可能是领导学校工作中最困难的问题之一。

我继续听这位女教师的课，并进行课堂分析，同时也去听其他教师的课，有时一天要听五节甚至五节以上。唯有这样，才能尽全力对各类事实和现象进行思考、概括和比较。那段时间，不仅对我，还是对低年级、中年级和高年级的教师来说，都是精神高度紧张的时期。可以说，我们所有人的注意力都集中在了一点上：务必搞清楚，到底是什么因素决定了抽象理论的识记以及保持记忆的长久性。我们就是从这个角度出发，来研究课堂上的各种现象的。

在积累了大量的事实材料之后，我们发现了学生智力活动中一条很有趣的规律，它就像一把钥匙，可以解开很多新的事实和现象之谜。这条规律是：抽象理论概括的事实范围越广，要想对它进行识记并保持长久记忆，就越需要学生进行独立分析和思考事实。只有在认识事实的过程中去理解抽象理论的实质，在思考事实的过程中使用抽象理论来进行解释，即便没有明确要求学生来记住这个理论，学生却能很好地识记这个理论并保持长久的记忆。

通过观察一些经验丰富的教师课堂上的现象，我们发现了智力活动的这条规律。例如，有位数学课女教师在五年级课堂上讲解一条规则，她并没有要求学生去记住这条规则，而是先尽力让学生去深入理解这条规则的实质。等到学生都很好地理解了这条规则之后，她再举出一些例子，让学生们去理解和思考。学生们在解释例题的过程中，其实就已经很好地理解了这条规则，并且学会了运用，虽然尚未记住。对于学生们来说，注意力越集中在刚刚用来说明规则的那些事实上，越是不被要求去记住这条规则，越是多多去思考实际例子，那么就越能很好地识记规则，并能保持更长久牢固的记忆。

我们一发现这条重要的规律之后，教师们马上就采取另一种方法来指导学生的智力活动了。在语法课之前，我们指定了一些生动的语言事实和现象，通过理解这些事实和现象，来帮助学生深入理解语法规则的实质。这样就不是死记硬背语法规则，而是通过多次运用规则来解释实例。学生多次反复运用这条规则，就像正在学习使用一把钥匙一样。

尽管并没有要求学生去记住这条规则，但通过多次实践运用后，学生已经记住了。一旦记住之后，几乎没有人会再忘记，这是没有经过刻意背诵就记住的。特别重要的是，通过这种方式记住的规则，即便学生忘记了其中的某些内容，也能通过努力再去回忆起来。在这种情况下，学生是通过回想他记忆中的那些生动的语言事实，回想这些事实在他脑海中留下的印象，回忆起这条规则的。

我又去听了一些课，接连不断地发现一条又一条新的教育规律。我们确信，如果用独立思考事实的方式去获取知识，那么课堂上就能匀出很多时间做实践作业，用来练习和培养学习能力。学习新教材的过程与知识的发展、深化和巩固融为一体，下次课堂上，就能大大减少复习旧知识的时间。

不特意去识记，而是通过深入思考事实和现象来加深记忆——这个思想逐渐成为我们的教育理念，这种教育理念要成为集体的共识。在校务委员会的会议上，我们讲述了自己的探索和"发现"。我们的讲述引起了所有教师的兴趣，毕竟，识记和保持长久记忆是最令人头疼和不安的问题之一。无穷无尽的背诵实质上会变成死记硬背，导致学生无法集中注意力去理解教材内容的实质。学生死记硬背的内容越多，就越无法保持长久牢固的记忆。还有一点也是很清楚的，如果脑海中没有记住知识，如果不能运用知识去解释周围世界的事实和现象，那么，是无法进行智力活动的。我上面给"发现"一词加了引号，是因为这并不是我们的发现。那些帮助我们理解智力活动的重要规律和真理，都是我们从教育学家和心理学家的著作中找到的。实践活动帮助我们察觉、发现和理解了这些科学真理之间的一些新的联系。

识记知识无须死记硬背，这一理念令所有教师都兴奋不已。每位教师都开始在自己的工作中对这个理念进行检验。每一位教师的个体教育技巧如同一条条小溪流，汇聚到一起形成了集体创造的长河。其中，要数低年级教师以及语文、数学、物理和化学老师的创造性探索最富有成果性。低年级教师开始以细致化和区别对待的方式来面对学生。在懂得了教材的识记和保持记忆力的规律之后，教师们能更好地理解，为什么有的学生学习起来相对容易，而有的学生却会感到困难重重。为了能够理解某个规则的实质，并在清楚确切理解的基础上，能够烂熟于心，有的学生需要多对实例进行思考，有的学生则可以少些。如果一个学生没有对足够量的实例进行思考，那么他就只能在不理解的基础上死记硬背，这样获得的知识是不牢固的、肤浅的。低年级教师开始对学生的智力活动采取区别对待的方式：一部分学生多分析一些实例，另外一部分学生少一些。教师们越来越确定：最持久的记忆，正是 Ц. И. 任钦科在他的著作中阐释的那种无意识记忆，即不经过死记硬背，而是通过理解或运用规则、公式和结论分析事实的方式来进行识记。低年级教师开始按照这一原则来组织语法和数学课上的智力活动：在学生还没有清楚而确切地理解规则前，不要叫他们去死记硬背，只需要让他们继续对事实材料进行思考、分析和理解。

数学老师开始按照新方式来建构复习课。以前是要专门划出时间来复习规则、公式、定理和其他一些数学的总结性内容，如今则是在实际运用知识的过程中进行概括。

人文学科的教师们，尤其是历史教师，也开始思考如何避免学生生硬地背诵教材内容。他们在检查家庭作业时，提的问题都是促使学生去解释各种现象之间的因果关系的，而不是让学生整段整段地复述课文。

## 4. 当教师讲解新内容时，学生脑子里在想什么

校长和教导主任最重要的一个使命，就是要让教师们明确，教育工作中有一个非常重要同时又难以把握的问题：教师在讲课的时候，应当一边思考他正在讲解的理论材料，一边观察学生的智力活动情况，也就是说要审视、观察和分析学生的注意力、兴趣、意志力，以及他们对待智力活动和教师的态度。把教师工作的这两个职能和谐地统一起来，对不同的现象进行思考，并从不同的角度对学习这个复杂的过程进行分析——这是教育技巧中最精妙的领域之一，深入其中，能让我们深刻地体会和享受创造的幸福。没有什么能比教师和学生的智力活动更生动、更变化莫测、更积极活跃了。如果教师能在上课时一边思考要讲的内容，一边又顾及学生，如果教师能随时调整原定的授课计划，并且能保证这种调整是合乎情理的，那么就可以认定，教师能掌控好这个班级。

领导学校工作，首要的就是看每位教师是否在工作中将这两方面的职能统一起来，要帮助教师们运用睿智的工作达到这种统一，让学生能进行专心致志的智力活动。

作为一名善于思考的校长，他对新教师或者实习教师上课的最初看法，对他们教育素养的初步印象，都是建立在分析的智慧基础之上。多年的实践经验让我深信不疑，教学工作在这一领域是具有一定规律的。在课堂上，如果教师教授给学生的基本知识，只占他自己所掌握的知识总量中微不足道的一小部分，那么他才能在思考教学的同时，还能考虑和顾及学生。如果教师仅仅懂得教授给学生的那点知识，那么他就没法顾及全班的情况、学生的情

绪和兴趣，更顾及不了学生的智力活动及注意力情况。

为什么有必要和青年校长谈谈这个问题呢？因为在我们的学校工作里，有一些可称之为奠基石的部分。不垒好这些奠基石，怎么能建成高楼大厦？而教师掌握的知识，就是我们说的奠基石。要能在课堂上观察学生的智力活动情况，教师懂得的知识就需要比他教授给学生的多好几倍。领导学校工作的实质应该从这里做起：为了掌握教育技巧，应该让教师打下牢固的知识基础。如果没有这个基础，教师就既不会有创造，也不会有教育理念。

当然，问题不止于教师的知识量要比学生的多几倍。除此之外，教师还需要知晓认知活动的规律。

我们教师群体中达成了这样一个共识：所谓完善的智力活动，就是理解，就是在深入思考的基础上进行识记。我们每年都会举办理论研讨会，专题研究学生的智力活动。每个教师都会为参加研讨会进行准备，校长在会上做报告，专门分析课堂教学中教师的讲课、学生的回答、教材的分析和知识巩固等方面的情况，教师们汇报自己的创造性探索和收获。

我们越是深入研究这个课题，发现的问题就越来越多，在学生认识世界这个复杂过程中，发现的新方面就越来越多。好几年了，我们一直被这些问题困扰着：学生是怎么理解教师讲解的教材的？学生在领会新知识时，脑子里的活动是怎么样的？

教师应当清楚，对于本节课需要讲解的新内容和学生已知的概念、规律有什么联系，这一点是非常重要的。校长有一项非常重要的任务，是要教会老师们从学生是否积极地进行智力活动这个角度，来观察和分析自己的课堂教学。一般来说，只有当教师听取了校长的意见和建议，并且对自己的工作进行分析时，校长的听课和评课才能产生效果。

每次在听课前，我总是对教师说：我希望能在您的讲述（讲解、报告和谈话）中，看到您为促进学生积极地进行智力活动的内容，也请您自己考虑这一点，应当怎么尽力让学生成为知识掌握过程中的积极参与者。对学生的智力活动进行有的放矢的指导，这方面的经验确实是需要一点一滴去积累的，因为教师在起初讲解新教材时，会将全部的注意力、精力和思想都集中在教材的内容上，而不知不觉间忽视了教学论方面的要求。但是正因为经验丰富的老师并不多，所以更有必要向全体教师揭示经验的本质，这样才能方便其他教师在借鉴经验时，不至于把个别案例机械地照搬到自己的课堂上，才有可能创造性地发展教育思想。我把在这些课堂上收集到的一点一滴经验综合起来，在校务委员会的会议上作了报告。

经验丰富的老师经常会使用亚里士多德"思维始于惊奇"这个经典法则，来有的放矢地指导学生的智力活动。有一部分数学老师在讲解新内容时，在阐释事实和现象的实质过程中，会在学生的脑海中种下带有鲜明感情色彩的疑问。正是疑问的这种情感色彩激发出学生的惊奇感："为什么会这样子呢?"惊奇感——正是求知欲充沛的源泉。比如，在上植物学课时，教师向学生展示实例，以说明植物细胞在有温度、湿度和阳光的情况下，是怎样产生和积累有机质的。这样的一个事实，对于学生来说却是大自然的巨大奥秘。想要深入探索这个奥秘的强烈愿望就是一股巨大的动力，是思维的情绪、意志的动力。

一直以来，我始终致力于让每位教师都来探索实现教育思想的创造性途径，都来思考自己所授学科的特点，都来考虑自己班级学生的思维特点。我去听的和分析的一部分课，是我和教师们一起准备的。当然，这并不是说我们要一起写教案和课程大纲，问题的关键不在这里。而是我们在一起思考，怎么样利用教材内容来培养学生的求知欲，怎么样在学习教材的过程中判定学生的感知和理解能力。这样的听课是非常有意义的：因为我和教师都好像能站立在教育技巧的源头处，来自校长的帮助有利于教师学习分析自己的课堂教学。而对于我来说，这样的听课和分析课堂教学，成为我综合各种教育现象的来源之一。

我和数学课老师一起思考六年级的几何课：用什么样的方法才能保证学

生积极地进行智力活动？这节课要讲解的是直线的投影为斜线的概念。在分析了教材内容之后，我们得出了这样的结论：如果学生会画各种图表来表达教师的意思，这就说明课堂上的智力活动是最积极的。因为，学生能做到这一点，就说明他们非常专心地思考老师所说的每一句话。这样子，老师在课堂上讲解怎么画垂直线和斜线，学生则一边听讲解，一边画垂直线，引出斜线，并用虚线从斜线上的点向直线引出垂直线。这是一堂别具一格的数学"听写课"：学生领会了老师的意思，再用各种线条和图画把它再现出来。所有这些都画在草稿本上。我们认为，使用草稿本是非常有意义的：通过看草稿本，老师在讲解过程中就可以了解到每一个学生是怎么样领会教材内容的，他们遇到过哪些困难。

课后，我们讨论了课堂上的创造性收获和不足之处。我们又准备了一次课程，准备再去上一堂课。这不单单是校长对教师的帮助，首先其实是教师对学生的智力活动进行的观察和研究。在我看来，学校领导者的首要使命是让每位教师都成为勤于思考、善于求知的研究者。真正的教育创造有一个显著特征，那就是对工作进行持续不断地研究和创造性总结。

多年以来，我持续对部分学生从一年级到十年级进行观察，记录他们在课堂上的智力活动情况。之所以进行这项观察，是因为我想要确定学生智力和才能发展所需要的最佳条件是什么，想要厘清智力发展过程对具体知识的掌握、教师的教学方法以及学生智力发展的类型和方式的交替等方面的相互关系。我是带着这些疑问去听课的：帮助学生成功掌握知识的能力到底是什么？能力的高低优劣到底如何解释？为什么有的学生能非常快速地理解、记忆和掌握教材内容，不费吹灰之力，而其他学生却举步维艰？我们应该做些什么，才能让所有学生的能力都得到发展，才能不断发展和完善我们称之为"敏锐"的这种智力品质？毕竟，"敏锐"实质上是掌握知识的一种具体的能力表现。

通过多年的观察，我们渐渐确定，帮助学生成功掌握知识的是智慧和敏锐，但它们不是天赋的，不是一成不变的，而是可以改变的，是随着学生身处的环境、教学特点和智力活动的过程等因素而不断变化的。这种特性包括学生能从一个认识对象快速转向另一个认识对象的能力，并且在记住已有信息的基础上，去确定不同思考对象之间的关联。对于具备这种特性的学生，教师更易于开展教学工作。这种学生能快速地领会教师的意思，快速地理解和识记，并且善于调动自己的记忆力。

但是班级里有些学生的能力则完全不一样，甚至连记住算术应用题的条件都很困难。他刚准备去做数的运算，却把应用题的条件忘记了，脑子里一团乱麻，只好一切从头开始。如果学校不履行人道主义使命去关注这些孩子，那么他们的一生都可能不幸。所以，我们的首要任务是发展学生的智力。

应该做些什么呢？需要做一些专门的智力训练。这需要持续多年的细致工作，需要教师具备极大的耐心和毅力。对于这类学生，我们在学校举办的心理学和教育学研讨会上经常专门讨论。多年的经验证明，对于这类学生的工作，既要坚持不懈，又要小心谨慎。总的来说，为了发展敏锐性和记忆力这个目的，而有的放矢地对学生的思维进行训练，这项工作需要慎之又慎。

所谓善于培养智力，就包括要给每个学生找到一个适合的方法。应该发展学生的认识的直接形式和感性形式，包括感觉、知觉、表象、想象和幻想等。这是进行思维最不可或缺的条件。多年的经验让我确信，应当把这种学生带到大自然中去，带到花园中、树林间、田野里去，带到开满向日葵或者三叶草的田地里或者河岸去。之所以带学生们到大自然中，是为了让他们感到惊奇和惊叹——我们认为，惊奇感是推动学生智力发展的重要因素之一。

还有一点特别重要，教师不要用不及格的分数去干扰这类学生。在一定时间内，对于个别学生，根本不用打分数。

部分青年校长读者们有可能会觉得，我在本书中很少提及校长的行政组织工作，诸如组织召开各类会议，制订工作计划等。但是，如果您希望同事们的工作富有创造力，那么行政这方面的工作就不能放在第一位，它应该完全从属于教学过程中的各项工作。领导学校，首先应该是教育思想方面的领导，其次才是行政方面的领导。

现在可以回答某位校长提出的问题了：校长是否有必要了解中小学教学计划里的所有科目呢？答案是肯定的，而且一定要了解，不但要了解教学大纲，还要了解大纲之外的更多知识。校长应当能看到科学发展的最新前沿成就，而这些成就的基础知识就是中小学教学的内容。更不用提教学大纲了，那是最基本的知识，如果连这些都搞不懂的话，从何谈起领导学校工作？

您被任命为中学校长，为了能顺利地领导学校，您首先应该买齐各个年级的参考书，从识字课本到对数表都要有。这些书全都摆放在您眼前的书架上，这成千上万页的内容，学生不只要读完它们，还要理解和掌握它们。光是一本历史教科书就有两千多页……翻翻看教材，您就会对学生油然而生出敬佩感：学生需要付出多少辛苦的劳动啊！将所需要学习的教材按学年划分后，就能清楚地看到，学生智力活动的负担是怎么样逐年加重的，智力活动的性质又是怎么样逐渐改变的。您仔细想想，教师为培养学生的智力和才能——没有这样的才能就没法掌握大量的知识——他们付出了多少的劳动。

接下来，您可以从知识运用的角度来分析学生的学习情况。这样的分析是很有趣的，它会显示出，知识掌握的过程是多么复杂，多么丰富，我们称之为学习的这种劳动，是多么辛苦！我花了整整一年的时间，来分析一个学生在学校学习的十年期间必须掌握的那些概念。我的面前展开了一幅神奇的画面：数千个概念，而且是全新的，闻所未闻的，在校十年的教学中，要为学生一一讲解。也就是说，学生平均每天要掌握十个新概念。而且回头还要花时间来运用其中的每个概念来解释新的事例、现象和过程。除了这些，学生还要做成百上千道练习题，掌握上千个单词，完成大量的实际习题。如果学生将对教科书的学习变成了死记硬背，那么学生就会把学习当成沉重的负担，因而想竭力摆脱它。

作为一名校长，他必须了解这一切，才能一方面既分析教师的工作，另一方面又能在全体教师中确立这样一个重要的理念：教学是一项复杂的脑力劳动，如果想领导教学，就必须理解和清楚它的一切细枝末节。

# 第二次谈话　教育现象之间的相互关系

○ 只有当教师的知识面远比教学大纲的范围宽广时，他才能在教育过程中成为大师、艺术家和诗人。

有的人天真地认为，借助某种唯一的、万能的、包治百病的方式，就能不费吹灰之力地对教育和教学过程进行根本性的改革。

在参加了两周的研讨班学习回来后，一位中学教导主任兴奋地对同事们说："俗话说'活到老，学到老'……真是可惜，我们浪费了这么多年的时间，输送出去多少教育残次品！回顾过去，我感觉很惭愧：我怎么就没有察觉，甚至就没有动脑子去想一想，综合课是没有什么用的。直到这次上研讨班，我才开了眼界。最好的课，应该是按'讲授—实际作业法'上的课。也就是先讲授和做实际作业，再考查……这样的教学效果是立竿见影的。"

但是，同事们对教导主任的兴奋和美好设想并没有产生共鸣，教导主任见状又说："我确定，每个老师，即便是最普通的老师，用这个方法去上课，也能教得好。这个方法本身会迫使你教好……难道你们不相信吗？按照'讲授—实际作业法'来上课，所有的学生都能学好知识的。"

教师们回答他："作为一名优秀的教师，只要他能调动学生积极地进行智力活动，那么不论用什么方法授课，都能让学生学好知识。如果把'讲授—实际作业法'当成包治百病的灵丹妙药，那么它并不会比设计法和单元教学法要好……要知道这两种方法也有合理的成分。"

教师们费尽心力，才让教导主任不再幻想借助某种万能的、包治百病的方式，就能对教育和教学工作进行一场改革。这场谈话引起了大家对于各种教育现象之间互相关系的深思。

学校是一个极其复杂的有机体，在这其中，有很多活生生的、颤动的器官，其中每一个器官都跟它的"同行"一样敏感、谨慎，都能对它的处境做出敏锐而强烈的反应。教师们想让教导主任相信，一名好教师，无论用什么教学方法，都能把学生教好。他们这样说，并不是对教学法和教学论有任何抬高或者贬低的意思。教学理论是一种复杂的、有用的理论，不掌握它就无法在校园里立足。

有一位在中学工作的物理老师，他徒劳无益地想在自己的课堂上运用程序教学的一个原则——反馈联系的原则。他读了一些关于控制论和仿生学的文章，但是没有任何收获，因为他除了教科书之外，对其他有关物理的知识就一无所知了。一种方法，通俗点说，只有当它有基础可依的时候，才能变成教师手中的利器。如果教师的知识基础是薄弱的，那么方法也就无从可依……

遗憾的是，有一些语文老师，他们教出来的学生不会写作文。为了能让学生写出作文来，这些老师经常会从一个极端走向另一个极端：要么直接从教学参考书上摘抄成段的范文，要么就要求学生完全独立自主地完成作文，这样子当然会一无所获。这类老师自己也从来没有试着去写一篇关于春雷或者一月的暴风雪之类的作文，学生也从来没有听他说过自己的亲身感受。在这种情况下，即便用最完备的方法让他们教上七年，也不会有任何成果的。

教育教学过程中的方方面面和各类现象之间的相互联系，决定了校内管理工作需要将校长、教导主任、课外活动负责人、少先队辅导员、党、团及少先队组织等各种力量联合起来。我建议，您要更频繁地跟副校长、助手们碰面，好好研究和探讨一下，为什么学校有的工作开展不好，是什么原因造成的，受什么条件制约了。您一直以来焦虑不安的问题，比如说，学生很少阅读文学作品，他们从来就不会欣赏名家名作。于是您将副校长和助手们组织到一起，并且邀请来一位最优秀的语文老师，一起研究这是怎么一回事。毫无疑问，在这样的探讨中，一定能厘清课堂教学与课外作业之间，少先队和共青团组织的思想教育工作与学生在学习历史、文学及社会过程中形成的信念之间的一些有趣的相互关系。对这些相互关系及各因素间的相互制约性有了清楚的了解，可以帮助我们安排具体的工作，克服工作中的不足。我们的教育工作有这样一条逻辑：从来没有哪一项成功，是单靠某一种手段或某一种方法就能达到的。

如果在你们面前站着一位十六岁的少年，他怒目圆睁，气冲冲地问："我后来发现，我所信任的大人们，总是说起来一套，做起来又是另一套。这样的话，真理在哪里？"那么，你们将如何回应这位少年，才能维护好他心中对真、对善、对公平的信念？

能够厘清复杂又多样的教育现象，能够找出它们之间的相互关系，这可能是学校领导者所需要具备的主要能力之一。我们所认为的教育和教学这个统一的复杂过程，课堂上只表现出了它的一部分而已。还有很大部分的现象，比如教师和学生的生活和劳动，学生在智力、道德、审美、身体发育各方面的发展和完善等，都是发生在课外——在校园里，在家里，在学生放学回家的路上。这些现象的实质是什么？它们之间有什么关联？我们能从中提取什么主要问题，加以研究、分析并将得出的结论运用到日常的具体工作中去呢？

在我看来，学校中最主要的教育现象之一，就是学习与劳动之间的相互关系和相互依存性。

## 1. 学习与劳动之间的相互关系和相互依存性

我们的教育工作体系，就在于要让学生生活在体现公民思想和行动的世界之中，这些思想和行动就是学生们快乐和悲伤的主要源头。如果一个孩子从小只看到我们日常生活的一个方面：社会在精心呵护着他，上一辈创造一切条件让他无忧无虑地生活，那么他就会成长为一个只知道消费的人，而很难成长为一个合格的公民。一个人，只有从童年特别是少年时代起，就立志让世界变得一天比一天好，那么公民精神就会在他年轻的心灵里渐渐觉醒。

七岁的小孩子就成为小学生了，我们向孩子们展示着、讲解着、说明着这个世界。"看，这是葡萄园。沉甸甸的果实把枝丫都压弯了。这是一片肥沃的田地，长着绿油油的冬小麦。等到小麦成熟时，孩子们就能看到沉甸甸的麦穗，看到联合收割机手怎么收割小麦，看到集体农庄的院子里怎么堆起麦垛。而距这块肥沃的田地两百多步的地方，你们看，就是一片荒芜的黏土地，那儿连一根杂草都不长。为什么会这样子呢？肥沃的田地中间为什么会出现一片不毛之地呢？

这是一片毫无生机的土地。然而几十年以前，这里也曾是一片沃土，也曾长满绿油油的小麦。但由于人们对土地不当地耕作，黑土被雨水冲刷走了，土地就失去了生机，只剩下黏土了。"

我们认为，教育和教学的统一，就在于孩子们从小就怀着关心与关切之情来看待这个世界，并让"不应该这样子"的思想唤醒他心中最初的公民愿望，唤醒孩子心中对恶劣现象的不满，抵制无所事事、不负责任和挥霍浪费，促使孩子们撸起袖子做实事。

如果孩子们因为"那会不会所有的土地都会这样变成荒地"这个想法而感到震惊，我们并不会担心。恰恰相反，我们争取在孩子们的心中树立这样一种想法：如果不精耕细作，所有的田地都有可能变成荒地。自然资源如今已经不是取之不尽用之不竭的资源，在孩子们还小的时候，他们很难真正理解这个观念。等到学生进入少年，初入青年时期，他们才能渐渐形成这个观念。而在当前的儿童时期，就让他们感到震惊，感到不安吧：看，肥沃的田地变成了荒地，这会给人们带来痛苦的，不应该这样子！

我们竭力让孩子们怀着关心与关切之情来看待这个世界。甚至，让他在睡觉前，躺在床上的时候，还心疼又心痛地想着：肥沃的田地变成了荒地！我们不用担心，这种忧思焦虑会让童年变得抑郁，我们主要应该看到，究竟是什么引起了这些痛苦的思考、不安、关切和焦虑。我们应当将孩子们的思想觉悟提升到一个具备初步的公民意识的层次：孩子的内心感到焦虑是因为关心社会利益，而不是因为个人利益，把社会关心的事情当成个人关心的事情。有一点很重要，就是让孩子从孩提时代就能意识到，如果他一无所成的话，家乡就会变得贫穷，要让孩子因为这个想法而不能安然入睡。我们没有第二条路径能深入孩子的心灵了：只能激发孩子产生出公民的忧虑和公民的情感，把孩子带到他们心灵所能理解的世界。

紧挨着荒地，我们种了一些花。一边是盛开的花朵，一边是荒芜的土地，我们让孩子们同时看到两种完全不同的情景，就是为了让他们能够以关心关切的心情开始观察世界，为了让这些小小公民们产生想参加劳动的意愿。

孩子们想参加劳动的意愿，其实是一种非常复杂、微妙而又细腻的情感。只有当孩子们的心中已经牢固地树立了"不应该这样子"的想法时，他才会产生想参加劳动的意愿。只有孩子们希望能让世界变得更美好，公民教育才会变得崇高有意义。不应该再有荒地，要让这发黄的黏土地，变成生机盎然、蓬勃美丽的花田。如果一个孩子没有焦虑、不安和痛苦的种种情感，那么他就不可能产生让世界变得更美好的念头。孩子只有依靠自己的劳动感受和体验到快乐时，他才能理解和认识到什么是快乐。这是教育工作中一条极其重要的规律。如果一个人用理智和双手来认识和开发世界时，他没有体验到焦虑、不安和担心等种种情感，那么他就根本无法体会到公民的自豪感和劳动的乐趣。

孩子们在花田旁边的荒地里开始了长年的劳动。这种劳动教育的意义正在于，它是长年进行的，并且是从孩子们童年时期就开始的，这时的他们刚刚开始认识世界，"应该这样子"和"不应该这样子"的观念就能随着第一批真理进入孩子们的意识之中。这一个想法让孩子们心神不宁：应该有花田，不应该让土地荒芜。要让荒芜的土地恢复生机，这个想法会激发出孩子们的兴趣和志向。孩子们长年劳动的意义还包括耕耘出肥沃的土地。每个班有 30 名学生，每个学生负责 10 平方米的荒地，300 平方米就是 3％公顷。可能对于我们成年人来说，这件事不过是小菜一碟，但是对于孩子们来说，却是一项巨大的工程。这件事的意义首先在于，它将思想和行动结合起来，也只有在这种情况下，才会出现我们所谓的精神生活。如果一个人不能把某项艰巨的事业作为自己生活的核心，那么他就不可能将自己的心灵和艰巨的事业联系在一起。

为了全社会的福祉而从事的劳动，应当进入一个人的精神生活中，这是在童年时期、少年时期和青年初期进行的公民教育的实质所在。将荒地变成沃土的劳动，其教育意义就在于劳动变成了孩子们喜爱的事情，因为世界因此变得更美好。如果一件并不容易的、甚至是困难的事情，变成了乐意去做的，那么这就意味着，他将自己的心灵与劳动联系在了一起。

变荒地为良田真的是史诗般的劳动。孩子们把淤泥、沙土和沤过的有机肥料运送到荒地里，使用的是水桶、铁锹、篮子、耙子和锄头，这些最简单最传统的农具，正是通过这些工具，孩子们开始了与土地的亲密接触。他们不仅是用双手，更是用自己的思想和心灵去耕耘土地。成功时，他们会激动欢喜，失败时，他们会伤心不已。既会有高兴快乐的日子，也会有流泪悲伤的时刻。在改良土地的第一个春天里，慢慢开始恢复生机的土地里长出了苍白羸弱的花苗，由于土壤肥力不够，花苗还没来得及开花便枯萎了。但是，如果孩子们的心中有"不应该这样子"的坚定决心，那么在他们的精神生活中，便生长出了这种赢弱但随着时间推移日渐强壮的"枝叶"来，这就是我们所谓的信念。形象一点来说，只有在这种"枝叶"上才能绽放出热爱劳动的花朵来。这一点对于儿童来说，尤为重要。如果对实现计划、达到目标以及对自己的耐力和毅力，都缺乏信念，那么就无从谈起让劳动成为他精神生活的一部分，更不要说使他终其一生都能将身心扑在劳动上。没有信念，就无法学会珍惜。如果我们希望孩子们珍惜土地、热爱土地，就应该让他们从小接受劳动锻炼，在劳动中树立坚定的信念"应该是这样子"，并为此深受鼓舞。

每一年，劳动收获的成果都越来越丰硕。五六年之后，3％公顷的荒地变成了肥沃的良田。当花朵像彩虹一样绽放在原本荒芜一片的土地上时，这个春天变成了孩子们真正的节日。开满花朵的田野——孩子们的梦想实现了，这是他们作为劳动者收获的第一次快乐。一年后，在曾经盛开花朵的田野上，麦子又成熟了。

花田，其实是一种独特的象征。形象一点说，我们的目标是要让每一个孩子都能种植出属于自己的一片花田来。如果一个十二三岁的少年公民，看到他自己劳作的田地里结出麦穗来，那么，这块土地于他而言，就是大自然中无可比拟的珍贵财富，因为这份财富如果丧失了是不可弥补的。我们认为，让学生在童年和少年时期就获得这样一份巨大的道德财富，是一项极其重要的教育任务。如果错过这个时机，无论如何都无法弥补了。事情的关键不在于一个班级花了几年时间开垦出3％公顷的良田，而在于创造出的财富，让一个人能够从小就以共产主义的态度和观点来看待人民的财产、劳动以及人的尊严这些最重要的东西。小孩子们在这3％公顷的土地上劳动，体验着挥汗如雨、筋疲力尽的感觉，手上也渐渐磨出了老茧，这样才能领会到生活的意义。也就是说，这块小小的土地在培育着人。儿童们对于自己最初踏上的这片土地感到亲近，因为他们将自己的一部分心血倾注其中了，这片土地上凝结着他们的担心、忧虑和激动。正是因为他们自己付出的劳动，他们看到了世界变成了本来应该的样子。我深深地相信，这是克服依赖他人、克服享受物质财富和精神财富的最重要的条件。如果您希望，在学校和家庭的共同培养下，每一个学生都能成长为忧国忧民、勤奋节俭的公民，每一个学生都能将社会利益放在自己最关心的位置，那么您就让他从童年和少年时期开始，就用自己的双手去创造"应该有的事物"。少年时期——应该是对社会服务做出初步总结的年龄段，这个年龄的孩子应当已经可以自豪地回首过往，并对自己的亲手创造而感到自豪。如果在这个年龄段才刚刚开始认识为社会劳动的实质，那么等长到 17 岁的时候，就会成为一个幼稚的人，一个意志力不坚定、道德品质不端的人。我国有部分青年人就是懒散怠惰，玩忽职守，对自己的社会职责满不在乎。之所以出现这些不良品质，就是因为在他们童年和少年时期，没有用心关注，没有经历艰苦和波折的训练。对心仪事业的热爱，应该从童年时期就开始打好基础。

在青少年开展的活动中要体现这样一些道德思想：公民高尚的道德情操、百折不挠和决不妥协的精神。如果缺失了这些，我们无法想象青少年教育会成什么样子。劳动的教育意义，首先就在于劳动使人感到辛苦，而这种辛苦是为明日一个崇高的公民目标而承受的。教育工作有一条真理，就是要让青少年的心灵深处葆有成为一名斗士的愿望。如果忽略了这一点，就会产生部分青年人道德品质不端、不思进取、一味沉溺于庸俗趣味的社会现象。青年人应当被斗争精神和不畏艰难的浪漫主义情怀所鼓舞。我们要竭尽全力，用英勇无畏的高尚精神来陶冶年轻人，让他们在青春岁月里坚决摒弃挥霍浪费、漠不关心等不良嗜好。

教育和劳动的联系是多方面的。人为了进行劳动而获取知识，因而知识在人的一生中扮演着十分重要的作用。但居于决定性地位的是道德层面的联系。在一个人积极活动的所有领域中，他都应该是一名劳动者。一个人只有在劳动关系中是一名当之无愧的公民时，他才可能在学习中也成为一名真正的劳动者。

教师集体形成合力，成为一支统一的教育力量，这是学校生活不可或缺的基础所在，也是体现各种教育过程的相互依存和制约关系的基础。

## 2. 教师集体团结成一支统一的教育力量

教育——是不断丰富学生精神的过程，学生接受教育不止局限在课堂之内。我们所有教师都确定，教育的定义可以这样来表述：教育——是教育者和受教育者在精神生活中达成一致，是他们在理想、愿望、兴趣、思想和感受等方面达成一致。传授道德认知、理想信念，教授如何为人处世，确立道德审美原则等，所有这些都要求教育者和受教育者在精神层面达成一致。

那么，仅仅在课堂上达成精神层面的一致是否可以呢？答案是否定的，精神层面的一致其实就是教育的本质所在。每位教育者不仅是一名教师，还要成为学生集体中的一员时，才算是达成一致了。教师应当醉心于这个集体的工作，和自己的学生有共同的兴趣爱好。我们学校总共有32名教师，每一名教师都是一个、两个甚至是三个学生集体的指导者和教育者。从教师的角度来说，他们是指导者和教育者，而对于学生来说，他们其实是同志，是和他们一样醉心于有趣活动的志同道合者。学生的精神活动同时在几个集体里进行的，每一个学生都参加了两三个集体的活动，其中总有一个集体里有他的指导者、年长的同志——老师。

从活动内容和活动性质上来说，这些集体是各不相同的。高年级有各个学科小组——数学、物理、化学、生物、历史、民族学、天文学、地理等，还有少年机械师、少年无线电技师小组，自动化技术、无线电电子学小组，家乡地区自然资源少年考察员小组等。中年级有各种农业小组和技术小组，发展学生的各种创造天赋和兴趣爱好：少年设计师、钳工、模型工、电工和无线电工、车工、细木工、建筑工、畜牧学家、植物栽培家、机械师、园艺师、林学家、蜜蜂养殖学家、少年育种家、少年植物爱好者等小组。低年级也有各种各样的创造性劳动小组：小园艺家、大自然保护者、花卉家、蜜蜂养殖学家、木刻和刺绣艺术家、小技术员、小马达工、家乡地区小小旅行者、自然资源考察小组等。

在高、中、低年级中，还有一些组织是可以满足和发展学生的审美需求的，比如艺术语言、文学创作、戏剧和音乐小组等。低年级学生还有学校的童话剧社团，阅读和听童话爱好者们每天晚上会去童话室聚会。

高年级还有一些共青团组织领导的小组，是普及自然科学知识的。每个班级的团组织有一个六七人的小组，每月都在庄园之家组织自然科学知识晚会。我们还有科幻作品爱好者小组等集体。

在师生的精神层面达成一致上，少先队和共青团组织扮演了非常重要的角色。每一个少先队中队和班级的团组织里都有一个小组，其主要活动都鲜明深刻地体现了爱国主义思想。有的是少年考察者，考察伟大卫国战争时期保卫祖国的英雄事迹，有的是家乡自然环境的保护者，还有的是铁木儿队员[①]，把关心孤寡病残老人放在自己精神生活的首位。如果学生在集体的生活中受到"应当为祖国、为社会谋福祉"这样的崇高思想鼓舞，但教师只是一般性地参与集体生活，而没有成为这个集体的灵魂，那么也不可能有师生在精神层面达成一致的情况。

这些集体是在数年内逐渐形成的，是随着每位教师用自己的创造火种点燃学生，把一批批学生团结在自己的周围，并和他们一起醉心于某项创造活动，成为他们亲密的朋友和同志的过程中形成的。这种师生在精神层面的一致就是教育的实质所在。吸引孩子们靠近教师的力量，就是教师的信念、技巧和能力，以及堪为学生楷模的创造性劳动。

也许会有人会问这样的问题：除了上课，教师还要指导一个课外小组

---

① 铁木儿是苏联作家盖达尔小说中的主人公。铁木儿队是苏联卫国战争时期儿童帮助军烈属、残废军人、孤儿的组织。

（有的教师还自愿指导两个课外小组），这样子的话，教师会不会负担太重了？不，这不是额外的负担，而是必须的工作。教师如果不能经常跟学生保持精神层面的一致（这种一致必须是超出上课、完成家庭作业、分数评判等范围以外的），那么他就不可能进行真正创造性的教育工作。更何况，要创造教育者和被教育者之间精神层面的一致条件，并不意味着就一定要开展专门的活动或者召开会议。我们有几个科学读物爱好者小组，小组成员并不经常碰面，可能半学期才一次。小组活动的内容主要是个人阅读以及教师和本组成员一起对所读图书及科学问题进行讨论。

花费了好几年的时间后，我们终于让每位教师同一两个或三四个由儿童、青少年组成的集体，在精神层面达成了一致。我对每位教师进行了仔细地观察，发现了他们的天赋、志趣和爱好，并为他们创造物质条件，以便形成教师和学生精神层面的一致，这才是我认为的真正的教育。例如，我发现有一位低年级女教师，对刺绣和木刻很有天赋。于是，我便考虑让她和学生们亲近起来，需要购置哪些工具和材料。她的手艺，像一块吸铁石一样，吸引了学生们，她于是指导了刺绣和木刻小组。从我们同事的角度来看，她是几个课外小组的指导教师，而对于孩子们来说，她则是传授技艺的知心朋友。几个月的时间，刺绣小组的孩子们专心地绣一幅画，这是一幅再现民间故事中一个有趣场景的画。这分明是一首诗，一首由缤纷丝线绣出来的叙事诗。而在刺绣的过程中，孩子们觉得自己就像诗人一样。这几个月里，女教师与孩子们在精神层面的一致性，并不局限于刺绣活动。女教师知道很多民间童话，并且能够绘声绘色地讲述书上的故事。学生们在小组活动时，总是沉浸在书的世界中，这培养了他们对祖国语言的热爱，并且形成了道德观念。

另外一位低年级女教师也喜欢刺绣艺术，除此之外，她还有其他爱好。作为戏剧小组和文学创作小组的优秀组织者，她创办了一个童话剧社团，作为众多儿童组织中的一个，这个剧团是对孩子们进行审美教育的创作集体。我们认为，将审美、情感和道德等因素在儿童的精神生活中统一起来，这具有极其重要的意义。和在其他创作集体中一样，在童话剧社团里，孩子们也是被美所吸引着，在这里，他们是在感受美的基础上形成道德观念的。另一位女教师指导的文学创作小组，也是丰富学生精神生活的情感源泉之一，在这里，孩子们接受语言文字之美的教育。在温暖的春天和炎热的夏天，女教师会将孩子们带到森林里、河畔边、牧场上和田野中去。她教学生们去发现大自然的美，并且学会用语言去描述自然界中令人赞叹不已的美景。学生们在这里，在大自然的怀抱里写"小作文"，写诗歌。语言文字之美、语言的表现力和丰富的情感色彩——这些都是无可取代的有效方式，可以触及儿童心中最隐秘的角落。这就是为什么，我们所有低年级的教师、全体语文教师和校长，都是文学创作小组的指导教师。我们指导的每一个小组里有 7—12 名学生，经验证明，没有哪一个学生的心灵，不会被语言之美所触动，不会被语言之美所征服。在我指导的小组中，有 12 名四至七年级的学生，其中有几个最难教育、不可救药的学生。很难再去找到别的什么力量，能像语言之美这样深刻地触碰到孩子的内心，能在铭记于心的创作时刻激起孩子的热情。

很多教师都能深刻地感受到大自然和创造性劳动的美。他们以劳动中创造的美来鼓舞学生，让劳动成为一种巨大的教育力量，将学生团结成为一个精神上充实的牢固集体。有的教师非常善于组织学生的劳动，能让播种、田间管理和收割这样的劳动变成孩子们的节日。还有些教师善于向学生们揭示农作物和土壤的奥秘，揭示这个充满着奇妙现象的世界，而这一切都会给人带来创造的乐趣。他们指导了一些青少年自然考察小组，孩子们非常喜欢这项有趣的活动。这项活动的中心，就是我们的绿色实验室——花园里的一所小房子，学生们就是在这里进行研究总结的。这项活动最可贵的地方就在于，它将钻研思考、理论探索、动手实验和体力劳动等几个方面都结合起来了。

还有一些教师喜爱技术。他们的学生不只是能工巧匠，还是理论家：他们阅读电工学、无线电工程学、电子学和力学等方面的科学著作，甚至有时会在操作室和实验室工作到深夜。

化学、数学和生物老师每人负责一个高年级班级，学生分别组成了物理、数学、化学和生物科学小组。教师和学生在精神层面的一致，在这些小组中表现为师生都酷爱阅读，热衷于进行理论思考。这些小组的成员们经常在我们学校为居民们举办自然科学知识的主题知识晚会：作报告，放映科普影片。

劳动小组、综合技术小组和各学科的科学小组，这些都是学校生活的重要组成部分。儿童和少男少女们在这些小组里接受劳动、读书和思考等方面的锻炼，这是一种特殊的学校存在方式。

庆幸的是，正因为每位教师都和学生们经常在精神层面保持交流，与他们有着共同的兴趣和爱好，所以学校里的每一名学生都在教师的关心和影响之下，我们学校的全体教师才能成为一支统一的教育力量。

如果您希望学校里的精神生活变得丰富多彩，希望每位教师都成为教育者，那么就需要您去寻找、去发现教师们的兴趣爱好：智力方面的、劳动方面的、审美方面的和创造力方面的，请您为这些小组的活动去创造物质条件。

正是在这里，课外活动的组织者们开辟着广阔的天地，来进行创造性活动。我们要将注意力集中，使所有学生无一例外地都能从精神丰富、道德高尚、聪慧睿智的老师那里得到教育，使每个学生都能处于教师的道德和智慧影响之下，使每个学生都能对教师所推崇的神圣理想深信不疑。学生参加课外小组，比如说，参加少年机械化工作者小组，其目的不止在于学会驾车。任何一种课外活动的教育意义，首先取决于课外小组的指导教师传授给学生什么样的品德。

作为校长，您的学校里有不同年龄段的学生。这给教育工作带来困难的同时，也带来了便利。因为年龄不同的学生集体的存在，会迫使校长经常性地关心年长学生和年幼学生在智力、道德、审美和创造性活动等方面的差异。这就又涉及学校领导工作中一个非常重要但又不轻松的话题——自我教育。

## 3. 自我教育

这里指的不是个人的自我教育，而是指集体精神生活中一个极其微妙的领域：学生在道德品质和价值观念之间的相互影响。集体并不意味着抽象和泯灭个性，它由个人组成，集体的生命力就表现在：一个人影响另一个人，而这种影响在被他人评价后，又影响着一个人如何行为、如何处世。集体中的个体，在道德和智力发展水平方面是不尽相同的：一个人之所以能对另外一个人产生影响，就在于他身上拥有不可复制的、独一无二的气质。这种独一无二性体现在每个人的天赋、爱好、才能和志趣中。

自我教育是集体的内部生活，当一个人的独一无二性唤醒他人心中想要效仿的愿望时，它便开始了。我们最应该关心的，应该是使集体里成长起"个性鲜明的人"（A. B. 卢那察尔斯基语），让他们能对别人产生影响，并让这种影响体现在活动中，以成为集体的楷模。所有基层和学校的集体中都不缺乏天赋突出、能力过人和智慧超群之人。教育的技巧就在于，要让这些个性特点表现出来，通过坚定的意志力、完善的自尊感、热烈的志趣和健康的自爱之心等表现出来。

如果您深入那些能干的教师的创造实验室里去，您就可以发现，他们致力于为建立集体而做的所有努力，实际上都是从发现和磨炼鲜明个性入手的。他们就好比是集体的骨干和支柱，他们鲜明的个性是在对别人产生影响的过程中体现出来的。只有一个强有力的、能克服困难的集体，才能营造一种教育的氛围。多年来的经验使我相信，一个人对另一个人的影响——这里指能体现人的优良品质的影响——是培养人的自尊感和避免对自己漠不关心的最好的教育环境。

经验同时还证明，鲜明的个性并不会压抑成绩较差的学生，也不会妨碍他们的积极性和独立性，相反，它有助于帮助学生从差变强。作为集体的内部生活，自我教育能培养出意志力坚定的人。

　　遗憾的是，对于如何在集体的精神生活中培养意志力这个问题，我们的研究还远远不够。当一个人教育另一个人的时候，他才真正地在锻炼意志力。当一个人将自己的部分精神力量赋予别人，致力于使他人变得更好，并能以他人为镜，从中看到自己——看到自己的道德品质、创造才能和技巧，这种情况下，他就会激发出自身的自尊感、荣誉感和自豪感。我认为，作为学校的"主要教育者"（乌申斯基是这样称呼校长的），其中一项首要任务就是使每个共青团员在某种程度上都成为少先队员和"十月儿童"①的教育者，让每个少先队员都能关心一年级小同学们。如果我需要了解清楚一个人的内在动力、特性和潜能的话，我就会尽力在集体中营造出一种相互关系，使得那个我想要了解的人，感受到自己对他人担负有巨大的责任。只有在责任和义务中，才能彰显出一个人的能力。最重要的是，在这种相互关系中，不要让任何一个人感觉到自己的软弱、无助和受人怜悯。

　　要做到这一点，可能性是很大的。孩子们的才能和兴趣是多面的，需要做的是去了解他们，并发现他们身上的优点。有一个共青团员喜欢画画，他的身边就会聚集一批小同学，全部都是喜爱艺术的。孩子们一起去森林中、花园里和小河边，画出他们亲眼看到的景色，他们还收集著名画家的绘画作品复制件。另外一个共青团员擅长拉巴扬手风琴，于是又出现了一个小组织——少年音乐家小组。第三个共青团员喜欢研究无线电技术，那么他的无线电实验室里就不再是他一个人了，还会有一批低年级同学。有三个八年级的学生在辅导一个法语学习小组，这个小组是由一些二、三年级的学生组成的。学生们还组织了游览家乡地区的少年旅行家小组和少年植物爱好者小组。

---

　　①　苏联时期，少年先锋队充分考虑到儿童少年的不同年龄阶段的特点，对三年级至八年级的少先队员按小年龄（10—11岁）、中年龄（11—12岁）、大年龄（13—15岁）的区分，科学地有层次地进行分段组织教育。与此同时，他们还对三年级以前（7—9岁）的儿童卓有成效地进行了队前组织教育，这就是"十月儿童"班。

一年级学生邀请三四岁的学龄前小朋友参加新年枞树晚会，为他们表演节目，还建立了儿童木偶剧团。这些都说明，连最小的学生都在操心着，如何给学龄前小朋友带来快乐这些问题。

这些事实和例子，也许单独看起来，每一件都是微不足道的，但是如果几十件、上百件这样的事例叠加在一起，那么势必能成为无数条线索，将各个年龄段的儿童、少男少女们联结成为统一的集体。对这些事例进行分析和总结，是课外活动组织者们需要做的最精细的工作内容之一。有关学生集体的理论与概念，应当在活生生的人际关系中予以具体体现。可以用一项共同的活动吸引不同年龄段的学生，将他们集合成一个统一的集体，而要做到这一点，就必须让年长的学生关心年幼的学生，年幼的学生信任年长的学生并且会去他们那里寻求帮助。如果没有一个全校集体，就没有学校，也没有教师集体这支统一的教育力量，也就没有校长这个主要的教育者。只有当关心、体贴和同情——这些人与人之间微妙的情感纽带，将年长和年幼的同学们连接在一起时，才能形成一个全校集体。只有当所有的受教育者从具有深刻个性的关系中，找出千丝万缕的共性联系时，才会有一个充满生机的学校集体，成百上千的学生们才能组成一个和睦的大家庭。

为了保持这种蓬勃的生机，就需要去了解学生。

## 4. 了解学生

了解学生，就要去了解他们的强项和弱点，去理解他们的思想和感受，去小心谨慎地触碰孩子们的心灵。了解学生——这是教育学理论和实践最主要的连接点，是学校集体进行教育领导的各种线索的交叉点。全体教师在领导教育和教学的过程中保持行动一致，用教育信念将教师们凝结成一个统一的整体，所有这些实现的前提都是，全体教师集中力量去了解学生。

校务委员会、研讨班和教学法讨论会上最经常讨论什么呢？讨论教学法、教学方式、课程体系、教学经验等，却很少会讨论学生。对于学生的智力发展、智能状况等，教师们往往只是依据分数来进行判断：分数高，就是好学生。给学生打的分数里，还包含了道德因素，教师经常根据学生的分数情况，对他的道德状况下结论。

人的个性，是由生理力量、精神力量、思想、感知、意志、性格和情绪等多种因素构成的极其复杂的综合体。如果缺失对这些知识的了解，那么就既谈不上教学，也谈不上教育。如果您希望用教育思想来领导学校（也只有这样，因为没有教育思想来领导学校，也就没有校长），如果您致力于将全体教师凝结成为统一的教育力量，使每个受教育者都能在教育过程中成为您的小助手和志同道合者，让教育和自我教育结合起来，那么就应该将学生放在全体教师集中注意的焦点处，放在您的焦点处。

最近几年我一直在研究学生成绩差的原因，试图厘清成绩不及格和留级等现象之间盘根错节的复杂原因。大概经过四年的研究之后，我发现了一条有趣的规律：在导致学生成绩不好的一系列原因中，有一个最主要的原因，一旦能确定下来这一点，那么其他原因造成的影响就都是次要的。

原来，很多学生之所以成绩落后、课堂上和课外完成度差，甚至会留级，重要原因之一就是他们的身体状况有问题，有某种疾病，但这种疾病往往不易被察觉，只有在家长、医生和教师的共同努力下，才能得到及时治疗。我们发现了一些心血管系统、呼吸道和胃肠道等方面的疾病，但这些疾病都不易被察觉，经常被儿童的调皮好动行为所掩盖。

我们开始仔细研究学生的健康状况，一年又一年，我们越来越清晰地发现了一种令人惊讶的现象，即学生的精神生活状况，包括他的智力发展、思维、注意力、记忆力以及长时间坐着学习的能力等，都取决于他的体力状况。我们还发现，思维不敏捷，很多情况下是由于身体不适造成的，而这种不适可能连学生自己都没有察觉到。观察还表明，除了那些能确诊、治疗和预防的心、肺等器官的疾病以外，还有些不过是器官虚弱或者是它们对周围环境的不良反应而已。

我们还发现有些学生新陈代谢不良，对这种不良状况，只有经验丰富的内科医生才能给出充分的说明。我们学校四年级曾有一个叫科里亚的小男孩，他很瘦弱，从来没听他抱怨过哪儿不舒服，但妈妈和老师都能看出这孩子有什么问题：他的小脸苍白苍白的，还有点发黄，稍微增加点营养全身都会有反应，身上会马上起丘疹。进行了一番细致的检查后，却什么问题也没有，一切都很正常。医生得出的结论是，久坐室内而引起的新陈代谢失调。问题本身似乎并不严重，但是会导致严重的后果：孩子无法集中注意力进行思考。科里亚的情况正是如此。刚开始上课时，他能专心学习：听老师讲解，做习题，但 10—15 分钟之后，他就开始两眼无神，目光涣散，已经无法进行思考了（在情况没有搞清楚之前，这往往会被认为是偷懒、不想学习）。对此，医生的建议是要改变孩子的作息时间，这是唯一的根治办法。于是，孩子开始每天至少保证十个小时的户外时间，晚上睡觉时打开窗户，早睡早起。半年后，这个小男孩在课堂上可以保持长时间地脑力学习了，成绩落后的状况也改变了。而在此之前，大家都认定科里亚是要留级的。

还有一些其他类似的事例。有些孩子看上去是健康的，面色红润，但是如果仔细研究他们的健康状况后，就会发现他们有些隐疾。有意思的是，每当教师竭力使课堂上的每一分钟都充满紧张的脑力活动时，这种隐疾或者不适就会特别明显地暴露出来。

而且，即便对于健康的学生来说，这种过快的教学进度也是难以适应的，甚至是有害的。过度紧张的脑力活动（例如算术课上，教师一题接一题地布置复杂的任务）会导致部分学生过度疲劳：他们会两眼无神，目光涣散，整个人没精打采……这样子的学生已经什么也做不了……此时本应该去呼吸新鲜空气，教师却抓住他们不放，还不停地催促："来吧，来吧……"

当我们确信，学生的全部精神生活，尤其是他们的脑力活动，取决于他们的身体健康和发育状况时，当我们发现，"健康"这个概念本身是具有多方面含义时，我们所有教师便决定，研究学生正是需要从研究健康这个角度着手。后来，我们便经常请医生在校务委员会上汇报学生健康状况。对于那些在心血管系统、肺或者新陈代谢方面已经发现有问题或者功能衰弱的学生，我们规定要定期进行教育学观察。为了预防疾病，增强身体抵抗力，我们首先采取了以下措施：联合家长一起为学生制定个人的学习和休息时间制度，关心如何提高他们的营养，以及让他们拥有更多的户外活动时间等。

对于那些因为体弱而导致的思维迟缓学生，我们做到了让他们在夏天的时候多在露天睡眠，多吃富含维生素和植物杀菌素的食物（比如蜂蜜、牛奶、黄油和水果等）。这一切对孩子们的整体健康状况和智力发展都产生了奇妙的影响。

从研究儿童工作的最开始，我们就坚信，没有家庭和父母的协助，我们是无法研究儿童的，也无法做成任何事情。通过和家长进行的日常谈话，所有教师得出一个结论，那就是孩子父母们需要具备系统的教育知识。我们于是组织了一所"家长学校"，下设这样几个班：（1）还没有孩子的年轻夫妇；（2）学龄前儿童家长，即再过一年、两年或三年孩子就要入学的家长；（3）一、二年级学生家长；（4）三、四年级学生家长；（5）五至七年级学生家长；（6）八至十年级学生家长；（7）在智力发展和身体发育上有缺陷的学生家长。孩子在学校要学习十年，家长也有必要在"家长学校"接受教育，父亲和母亲都要来学习。

"家长学校"里的课程每个月上两次。由校长、教导主任、课外活动负责人、教师和医生负责授课。所有教师都认为，在所有工作当中，这是最有必要也是最重要的一项。如果我们不做好家长的工作，那么就会一无所成。在"家长学校"的课堂上，我们讲应该如何教育孩子。我们教父母亲们怎么增强孩子体质、保护孩子身体，怎么发展智力水平和言语水平，怎么预防神经系统的疾病，怎么教育孩子爱劳动、爱学习。关心孩子们的身体健康和道德发展，已经成为我校家长教育学的研究对象。

每一年我们都愈加确信，预防疾病、增强体质是提高学生脑力活动效率的重要条件之一。

1969—1970 学年，我们在一二年级学生家长的课堂上研究了以下问题：儿童的身体和心理发展情况；神经系统类型和儿童气质的概念；学习、饮食和休息制度；儿童的健康和智力发展；家庭的精神生活与孩子的教育；家庭和公民教育；母语及其在学习初期阶段的作用；七至九岁儿童的品行和公民责任感的培养；学习过程中儿童神经系统疾病的预防；大自然在思维发展和道德教育中的作用；美在思维发展和言语发展中的作用；家庭中的藏书与儿童的精神发展；道德准则的掌握；家庭和学校中的爱国主义教育；家庭中的劳动教育；精神兴趣和精神需求的培养；纪律性和责任感的培养；父母关系和对儿童的教育；对儿童的严格要求和尊重；对儿童的无神论教育；日常文明行为的培养；家长在教育子女方面的责任；自我教育的初步措施；酗酒与儿童。

我们的工作是从微小处一点一点做起来的。刚开始的时候，"家长学校"里的班级每个月只上一次课，随着理论材料的逐渐收集，授课的材料日渐充实，几乎每一位教师都能承担"家长学校"的授课任务了。

在"家长学校"中为智力发展有缺陷的学生父母开设班级，这是我们的一项重大成绩。1969—1970 学年，我们为这个班讲授了以下课题：介于智力发展水平正常与不正常之间的孩子；家庭的智力文化与孩子的智力发展；唤醒孩子进行脑力活动的刺激因素；孩子的思维；童话在智力发展水平较低的孩子的智力发展中的作用；父母酗酒与儿童的智力发展；情感教育与智力发展；艺术思维；记忆力的发展；大自然在低能儿童的智力发展中的作用；美在儿童智力发展中的作用；低能儿童的思维训练以及如何在家庭中开展训练；思维训练的方法指导；专为低能儿童设计的童话和故事在智力和情感培养方面的意义；儿童的智力爱好；如何唤醒儿童的智力爱好；思维迟缓儿童的智力倾向及其形成；智力活动取得的成果；理智感及其激发；对低能儿童可以和不可以提出什么要求；儿童的创造性劳动；用来发展儿童智力水平的语言创作（编童话、写故事）；学习、休息和饮食制度；春、夏、秋、冬四季的治疗方案；饮食疗法；对于智力发展欠缺的儿童，发展智力才能（而不是首先掌握一定量的知识）是学校和家庭进行教育的首要任务。

我们认为，"家长学校"里的这个班级具有非常重要的意义。学校的整体德育氛围如何，是否有尊重他人的精神，这些都要看智力发展迟缓儿童的学习状况，看教师是否给予了他们童年的幸福。哪里的学生没有得到老师的关注，哪里的学生受到了委屈，哪里就不可能有稳固的学生集体，也不可能有正常的师生关系。

在"家长学校"的授课中，我们尽量避免谈及个别家庭中的纠纷和冲突。如果我们谈及这些事例，就会导致家长与学校关系疏远。只有在和个别家长谈话的时候，我们才会谈及家庭中的具体问题、失误和挫折。

"家长学校"中的课程，是学校领导者最重要的工作之一。他们要为每个班级排列课程，研究每个家长的教育程度，并给每一次课程选择参考书。

学校里有专门研究学生心理的研讨班，大约每一个半月举办一次。例如有一位班主任教师作了题为《对某位学生的教育鉴定》的报告，您可以尝试请一位教师作类似这样的报告，那么您就会知道，教师的教育素养水平得多么高深，才能讲解有关学生所必需了解的一切知识……一开始的时候，我们感到对某个学生进行教育鉴定是非常困难的。

在教育鉴定中，首要关注的应该是儿童的健康状况、身体发育情况，以及对儿童全面发展的条件的界定。教师不仅要汇报自己的观察情况，还要介绍医生定期进行医学检查和观察的结果。对儿童智力发展的个人特点的鉴定，是非常值得关注的：儿童是如何感知周围世界中的万事万物的？他脑海中的概念是如何形成的？他的言语特点是什么样的？他是怎样进行识记的？他的形象思维和抽象思维发展情况如何？他的言语情感色彩是什么样的？他的一般性情感修养水平如何？面对这些生动的、具体的孩子，分析他们的特点才能探寻到他们智力活动的根源。在集体讨论的过程中，在对儿童的热烈讨论中，常常会发现一些令人惊奇的情况。

深入探索儿童的精神世界，促使我们全体教师认真思考，如何在教育和教学过程中利用儿童的形象思维，并在形象思维的基础上如何进一步发展他们的抽象思维。我们"发现"了一种奇怪的、初看起来无法理解的矛盾组合：一方面，儿童们拥有惊人的观察力、求知欲和好奇心，他们对周围世界的万事万物很了解，推理能力强大，反应速度也很敏锐；但另一方面，他们连基本的语法规则也掌握不了，写的东西也是语句不通。对于产生这种现象的原因进行探讨，是非常有益的一件事。我们在探讨争论中寻求真理。为研究儿童进行热烈的争论，为研究儿童举办专门研究心理的研讨班——在我们看来，这些是研究儿童的最实质性工作，是我们全体教师的创造性实验性工作。

教师给学生进行教育鉴定，要介绍儿童智力形成的环境，对于决定儿童的感知能力、认知观念、言语能力和眼界视野等的积极和消极因素，要加以详细说明。对于儿童的家庭智力生活情况，要加以着重分析。教师还需要说明，儿童对于周围世界的初步概念，是在什么样的背景下形成的？这些概念又是如何在他们的言语中反映出来的？在儿童语言学习的年纪（从出生到五六岁），他的父亲、母亲及周围亲近的人们有什么样的语言特点？孩子在幼年时听过什么样的童话和歌谣？大人给他读过什么书，书籍在家庭精神生活中占据什么地位？孩子在学会阅读以后，读的第一本书是什么，现在又读些什么书？家里订阅了哪些报纸和杂志？

我们还对儿童道德面貌的形成环境作了鉴定。此处主要分析儿童在家庭和学校集体里中的道德关系，注意他的道德信念和道德行为的一致性。通过对学生进行多年的教育鉴定，我们全体教师确信：家庭在儿童幼年时期赋予他的最基本的道德修养，在儿童道德面貌形成的过程中起着决定性的作用。这种修养指的是已经内化为习惯和表现在人与人之间关系中的道德行为。

家庭、教师和高年级学生的审美修养，对于儿童的智力和道德发展也会产生巨大的影响。因此，美对人的精神世界的影响，也应该纳入教育鉴定的内容中进行分析。

对儿童情感修养的分析，在教育鉴定中占有特殊的地位。教师对于培养儿童的道德情感、审美情感和理智感具有促进作用的环境也要加以分析。教师还要重视儿童的情绪性自我评价能力发展情况——即对自己的品行、特别是对别人的态度的自我评价能力。

教育鉴定中还有一个很重要的方面，就是对未来的展望。我们力求不仅对儿童的现状进行分析，还要说出自己的想法、打算和对儿童个性积极施加教育影响的计划，以及说明这种计划的实施情况，教育工作中遇到的困难和问题。我们不仅要看到一个人现在是什么情况，还要对他的智力、品德、审美和情感素养等方面的发展进行规划设计。从这个角度看，对教育鉴定进行集体讨论和思辨，具有极为重要的意义。我们做出规划，需要做哪些实际工作，以吸引儿童参加前文所提到的那些小组，进行创造性活动。我们得出一个结论，应当为儿童的智力、道德和审美的发展做些事情，才能让他天天有进步，才能产生和发展出新的品质来。

正如医生研究多种因素后，才能判断出哪些影响人的身体健康，教师也要全面地研究儿童的精神世界。每个孩子的个性都是不可复制的，孩子的身体和精神都处于蓬勃发展的时期。同孩子的交流不能存有侥幸心理，而要以全面的科学分析作为依据，只有当我们对孩子的个性有了科学的认识，这时的交流才能具有教育意义。举办儿童专题研究的研讨班，是校长、教导主任和教师们的共同工作。通过研究儿童的智力活动和全面发展情况，我们才能确定，什么样的教育鉴定对于全体教师是最有教益的。

对儿童的个性进行科学研究，这是对学校和教师集体进行科学领导的重要条件之一。每一位教师、校长和教导主任对儿童进行教育鉴定工作，是教育素养的基本功。这里我们就涉及科学地领导教育和教学过程中的一个极为重要的问题。在我看来，解决这个问题是向普及中等教育过渡的重要条件之一。如果对学生不了解，就谈不上学校，就谈不上教育，也就谈不上真正的教师和教师集体。而教师只有在自身不断提高和充实教育素养的情况下，才有可能了解学生。

## 5. 教师的教育素养

这里需要说的都是老生常谈的一些基本道理。然而，奇怪的是，有时就是这些最基本的、最普通的真理，却在学校的生活中被遗忘了。

教育素养是由什么组成的呢？首先，是教师对自己教授的学科要有深刻的理解。我们认为，教师对于所教授的基础学科中最复杂的问题要了解清楚，对于这门学科的学术思想中最前沿的问题要有所了解。如果您教物理，那么您就应当了解关于基本粒子的知识，弄清楚各种场的理论，对于动力学的发展前景至少有一个大概的了解。生物老师则应当了解遗传学的历史情况和发展现状，弄清楚生命起源理论和细胞内部的生物化学变化过程。教育素养正是从这里开始并发展起来的。也许有人会提不同意见：对于课堂上不会教授的内容和与中学课本没有直接相关的知识，教师为什么要去了解呢？这是因为，熟悉教学大纲应该是教师学识的基础，只有当教师的知识面远比教学大纲的范围宽广时，他才能在教育过程中成为大师、艺术家和诗人。

我认识几十位这样的教育大师。他们的教育素养在备课过程中就已经展现出来了。他们是按教学大纲来备课的，而不是按课本。他们先对教学大纲进行仔细研究，然后再将课本上的相关章节通读一遍，这样做的目的是将自己放在学生的位置上，从学生的视角来看课本。真正的教学大师所掌握的知识，比学校里需要教的内容要多得多，所以他并不会把要讲的新材料抄进教案里。他对要讲授的内容进行仔细研究，准备好直观的教具、例题和作业。这些不用事无巨细地写进教案里。他的教案中不会写讲述（讲课或者解释）的内容，而是写上课过程中的一些细节，记录对学生智力活动的必要指导。

教育大师对本学科的基础知识了如指掌，所以他们在课堂上、在讲授教材的过程中，可以不将注意力集中在所讲授的知识上，而是集中在学生身上，关注他们的智力活动、思维活动以及在思考过程中所遇到的困难上。

请注意观察下另一类教师们的工作吧！他们只懂得需要教授给学生的那些知识，照本宣科，甚至对讲解的内容和逻辑顺序倒背如流。您会发现，在他们的课堂上，讲解新课时需要用到的直观教具、辅助材料（例如历史、地理、植物课上需要引用的文艺作品中的形象），都好像是硬生生地捆绑在课堂内容上，所有这些只在学生的脑子里浮光掠影般闪过（有时候，教师甚至会忘记使用他事先挑选和准备好的东西）。为什么会出现这种情况呢？这是因为，教师将注意力集中放在教材内容上，而不去注意教学过程中的细节：他神经紧绷，努力回想应该按什么进程来讲述，将全部注意力都集中放在自己的思路和材料内容上。对于这样的讲课，学生理解起来会非常困难，这样的课堂上也不会存在无意识记忆，因为教师的讲解和话语中毫无感情色彩。如果教师不得不集中所有注意力回想教材内容，那么讲解就不会有感情色彩，孩子们就不会有兴趣，课堂上也就不会存在无意识记忆。这是教师教育素养中非常微妙但又极为重要的一个特征：他越是自如地掌握教材内容，讲课时的感情色彩就越鲜明，学生课后需要看教科书的时间就越少。真正的教育大师，是满怀情感的。而对教材的理解浮于表面的教师，用虚假的激情和漂亮的辞令，试图加强对学生意识的影响，然而导致的结果却是虚假的，虚假的激情只会导致空话连篇、夸夸其谈，学生的精神被腐蚀，心灵变得空虚。

当谈到信念的形成时，常常会听到这样一些说法：知道教材内容，并不代表形成了信念。知道，并不意味着相信。这种将知识和信念对立起来的说法是毫无依据的。真正意义上的"知道"，意味着对知识进行过反复而深刻地思考。经过了反复思考后的知识，就变成了学生主观世界的一部分，成为他的视野，成为他的观点，也就是说，知识已经成为信念。那么，在什么样的条件下，知识才能触及人的精神世界，才能成为人们珍视的智力和道德的财富呢？形象点说，只有当情感的热血在知识这个活生生的机体中奔涌的时候，才能做到这一点。如果教师在授课的过程中没有真情实感，如果教师对教材的掌握程度没有达到完全自如的程度，那么对于他讲解的知识，学生的心灵就没法产生共鸣。然而，如果精神生活中缺失了心灵的参与，那么就不会有信念的形成。这里得出的结论依旧是：教师深刻掌握教材内容，这是教育素养的基础之一。

教育素养这一重要品质的首要特征，是教师直接关注学生的思维和心灵。真正拥有这种宝贵品质的教师，他在面对学生讲课的时候，就好像是在跟人探讨问题一样。他不是直接宣教，而是和少男少女们一起谈心：先提出问题，再邀请大家一起来思考。当分析这类型的课时，您能感觉到教师和学生之间的紧密联系，您这位听课的校长，也会被教师的思路所吸引，甚至会忘记自己是为了检查工作才来听课的，您感觉自己也变成了学生，和那些十五岁的少年们一起为探寻真理而感到快乐，您会在心里默默回答着教师提出的问题。我们州的一个学校曾经发生过这样一件有趣的事：一位年轻的校长听一位经验丰富的老师讲几何课，被环环相扣的思路深深吸引了，当教师开始提问学生："现在谁能回答这个问题？"校长举起手，说："我！"这就是真正的课堂艺术，这才是直接关注到了学生的思维和心灵。只有教师掌握了深厚的学识，才能在讲课时不用将注意力集中在课本教材上，而是集中在学生的智力活动上。

而在另一类课堂上，教师和学生之间没有什么交流，教师只会一头扎进教案里，学生则盯着天花板或者是天上飘浮的云朵看。此时此刻，您会作何感想呢？面对学生，您会感到不自在，为授课教师，为您自己，也为整个教育而感到无地自容。您会因为来听这样的课而感到沮丧，课后也不愿意找授课教师交流，您会想："要不还是明天再说吧，下次还会不会再来听课呢？"

总之，教师如果对自己任教科目所属的学科基础知识了解不深刻，那么就不会拥有教育素养。那么，怎么样才能使每位教师不仅了解教学的基本知识，还能掌握所属学科的深刻源头呢？

阅读，阅读，还是阅读！这是由教师教育素养的特性所决定的。要像饥饿的人扑在食物上一样扑在书本上，将阅读作为精神层面的首要需求。要培养阅读的品位，博览群书，沉迷于书本中，并且能用心思考。

怎么样才能让阅读成为每位教师的需求呢？很难提出什么专门的方法来。阅读的需求只能在教师集体的整个精神生活的氛围中养成。

将阅读作为教师的精神需求，应该要有一些非常具体的、可感知的、可衡量的前提和条件。首要条件就是时间——教师的自由时间。教师越是被各种各样的计划、报告所包围，那么他能自由支配的时间就越少，他没有什么知识可教的时刻就会到来得越快。我校所有的教师都遵循这样一条守则：教师不用写任何总结和报告。除了教育工作计划和课时计划之外，教师不用再写其他任何计划。课时计划是必要的，它反映了教师个人的创造性活动。课时计划没有什么一定的标准，但有相应的要求，首先是要对学生应当掌握的理论教材进行教学论加工。对于一个善于创造性工作的教师来说，他的课时计划会对课堂上应当发生的情况、可能发生的情况做出尽可能地预测。

创造性教育工作，这是一项非常复杂的活动，需要耗费教师大量的精力，如果他的精力得不到恢复，那么就会心力耗尽，没法再继续工作。假期中，教师是有条件享受充分休息的，因为学生能够进行自我教育。例如，暑假期间，学生会在学校的教学实验园里进行为期两个月的紧张劳动，教师只需要每星期去一次学校就可以。平日里会有两名十年级学生负责教学实验园中的活动，中年级和低年级学生完成相应的实验工作，收获庄稼。这些劳动并不会让学生筋疲力尽：学生在暑假期间轮流来，每人只需要来实验园劳动一至三天。

每位教师都拥有自己的"创造性实验室"，并且在一年年丰富完善着它，这是教师教育素养中非常重要的一方面。这里所说的"创造性实验室"，是指教师劳动的工艺学。以数学老师为例，他逐年积累着教学资料：不同难度、不同类型的练习题，教师和学生自己做的直观教具等。随着一年年的积累，教师的教学资料越来越丰富，已经不再需要制作教案了。地理老师每年都在收集丰富着直观教具，并按不同的主题进行分类："世界上的国家和民族""苏联各民族""祖国的大自然"等。语文老师则按照大纲各章节的语法内容，一点点收集材料编成卡片，编成学生应该掌握的基本正字表，并且不断修改完善。

教师的教育素养中另一个很重要的部分，是研究儿童的丰富多样的方法。教育素养在相当大程度上取决于教师是否善于观察儿童，在儿童进行脑力活动和体力活动时，在儿童进行游戏、参观和闲暇时，都要对儿童进行观察，并且从观察的结果中探索出影响儿童的方法。对儿童的认知基于对儿童的观察。这里还需要重申一遍：教师需要了解儿童的健康状况，了解每个孩子的身体和智力发育特点，了解影响孩子智力发展的身体因素。对于一个勤于思考、善于进行创造性劳动的教师来说，解剖学、生理学、心理学和儿童缺陷学等方面的著作，都应该成为案头必备书。很多老师在从教多年后总结到，真正对心理学进行钻研，实际上是从进校工作后开始的。对于儿童在日常行为和智力活动过程中，以及儿童与同学们的相互关系中出现的这种或那种现象与特征，教师们只有多研究心理学，才能够进行更深入地思考和理解。

没有扎实的心理学基础，就不会有良好的教育素养。有些教师认为心理学是一门枯燥乏味的科学，无法在学校实际中运用上。我们主张的是，要让心理学成为全体教师实际工作中的真正指南。在校务委员会的会议上，我们介绍了心理学家的研究成果，把心理学方面的书籍摆放在教师休息室的"新书陈列架"上，期待教师们能够去阅读、去思考、去研究。当然，包括校长和教导主任在内的每位教师，如果不经常性地、认真地对儿童作以心理分析、心理观察和心理研究为基础的教育鉴定，如果不去分析儿童复杂的精神世界，如果不去深入地了解儿童的欢乐和忧愁，那么，我们对心理学书籍的宣传，只能成为一种美好的愿望。

我和教导主任一起去听课和分析课时，会将需要运用到教育学和心理学分析的问题单独记录下来（例如以下问题：紧张的脑力活动对于记忆已经学过的内容有什么影响；如何考虑学生神经系统的类型，以便确定课堂上脑力活动的方法；可以采用哪些专门的方法来唤醒学生对于所学科目和具体教材的兴趣；等等）。不论是校长、教导主任，还是课外活动的负责人，我们所有人在教育工作中，每一步都可能会遇到心理学和教育学的问题。在学校生活这个领域中，会遇到很多问题，如果不懂心理学就根本没法去解决。例如：学生的哪些行为应当在班集体中进行讨论，学生行为的哪些方面又不应当放到集体中讨论？知识评定的过程中应该保持什么样的教育节奏和分寸？等等。我们三个人每周都会碰头，翻阅我们记录的心理学和教育学的笔记，并且讨论用什么方法才能解决这些复杂又难解的问题。有些问题会提交至校务委员会讨论，有些问题则会前往科学研究中心寻求帮助。

心理学的实际运用与儿童缺陷学是配合紧密的。儿童缺陷学，并不是局限于研究智力落后儿童的一门科学。对于分析某些儿童在进行脑力活动过程中遇到的难题，儿童缺陷学的知识是非常有帮助的。我们将所有在心理学和儿童缺陷学理论方面最有基础的教师组织到一起，成立了一个教学法小组，其任务之一就是要协调和建议如何对能力较差的儿童进行教学。小组对医学检查的资料进行分析，竭尽全力去弄清导致儿童学习困难的原因。与此同时，对儿童感知周围世界万事万象的特点加以特别注意，分析他们的思维、言语、记忆力和注意力的特点。我们称这个小组为"心理学小组"。个别儿童好几年都处在小组的密切关注之下，没有心理学小组的意见，不允许对儿童采取任何可能影响今后命运的措施。

心理学小组由掌握最深厚知识和最富有教学工作经验的教师组成。加入心理学小组的一个必要条件，是能充分理解儿童的精神世界。

心理学小组（由七、八个人组成，其中包括校医）负责为全校教师都参加的心理学研讨班备课。心理学研讨班除了为学生作心理鉴定以外，还要讨论儿童智力、道德和情感发展中的一些重要问题。最近两年的心理学研讨班上讨论了以下问题：对低年级、中年级和高年级学生实施教育影响的各种方式；词语作为影响儿童智力、情感和意志力的方式；对儿童智力和情感的平行影响；道德信念的心理学属性；不应当的"强硬的""坚决的"教育手段对儿童的影响；在儿童集体里可以和不可以讨论的内容；学生相互关系的多样性及其性质；师生间的相互关系；怎么样教少年儿童控制自己的欲望；怎么样唤醒儿童争当好学生的意愿；学生个人兴趣的鉴定。

心理学研讨班对于我们教师来说，也是为"家长学校"授课的一种事先准备。尤其在涉及儿童智力发展有偏差的问题上，多数情况下是取决于家长身心素质的时候，这种准备是尤为重要的。

几年前，有一位叫瓦连金的学生在我们学校完成了八年级的学业。幸亏有心理学小组无微不至、思虑周全的关照，这位少年才能念完八年级。早在一年级的时候，教师就注意到这位学生的智力活动：他记忆力很差，费力记住的东西转头就忘记了。原先似乎弄懂的知识，又得重新再给他解释一遍。根据心理学小组建议的方法，女教师还观察到这个学生的另一个特点——知觉迟钝，思维迟缓。比如说，老师在提问题时，这个学生在聚精会神、全神贯注地听着，可是您从他的眼神就可以看出来，他虽然努力想听懂问题，却始终无法深入领会问题的意思：眉头像小老头一样紧皱着，眼神痛苦又紧张。最后，费了九牛二虎之力终于弄懂了题目，他沉默了一两分钟，才回答了问题。在这种情况下，他像其他同龄的普通儿童一样，几乎可以回答出任何问题。但是，如果不给他一个集中精神的机会，不给他去领会问题思考答案的时间，他就只能默而不答。

一方面，这位学生能够正常感知和认识世界。另一方面，如果他感知的过程费力又缓慢，他该怎么去学习呢？如果按照其他学生的学习进度来，瓦连金是无法跟上的，甚至会一无所成。但与此同时，也谈不上把这个学生送到特殊学校去，因为任何一位缺陷学家都无法在他身上找到智能发育不全的明显特征。到底该怎么办呢？

心理学小组决定从两个方向来开展工作：（1）考虑到瓦连金现在的情况，给他布置另外的个性化的作业；（2）继续对他进行观察，发展他的智力，教他进行思考，锻炼他的思维。

根据心理学小组的建议，女教师给瓦连金挑选了一系列专门用来训练思维能力的"图片练习题"，让他一边看图片，一边解释事物和现象之间因果的、从属的关系。这些练习题的意义在于，让学生快速地转换注意力，并且同时变换感知的性质，每一次都接触新的概念，进行新的总结——这一切就构成了一套特殊的思维训练模式。可以唤醒学生的神经细胞，迫使它们对来自周围世界的信号作出更灵敏的反应。教师每天都会给他布置一些图片练习题，与此同时，我们还仔细研究了学生生活的家庭环境，研究了过去和现在影响他智力发展的种种因素等。

我们发现面前出现了一幅让人感到沉重的情形：小男孩的生活与其他儿童是完全隔绝的，母亲很少和他说话，父亲更是一言不发，孩子跟大自然之间也隔着高高的围墙。

所有这一切，包括瓦连金做图片练习题的情况，女教师都向心理学小组成员们作了汇报。心理学小组给出了新的建议：有必要进行更鲜明、更生动、更多样的感知训练，还有必要制定一个合理的作息制度，来增强他的体质。女教师一边继续进行"图片练习题"（这种练习已经产生了初步的效果：瓦连金对周围的世界产生了兴趣，他开始注意到以前不关注的东西，眼神中的冷漠渐渐消失），一边培养孩子对大自然的兴趣——这是极为重要的思想和言语的源头。女教师将他的注意力集中到那些乍看起来不惹眼的事物上，争取激发他满怀感情地去感知——带着惊讶和赞叹之情去感知。不论是心理学小组的建议，还是我们全体教师的观点，都一致认为：带着感情去认知事物，能够唤醒大脑进行积极地活动，刺激脑细胞供养的生理过程。大量的观察一再证实了这个结论的正确性。我们把那些需要发展精神情感的、需要提高情感敏锐度的孩子们带到大自然中，向他们揭示周围世界中事物和现象之间的因果关系，只要用心细心地去观察，他们就能发现那些令人惊讶的、赞叹的以及迫使他们集中注意力去思考的东西。

当时，有一组儿童都是需要活跃智力思维的，我们将瓦连金也编入小组中，并且对他加以特别关注。我们把孩子们带到田野中去，眼前是一片盛开的三叶草，蜜蜂在嗡嗡地叫着。"孩子们，注意看看，蜜蜂在干什么呢？瞧，那只蜜蜂低低地飞着，慢慢靠近一朵花，好像在仔细观察着什么，它轻轻碰了一下花，然后……你们看，它很快又飞上来了，在花朵上方盘旋，然后……"孩子们的注意力已经完全被自然界这个有趣的现象所吸引了。他们看到，蜜蜂再一次落在花朵上，只不过这一次停留的时间更久了，它把自己的蜂针伸进小小的花蕊中。孩子们惊讶着，赞叹着。他们静悄悄地从一朵花转向另一朵花，生怕惊扰到了蜜蜂，他们看着，观察着，很想弄清楚一切谜团。孩子们的眼中燃烧着求知欲的火苗，您可以看到，这个火苗是怎么被点燃的，此时此刻，孩子们的大脑中正在进行着紧张的思考。

他们在紧张地搜寻着"为什么"这个问题的答案。这就是锻炼思维，激活脑细胞的过程。为什么蜜蜂一开始好像不敢落在三叶草花朵上？为什么向日葵花朵绕着太阳转？为什么鸽子从来不停在树上？为什么蝙蝠只在夜晚飞行？为什么有些树秋天会再开一次花？我们在外出观察的第一个月里，就已经听到瓦连金提出了这些问题。

瓦连金的观察能力在逐月提高着，思维渐渐开始活跃，对周围世界的兴趣也在提升着，记忆力也增强了，所有这一切都在缓慢进行着。在瓦连金头三年的学校学习时间里，只做个别的作业，因为他做不了和班级其他同学一样的练习题。等到了四年级的时候，他已经可以和其他学生一样学习了。心理学小组每年都给他提出一些关于课外阅读方面的建议，以及一些关于创造力和思维发展的个性化习题的建议。

如果您希望，学校的工作能够建立在科学的基础之上，每位教师能够通过实际工作不断丰富理论知识水平，能够随着实际经验的提升而提高教育素养，那么，就请您从心理学和儿童缺陷学着手。您要先组建心理学小组，要亲自研究儿童，要去研究、观察和激发教师集体的智慧。

世界上没有比医生和教师更具有人道性的职业了。为了拯救病人的生命，医生总是要战斗到最后一分钟，从来不会让病人感到自己病情严重已经无可救药，这是医疗道德的基本准则。作为教师，我们应当在自己的集体里发扬教育道德，应当在教育工作中确立人道主义准则，并将这一点视为每位教师教育素养的最重要品质。这是教育工作中的一个重要方面，同时也是研究得较少的一个方面。

我对很多学校、很多教师的工作都比较了解，所以有理由断定：平时常说的关心儿童，但有时不过是流于口头、流于形式，并没有付诸实践，到头来不过是一场空谈。一个完全正常的、健康的学生，就因为一门课不及格，就要留级，这哪里谈得上是关心儿童呢？或者就是完全相反的另一番情形，教师什么也不管，只是为了不让学生留级，才给了他一个"三分"①，这哪里谈得上是对学生的关心呢？以上两种情形其实都是对儿童命运的冷漠和无视。之所以会出现这种冷漠无视，并不是因为教师心肠冷酷，也不是因为日久经年，教师已经失去了从情感和道德的角度去评价教学过程的敏锐性。不是的，教师的心是善良的，问题在于不了解儿童，在于所有教师的工作都缺乏坚实的心理学基础。对于很多教师来说，学生学习困难，成绩跟不上，这是一个百思不得其解的难题。如果不了解儿童的内心，不了解他的思维和认知世界的特点，那么关心儿童就只能成为空谈。不了解儿童的内心，就无从谈起教育素养，也无从谈起科学地领导学校工作。

通过多年来对学生的生活和智力活动的观察，还得出了一个不甚乐观的结论。许多家长认为，成绩不好是孩子的问题，之所以产生这种想法是受到

---

① 苏联学校采取的是"五分制"，三分相当于"及格"。

了来自教师的抱怨的影响："您的儿子学习不好，就是说，他没有好好去学习，花在书本上的时间太少了。您要让他多花点时间来学习。"其实，学习成绩不好，远不止是孩子不用功学习造成的。我们教师肩负着一个重大的教育责任，就是要让家长正确理解儿童无法顺利学习的原因。不论在心理学小组的会议上，还是在"家长学校"的课堂上，我们都讨论了学生学习兴趣和学习意愿的问题。

学习意愿——这是教育和教学领导工作中最微妙同时又是研究得最薄弱的环节之一。多年以来，我校经验丰富的教师们花费了很多时间来思考以下问题：为什么学生会失去学习兴趣？为什么很多时候，学习成了学生们沉重的烦恼的负担？要知道，孩子们的天性就是好奇爱问，在他们刚刚迈入校园的时候，眼睛里是燃烧着求知的火苗的。

我们得出了这样一个结论：教学，不是机械地传授知识。这是人与人之间最为复杂的相互关系。学生首先是一个人，是一个劳动者。任何一项持续性的长期劳动（学习是一项学生看不到尽头的劳动），只有在人能够看到自己的精神力量在劳动成果中有所体现时，才能顺利完成。换言之，只有在学习中取得成绩，才能进一步产生学习的愿望。没有取得任何成绩，那么就会扼杀了学习的兴趣。如果一个孩子最终被列入对学习丧失兴趣的行列中，那么会有什么样的后果呢？日复一日，月复一月，关于他的学习，只听得到一句话："不好，不好，不好"。对他学习的这种评价，渐渐地会被理解成为对他本人、对他品行的评价。孩子会渐渐觉得，自己是个坏孩子。即便是成年人，在智力上的付出毫无收获时，也会感到失望，更何况是孩子呢？孩子们的心中有一个最隐秘的角落——自尊心。这个角落是娇弱的、微妙的、脆弱而又敏感的，一不小心就会受到伤害，很容易变得粗粝起来。

教师最精细、最困难的任务之一，就是要保护并发展孩子的自尊。不能让学生们的学习成为"无花之果"——这应当成为每一位优秀教师的座右铭。只有当学生的智力活动取得了一些成果时，他才能最大限度地挖掘自己的精神潜力。有了成绩，才会有学习的意愿。在小学里，在学习的初级阶段，这一点尤为重要。因为在小学阶段，学生们还不善于克服困难，学习中的失败会让他感到真正的痛苦，而如果失败接连不断，学生先是在一段时间内感到深深的痛苦，随后他内心深处原本娇弱的角落就会变得粗粝起来，变得麻木不仁，他会对一切都无所谓了。万万不可产生这种心灵上的麻木不仁和无所谓的情况。如果您在听课和分析课堂教学的过程中，发现学生两眼呆滞，或者教师给学生打了"2分"，学生也无动于衷的话，那么就说明，这个班的情况不容乐观，教学已经不再是人与人之间细腻的相互关系了。

真正的教育智慧在于要经常激发孩子成为好学生的愿望，而从来不是给他打"2分"。经验丰富的教师是这样做的：如果学生还不会做功课，那么教师就索性不要给他打分数。不要在学生通往成功的道路上设立任何障碍。

教育素养的另外一个方面，让人每每提起就感觉担忧不安的，就是教师的语言修养。二十年前我在一位教师的课堂上，观察学生们是如何上新课的。我注意到，学生在听课的时候显得很疲倦，下课后更是筋疲力尽了。我于是注意仔细听教师（他教的是生物课）的讲解，结果真的是大吃一惊。他的讲解乱成一团，没有一点逻辑性，意思说的不清不楚，那些第一次接触到这些概念的学生，需要费很大劲，才能弄懂一星半点。这就是为什么学生会感觉筋疲力尽了。

而我这个校长，为什么没在第一时间就发现这个问题呢？这是因为，我对听到的这些材料都已经很熟悉了。只要有一点提示，就足够我理解其中的含义了。实际上，我是用自己的思想填补了教师讲课中的"漏洞"。几节课下来，我将这位教师的讲解逐字逐句都记录了下来，然后在校务委员会会议上读给大家听，并请与会人员一起思考：如果对上课内容没有一点概念的话，学生们能听懂些什么？请设想一下，如果您对叶绿素、二氧化碳和光合作用一无所知的话，听了我刚刚读完的讲课记录，能听懂些什么呢？

对于这个问题，要想回答出来真的是既痛苦又困难，然而，答案只有一个：什么也听不懂。如果下一节课上，发现有些学生还是懂了一些知识，个别优秀的学生对教材掌握得非常好的话，那么我们应该将这一切归功于学生们的勤奋好学，归功于学生们的刻苦努力。然而，这些知识是花了多大的代价才获得的呢？这个代价就是学生们的身体健康：要知道，学生们并不是在课堂上从教师那里获得这些知识的，而是通过自己花时间学习课本得来的。

教师们对实际情况进行了正确地分析，而实际的情况确实令人痛心不已。我和教导主任又去听了其他几位教师（历史、物理和化学）的课堂讲解，再次一字一句读给大家听。情形虽然不都是像生物课那么糟糕，但所有这些课的讲解，在很多方面都不符合语言修养的基本要求。而吸引了所有教师的注意力、令所有教师担忧不安的主要问题是：教师对概念解释不清，便企图借用语言来创造出表征，然而这种表征是模糊不清的，甚至是混乱不堪的。但若没有这些表征，却又无法完成由简至繁、由近至远、由具体至一般的转换。我们满心遗憾又痛惜，但又不得不承认：是的，我们不会用语言塑造出鲜明的形象，没法使他们成为学生思维活动的起点，思想激流的源泉。

我们在课堂上千方百计地使用直观教具，不也是因为上述原因才没法达成预期效果吗？要知道，直观教具毕竟只能起到辅助作用。然而在课堂上，学生的注意力完全被直观教具这个有趣的东西吸引过去了，至于这究竟是什么东西，老师为什么把它拿到课堂上来，学生们却没法搞明白。

从此以后，教师的语言修养问题，同其他重要问题一道，成了我们全体教师的关切。我们在这个问题上已经研究了 25 年之久。

我们全体教师给自己设定的第一项任务，是去分析那些需要向学生讲解的表征和概念。我们是从非生物界和生物界的表征和概念体系着手的，这些是包括自然学科和人文学科在内的所有低年级教师都应当了解的。

我们对各科的教学大纲和教科书进行了分析，一起思考该如何找到最鲜明、准确且简洁的语言外壳，来让学生形成关于一些事物和现象的表征，例如天空、田野、草原、灌木丛、沙漠、火山、霜冻、土壤肥力、收成等。所有这些看似是普通的东西，但是当我们试图为其中每一种事物或现象创造出鲜明的语言形象，能让孩子们一看就懂的时候，就会发现，事情不是那么简单的。

"怎么解释'天空'这个概念？"有一位教师对这个问题感到很惊讶，他用手往上一指，"这不就是嘛，天空啊……"难道学生一直就是用看到的形象来进行思维的吗？我们教师言语的不足之处在于，无法用言语来塑造出鲜明的形象，这就导致学生很难从形象思维过渡到抽象思维，因为抽象思维是以概念为基础的，而概念又是以词语创造出来的表征为基础的。

我们便开始学习用词语来描绘看到的和观察到的一切，渐渐又过渡到那些无法直接感知的事物和现象有关的概念上去。接下来，就是去深入分析教科书的内容：确定逻辑顺序以及因果、性质和时间的关系来。原来，备课并对教材进行教学论方面的加工，这首先是教师逻辑思维和语言素养的结合与统一。

教师开始仔细思考课堂上的讲解方式了，于是课堂上便出现了教师创造性工作的一个有趣特点——教师的自我监督。于是，情况一天天明朗起来，教师的语言修养对学生在课堂上的智力活动起着决定性作用。我们确认，高超的语言修养，是合理利用教师教学时间的重要条件。如果教师没法用孩子们认为鲜明的、易懂的语言讲解清楚事物的现象和概念，那么就需要去一遍遍重复讲解，这多么耗费时间啊！

每位教师和整个教师集体的教育素养，这是领导教育和教学工作需要重视的主要问题之一。当然，对这个问题的领导不可以简单归结为一套行政命令和办法。这里需要的是对实际情况进行深入地科学分析，并对改进教学过程进行规划。校长要对教师的教育素养多加关照，这是促进集体的思想和集体的创造精神不断发展的动力之一。

# 第三次谈话　学校集体的精神生活

○ 要想上好一堂课，教师需要用毕生的时间来准备。

## 1. 教师的自由支配时间及其一般素养的提高

一位有着三十年教龄的文学课女教师给十年级上公开课，主题是《当代青年的道德和审美理想》，有些不太寻常，似乎偏离了教学大纲。这是一位熟悉生活的教师给学生上的一堂直接触动思维和心灵的课。公开课堂上不是喋喋不休的训诫，而是细致巧妙的、推心置腹的交流。教师的每一句话都好像在启发学生审视自我，深入思考自己的命运和未来。

"这才是真正的研究人的科学，"邻校一位校长在讨论这堂公开课时评论说，"我觉得，像这样一堂课，得准备好几个小时。您花了多久时间来准备的？"

"一辈子都在准备，"女教师回答说，"而在本节课的材料和教案上花的时间并不长，大概二十分钟……"

要想上好一堂课，教师需要用毕生的时间来准备。我们这个职业和劳动技艺的精神基础和哲学基础就是这样的：要想在学生面前点燃一束知识的火花，教师先得吸收一个光的海洋，一刻也不能离开那永远发光的知识和人类智慧的太阳。教育工作中有一条极有意思的定律：知识的传授过程不是直线式的，不是教师今天一学到什么，马上就可以传授给学生。如果教师在上课前一天才去寻找知识点的出处，选定他要讲解的材料，那么，他的学生的精神生活肯定会变得贫乏而狭隘。一位知识渊博的、勤于思考的、经验丰富的教师，他并不会花很长时间去准备明天的课，他直接花在备课上的时间是很少的。他也不会写太冗长的教案，更不会把这堂课的具体材料内容誊写进教案里。他确实毕生的时间都在为上好一堂课而准备着。他的精神生活，就是不断丰富着自己的大脑。他永远不会说：我的知识积累已经足够多了，够用一辈子了。知识是鲜活的，永远在更新。知识也会陈旧和衰亡，就像人会衰老和死亡一样。

为了能成为学生获取知识的源头，教师的精神生活就要永远处在一种丰富的、有趣的、多面的氛围中。

我们太频繁地听到这样的话：教师应该……比如，教师应该好好备课；教师一旦踏进教室，就应该将私人的和家庭的痛苦和不幸抛之门外；教师应该面带笑容地出现在学生面前；教师应该能找到通往每个学生心灵的小径，等等。但我们经常会忽略的是，我们——校长、党组织、社会各界——应该为教师做些什么？比如，创造环境和条件来丰富教师的精神生活，好让他们不要去做那些无用的、琐碎的、扼杀创造力的事情，白白耗费精力和宝贵时间。

首要问题就是教师的自由支配时间。正如空气之于健康，业余时间是教师不断丰富精神世界必不可少的条件。教师如果没有自由支配时间，学校将面临真正的灾难。

为什么没有自由支配时间呢？原因有很多。在我看来，最主要的原因，是由于家长的教育素养不高并且缺乏责任心，所以教师经常不得不担负起原本应该是父母亲的责任。为了使家长成为孩子第一任指导者和教育者，为了使家长能悉心照顾和监管孩子，不让孩子养成懒惰和懈怠的坏习惯，我们学校做出了很多努力。经常关心家长的教育素养和家庭和睦关系，会收到良好的成果。我们并不是去到学生家里，也不是叫家长到学校里来。是他们自己主动来找我们，家庭就是我们的得力助手。家长多关心孩子的教育，就为教师创造出可自由支配的时间。此外，为了给学习落后的学生补上以前落下的课程，教师不得不花费足足一半的时间。这样看来，这就是学校生活中所有难题的巅峰。要想让教师拥有自由支配时间，就必须让学生按时完成相应的任务，及时而牢固地掌握相关知识，特别是要掌握相关的实际技能，因为缺乏这些技能他们就无法学习。

在教学过程中的一定阶段里，有必要给学生减轻一些负担，让他们觉得学习是有趣的可胜任的，而不是大脑不可承受之重。但是教师需要始终把控好减负的度，在减负的同时，注意学生的学习可承受难度问题。此举旨在让学生学会凭一己之力去克服困难，而不是想着依赖教师。换句话说，要让童年和少年早期的学生们，在面对自己未完成的事情时，能担负起道义上的责任。在学校生活中，危险性最大的一种恶习就是道义上的依赖心理，也就是说，学生在脑子里会形成这样的一种想法：我学习成绩不好，是老师的责任。这种道义上的依赖心理，是闲散、懒惰和懈怠的结果，反过来，它又会助长懒惰和懈怠。

要营造出一种所有人都在学习的氛围，这在低年级和中年级中更有必要，要营造出对懒惰和闲散决不容忍、决不妥协的氛围，这是让儿童和少年对自己的学习成绩怀有道义责任感的先决条件，同时也是学生能够牢固地掌握知识的先决条件。而这样一来，教师也就拥有了自由支配的时间。学校领导的作用，就是要让每个学生把这种常态化的、高尚的学习活动当成幸福的事情，并能在学习的过程中感受到这种无与伦比的幸福。

对于上面提到的"学习"这个概念，既包括脑力方面的也包括体力方面的努力。在学龄初期和中期，学生如果独立阅读得越多，那么教师就能拥有越多的可支配时间。为了爱好、为了求知欲而去深入阅读，这是防止游手好闲和虚度光阴的最重要方式。

多年的领导学校工作的经验证明，必须要将教师从案牍之劳中解救出来。如果要学校的统计报表，可以查阅班级日志；如果要学校的书面报告，可以查看校长和教导主任的日常观察记录。学校工作计划应该由校长来执笔，而不是让各个老师来东拼西凑。教师在一学年内只需要写两份计划：一份是教学进度计划，即从教学论角度对教材进行创造性加工规划：发展学生的思维和言语，培养学生独立学习教材的能力，学生的课外阅读，对个别学生的辅导等，也就是说，要包括所有教学大纲中没有的内容，因为大纲不可能预测每个具体的班级、具体的学生的特点。另外一份则是教育工作计划。这两份计划都是很有意义的创造，它们并不是最终目的，而是为了进行创造性工作所不可或缺的工具。

我校的教师集体做了这样一项规定：除去上课时间，教师参加其他活动（包括教学法研讨会、校务委员会会议、课外辅导工作等）的时间，每周不宜超过两天。要尽可能给教师腾出更多可自由支配时间，以供他们自学，让他们能够从书本这个最重要的文化源泉中汲取能量充实自己。这是全体教师精神生活的基础之基础。

对阅读的兴趣、热爱和尊重书籍的氛围是不会自然而然形成的，也不是靠领导的命令就能形成的，行政手段在这里是完全行不通的。集体思考、集体讨论、座谈、热烈地讨论和兴致热情，这些才是培养阅读兴趣的源头。我读了一本关于少年的有意思的书，就建议八年级的班主任教师们也读一读。这本书引起了不小的争论，一位经验丰富的女教师说："不是所有事情都像作者描写的那么简单。作者认为一切都取决于学校。话虽然这么说，但是家庭呢？应当从家庭开始，不仅要向家长普及教育知识，还要给他们做些更深入的教育工作。这不能单单依靠学校的力量，应当推出'社会—学校—家庭'这个研究课题"。

其他一些教师也对这本书产生了兴趣，很多人都通读了。所有人都一致认为，对于"社会—学校—家庭"这个问题，应该采取更严肃、更彻底的解决方式，而不是当前的方式。大家还对社会教育、少年道德面貌的形成、家庭和学校集体的关系等重要问题进行了讨论。教师集体中还对青少年的公民教育、中年级和高年级学生集体的精神生活等产生了一些有意思的想法。学校党组织也关注了这些问题，我们邀请了学校共青团积极分子和共青团区委书记一起来参加校务委员会的会议。我们一起商讨，应当做些什么，才能让共青团员和年长的少先队员感到自己是真正的公民，并且对自己的所作所为怀有公民的责任感。通过对我们学校和其他学校一些做法的分析，我们全体教师得出了这样一个结论：要想正确地实施公民教育，专门的劳动任务是必不可少的，要让学生在劳动生活中体会到满满的公民责任感。

这些想法都是受那本有趣的书的启发而产生的。此后，在教工休息室的书架上，开始出现了一些社会、文化、教育和道德方面的书籍。当然，并不是每一本书都能引起所有教师的兴趣，而事实上也并不需要这样。教师集体中如果有几位同事都对某一本书感兴趣，他们就会形成一个小组。我们并没有组织什么专门的会议来讨论阅读，一切都是在友好交流的过程中进行的。

我们明白了，是时候对书籍进行有的放矢的宣传活动了。我们有时候会聚集在一起，听一些报告会或专题小报告，这些报告会和专题会议介绍我国社会及全人类都关切的重大问题，涉及社会、政治、道德、教育、美学、自然科学等方面的问题。这是在书籍的世界里一种特殊的旅行方式，这种方式已经成为丰富我们集体精神生活的一个源泉。这些报告或专题小报告由哪些老师来主讲，并不做硬性规定。是否出席这种报告会也是完全自愿的，但几乎每一位教师都会来参加。我们还邀请了高年级学生一起参加。1967—1970年之间的报告会题目如下："当代的唯物主义和唯心主义哲学""作为意识形态的宗教""当代世界各国人民关切的社会问题""生命起源说""我国青年人的道德理想""人类的道德财富和共产主义建设者的道德规范""我国人民的道德财富和对青年一代的教育""劳动与道德""美与道德教育""人们精神生活中的公与私""家庭与学校""对正在成长中的一代人的爱国主义教育"，等等。

这些报告会或专题小报告在教师们的心灵中留下了明显的印记,这一点可以从他们在讨论过程中提出的问题里得到验证,经常会出现活跃的、热烈的讨论和思想交流。在书籍的世界里旅行,引领着我们全体教师去思考如何更好地培养青年一代,如何克服工作中遇到的种种困难。

从书中汲取的思想充实着我们的生活,并促使我们去对那些司空见惯却从未留意的事情进行思考。"我国人民的道德财富和对青年一代的教育"这个报告就引起了一些有趣的思考。那些关于国内战争和伟大卫国战争时期的战斗英雄、关于劳动英雄的书籍,帮助我们更好地了解道德教育丰富的源泉所在。我们渐渐确信,在日常的实际工作中,我们还远远没有利用好这个源泉。我们所有教师都在思考:我们的学生们在读些什么书?哪些人是他们的偶像和榜样?我们得出的结论就是,有必要对学生的课外阅读进行指导,帮助每个学生树立起正确的道德观。

然而,最能体现我们的制度和社会道德财富的"书",是我国当代人民的现实生活和劳动,以及他们为之奋斗的、伟大的、美好的理想。怎么样才能让每一位学生在学习的全部生涯中都能去研究这本"书"呢?怎么样才能让光明美好的现实生活成为提高当代青年道德水平的有力教育手段呢?我们所有教师都对这个问题进行了探讨。我们一致认为,我国人民胸怀崇高理想,应当将这种心灵之美展示给学生。至于怎么去展示这种美,就是教育技巧的问题了。怎么样向青少年介绍我们当代的英雄人物,怎么样用英雄人物为崇高理想奋斗的事迹去鼓舞学生,我们对此都提出了一些有意义的建议。

## 2. 教师的集体创造性工作中的研究因素

教师不仅向学生传授知识,而且也研究儿童的精神世界,探索其智力活动和个性形成的复杂过程及其规律性,只有在这种情况下,书籍才会进入教师集体的精神生活中去。在前面几次谈话中我们已经提过，多亏教师集体有了教育理念，才能在日常教学工作中产生了研究因素。教学工作，就其自身的逻辑、哲学依据和创造性质来说，不可能不具备研究因素。首要原因是，我们与之相关的每一个个体，在一定程度上来说，都具有自己深刻的思想、情感和兴趣的独一无二的世界。如果您希望教育工作能给教师们带来快乐，让每天的上课不再是枯燥单调的苦差事，那么就请您引导每位教师走上研究的幸福道路吧！在这个领域，校长对教师进行个别工作将有广阔的可作为空间；在这个领域，既会有收获和发现，也会有快乐和痛苦。那些能感觉到自己在进行研究的人，必将会更快地成为教育能手。

需要补充说明的是，这里所说的研究，并不是严格意义上的科学研究工作。教师并不一定需要进行通过大量事实而作出科学总结的研究工作，也可以进行创造性工作。我们这里说的研究工作，指的是那些已经被教育科学解决了的问题。一位能进行创造性工作的教师，一旦成为理论与实践之间的中介，他就能经常对上述问题有新的发现。

说到创造性研究工作，这是我们的工作性质本身所要求的。这样的研究能丰富教师集体的精神生活。十多年来，我们学校的每一位教师都对教育和教学过程中的某一个问题进行了研究。以下是部分教师在最近一学年中研究的课题："诗歌及其在当代青年人精神生活中的作用""少男少女们的道德理想的形成""爱国主义情感与爱国主义信念""培养学龄中期学生对道德价值的需求""如何在学习新教材的过程中活跃学生的思维""培养学龄晚期学生对道德价值的需求""审美教育和智力教育""培养学龄中期学生的个人荣誉感和自尊感""有意识注意力和无意识注意力""个人与集体的相互关系""将我们社会的道德财富传承给青年一代""一年级学生善恶观念的形成""学龄初期儿童在集体中的道德关系""学龄初期儿童教育中的审美情感""思维反应迟缓的儿童""大自然在学龄初期儿童审美教育中的作用""学龄初期儿童的审美工作""青少年个人爱好的培养""学龄初期儿童的思维的个人特点"，等等。

各位读者可能会提出这样的问题：是否每个教师集体都能胜任这种研究工作呢？上任不久的青年校长能否向教师们提出要求，让他们在教育和教学过程中承担一些研究工作呢？任何一位教师，只要他善于对自己的工作进行分析研究，他就可以成为能干的、有经验的教育者。哪怕是一名经验不足的校长，他总归要先从某一处着手，踏上教育智慧的第一级阶梯。而这第一级阶梯，即对自己工作中遇到的各类教育现象进行分析。

对于教师来说，研究工作并不是什么神秘莫测的、不可理解的事情，不要对研究抱有恐惧心理。教育工作，就其本质来说，是一项真正的创造性工作，它已经非常趋近于科学研究了。这种趋近的关系首先表现在两者都要对事实进行分析，并且都需要具备预见性。教师要善于深入事实思考其本质，分析事物之间的因果关系，这样他就能在教育工作中预防很多困难和挫折的发生，避免很多严重的让人猝不及防的意外事件。这些意外事件在学校里是多么频繁地发生，又会多么严重地妨碍正常教育教学工作的进行啊！例如说，一个各方面都让人满意的学生，突然间做出了痞子的行为；另一个在四年级之前成绩一直很好的学生，忽然间掉进了差生的行列。如果教师能在分析事实的基础上，预见出学生在明天、一年后甚至三年后会变成什么样，那么这种意外事件将会大幅减少。缺乏预见能力的教育工作，将会成为教师的苦差事。

为教师在日常工作过程中开展创造性研究提供条件，这是学校领导工作的任务之一。这一项任务，对于每一位善于思考和分析事实的校长来说，都是完全不在话下的。我建议，要想引导教师去进行创造性工作，最好是从向他们展示观察、研究和分析事实的方法做起。事实——这是教育过程中客观规律的现实反映。只有分析清楚事实的本质，才能厘清以下三方面的相互关系：第一，生活所赋予的（即儿童在入学前本身已经具备的客观特性和特征）；第二，教师所做的事情；第三，将要达成的目标。

教育现象——是上述三种关系在逻辑上的共性和一致性。教师不是消极地面对已经发生的一切，而是要积极地去影响、去创造，只有这种条件下，教师才能成为对学生个性产生积极作用的力量，他的劳动才具有创造性。进行创造性研究有一个极其重要的因素——预见性，就在于教师要通过对事实的观察、研究和分析，创造出教育现象。不对事实进行研究就不会有预见性，不会有创造性，不会有丰富和充实的精神生活，也就不会有对教育工作的兴趣。不研究事实，不积累和分析事实，将会出现某些校长每次一提及就会感到焦虑不安的不良状况——教师们冷漠无谓、怠惰懒散。只有对事实进行分析和研究，才能让教师们从司空见惯的事物中看出新意来。从平常的、司空见惯的事物中看出新的方面、新的特点和新的细节，这是创造性劳动态度的重要条件，同时也是兴趣和灵感的来源。如果教师没有学会怎么去分析事实和创造教育现象，那么年复一年的教学工作就会让他觉得枯燥单调，也就会丧失对自己工作的兴趣。而教师一旦对教学工作不感兴趣，那么学生的学习也会变得味同嚼蜡。教育经验的实质就在于，每一年都会有某种新的事物出现在教师面前，而正是在探索新事物的过程中才能展现出教师的创造力。

低年级女教师 M. H. 维尔霍维妮娜从事创造性研究工作已经十多年了。在校务委员会的会议上、在区级和州级研讨班上，她已经做过好几次报告，这些报告后来还在学术杂志上公开发表了（尽管她从未将发表作为主要目的）。在从事创造性研究工作之初，她并没有显现出高于其他教师的特别之处来。在实际工作中，有一个重要问题始终让她感觉焦虑不安，那就是儿童入学前的培养、家庭中的智育和德育问题。不少孩子在入学时，知识面狭窄，语言能力贫乏，这些问题让教师们苦恼不已。而造成这样的事实原因何在呢？这个问题真的很难回答。我给维尔霍维妮娜的建议是：对事实进行研究，分析孩子们入学时就已经具备的概念和表征，研究孩子们的思维特点，同时注意观察他们的家庭精神生活，观察他们在有意识生活之初的智力、道德和审美氛围。

　　对事实的初步研究、观察和对比进行了几个月的时间，女教师将每个孩子的智力发展情况与他们父母的兴趣爱好、文化程度、知识视野等进行了比较。在进行观察的第一年年末就得出了这样的结论：儿童的智力发展水平取决于家庭的文化程度。这个结论说明，有必要提前关注儿童在入学前的教育。女教师与下一年度即将入学的学生父母们进行了座谈，建议家长们要丰富家庭精神生活，拓宽孩子们的表征、概念和兴趣视野。家长们遵照女教师的意见购买了家庭图书，并让孩子在入学前进行阅读。在儿童入学前几个月，女教师定期将未来的学生们聚集到学校里，带他们去田野里，去小河边。这是一项很有趣的创造性工作，其意义就在于拓宽了儿童的视野，丰富了他们的积极词汇，发展了他们的思维能力。维尔霍维妮娜对这项研究工作进行了总结，并写成了一篇论文发表在国内的杂志上。

　　如今，这位女教师正在对思维发展迟缓的学生进行研究。她学会了对事实进行观察、分析和研究，学会了将本质和非本质区分开来。从学生的学习劳动中，她看到了教育现象，她认为，其根源不仅是生活所赋予的，还取决于教育者的积极劳动。只有经过研究和分析的事实，才能为深入思考、总结和概括提供丰富的素材。这是一项真正的研究性工作，是每一位善于思考的教师都能做到的。就以知觉与思维两者之间关系的初步结论为例，对事实的分析表明：思维的个人特点在很大程度上取决于对周围世界的知觉的个人特点，而往往正是后者被忽视了，被疏漏了。要想教会学生思考，首先就要考虑学生的个人特点。

　　您，作为一位刚上任的校长，可能会认为，在您的学校集体中没有能干的、经验丰富的教师，您很难激发出教师集体的首创精神。如果您想培养出能干的、经验丰富的教师，那么就请您先从和他们一起研究问题着手，研究孩子们是如何感知自然现象、感知周围世界的。您的面前会展现出一幅有趣的画面，您会看到：孩子们是如何观察一棵开满鲜花的树，如何观察即将到来的大雷雨，他们注意到了什么，他们为何激动不安，而这一切是如何决定他们的思维和言语的。您会弄明白某些问题，但与此同时又会产生很多问题。

产生的问题越多，您将来就越有可能成为一名求知心切的、细心的观察者。

创造性研究的意义，不仅在于教师发现并研究了教育过程中某个迄今为止尚未被注意的方面，而且在于这种研究能从根本上改变教师对自己工作的看法。教师不再将教育工作看成是日复一日的循环往复，看成是在不同年级里老生常谈的讲课和复习，而是看成永远有新意、独一无二的创造性活动。对于那些无法从教育现象中看出蓬勃生命力的教师，那些感觉不到自己是教育现象创造者的教师，冷漠无所谓、怠惰懒散等学校生活中的不良现象就会迅速在他们中间滋生蔓延开来。

教师集体的精神生活的丰富源泉，首先是我们从事的这项完美的、富有创造性的、不断更新的、独一无二的教育工作。而这项工作中富有的创新探索精神和创造研究精神，将帮助我们去理解和感知这项工作的美、创造性、永远的新意以及独一无二性。教师感觉到自己是教育现象的创造者，而这种感觉将是他渴求知识、热爱阅读、不断更新、不断充实等需求的永不枯竭的源泉。女教师维尔霍维妮娜说："从我开始认真地思考日常工作中各类事实的意义的时候起，书籍于我而言，就如同大自然、鲜花和休息一样，不可或缺了。"

创造性探索和创造性研究，其精神内核是柔软的、变化莫测的，这就需要学校领导具备较高的文化修养，而不能用粗暴的干涉和行政命令来对待这种精神。如果您希望引导教师进行创造性研究，并借此来丰富教师集体的精神生活，让每一位教师都能确立起作为善于思考的和具有创造精神的个体的自豪感，那么就请您千万不要忘记，教育创造工作是浩瀚无垠的。当您去听课、去分析课堂，并给教师们提出建议时，千万不要武断行事。当您将在课堂上看到的一切进行分门别类时，这是有必要的，但是请您不要在划分的时候非黑即白，而应当和教师们一起思考，一起讨论，分享自己的想法和疑问。

这是因为，您对于在课堂上看到的所有情况，并不是全部都很清楚明白。您要善于去发现自己还不清楚、不理解的问题，要去和教师们一起思考这些不理解，而这正是促使教师进行科学探索和科学研究的最初动力。

还有一种情况也很重要。如果您希望用创造性探索的精神来丰富教师集体的生活，那么您自己应当是一名探索者、一名研究者。如果您自己没有火花，那么就不可能去点燃别人的火焰。对于校长来说，您在学校中是首席教师，首席班主任，是教师之师，学校里有着进行创造性探索的广阔天地。一方面，您和其他教师一样，也是一名教师。但另一方面，您是站在指挥管理岗位上的教师，您面前的教育天地比其他教师更为广阔。您有一个巨大的优势：您经常有机会对各种教育事实和现象进行比较。教师和学生之间的精神交往，就在您的眼前发生着。这种教育现象的特殊之处在于：这是教育思想、教育观点和教育信念在人际关系、行动和行为中的体现，是教师个体将人类智力的、道德的和审美的财富传授给学生个体的过程。教育创造中有个永远常新的问题——从极其复杂的、多方面的关系中研究教师和辅导员，研究他们深刻的个性特点，因为归根结底，正是这些个性特点决定着作为科学、技巧和艺术三位一体的教育的奥秘——您可以就这点进行创造性的研究和探索。我被教育科学研究中的很多问题吸引着，其中一个主要问题，从来不会退居二线的问题就是，教师的个性问题。人道主义、同情心、真诚和需求，这些是师生关系的基础，是道德和教育思想，但这种思想是千人千面的，在每个教育大师身上都会有每一种不同的体现。当我对教师的深刻个性进行研究时，我就会陷入思考中，这些道德思想和教育思想是怎样在个人的精神世界中体现出来的呢，教师是怎么样成为教育过程中的大师呢？

即便您还没有任何经验，也不善于总结教育现象，哪怕您是昨天才上任当校长的，那么您应当今天就开始对这个永不过时的问题进行观察：教师的个性在如何塑造着学生的个性。请从这样一条基本真理出发来进行您的研究：一位精神丰富、道德高尚、智力过人的教师，是能够尊重和培育学生个性的；

而自身一无所长的教师，培养出来的学生也是毫无个性、精神贫瘠的。请您对教师和学生之间的相互关系仔细观察一下，好好想一想，为什么有的教师能像磁铁一样将学生紧紧吸引在周围，而有的教师却令学生隔膜疏远。如果您能将自己的思考和观察聚焦在这一点，通过一点点的分析将一些事实的碎片拼接成广阔的教育现象，那么您就会发现一些有意思的规律。

教育集体的精神财富，就是教师之间精神财富的经常交流。只有每一个人都对他人有所贡献时，集体的生活才能变得热火朝天。如果没有了这种精神的贡献，生活就会变成例行公事。

教育学书籍中经常会谈到和谐友爱、团结一致的教育集体。那么教育中的通力协作是从何开始的呢？能让集体成为统一的起作用的教育因素的力量在哪里？这种力量，蕴含在我们受到道德鼓舞的劳动中，在丰富的智力活动中，在多样的智力兴趣中。任何行政命令和安排都没法让一位教师把自己的经验和技巧传授给另一位教师。只有当一个人蓬勃的精神、聪明智慧、博学多识和丰富的智力生活等，吸引着别人的时候，这种传授才有可能实现。

我坚定地相信，只有当具备创造精神的教师们组成一个核心时，学校里才能形成一个真正的教师集体。而这种核心一定蕴含着伟大的人道主义思想，因为我们的手中掌握着世界上最宝贵的财富——人。正如雕刻家雕琢大理石一样，我们也在雕琢着学生：在这块毫无生机的石头中蕴藏着美妙的线条，我们要去发掘，要将多余的东西剔除掉。学校领导的任务，就在于要使这种具有创造思想的核心力量，去鼓舞全校教师。只有相信"人"的人，才能成为真正的教育大师。

教师集体的精神生活，并不局限于对教育的兴趣。我们还有其他的兴趣，其中排在首位的要数对于文学艺术和音乐的兴趣。我校教师的阅读兴趣是丰富多样的。用俄语和乌克兰语出版的一切有意思的书籍，我们都会去阅读。阅读过程中产生的印象、感受和情感，就像一根根细密的线，将我们凝聚成了一个团结友爱的大家庭。遇到有趣的书，我们总是争相传阅，书本会让我们争论、幻想，会带领我们走进艺术财富的宝库中，也会将我们置身于社会的、审美的、道德的问题中。在文学作品中，我们最感兴趣的是当代文学作品，当然，我们读起古典文学作品也是兴致勃勃的。在空闲时间，在休息时间，在课间和课前时间，我们大家喜欢一起讨论读过的书籍。这已经成为我们的精神需求，满足这种需求能给我们带来快乐。我们注意留心着新书的动态，其中很多书籍引起了我们极大的兴趣。我们总是迫不及待地渴望读到苏联作家们的新作品，也怀着极大的兴趣期待外国进步作家的新书。

教师们对文艺作品的兴趣，正好是教师和学生在精神生活领域相互接触的部分。我们认为，作为班主任，无论他自己教授的是哪一门课，他都要善于运用机敏的、有趣的谈话来讲述文艺作品，用艺术作品中反映的当代青年的理想来吸引自己的学生。

在农村地区，接触到音乐文化不是件容易的事。但是我们仍然争取，不要脱离了精神财富的这个源泉。夏天的时候，很多教师到莫斯科、列宁格勒和基辅去了。他们利用每一次出行机会去欣赏音乐和歌剧。然而对于我们来说，通往音乐世界的主要窗口还是那淡蓝色的电子屏幕。几乎所有教师家里都有电视机，学校里也有三台。我们晚上需要有空暇时间，首要目的就是来欣赏音乐。学校里的唱片室保存了很多优秀音乐作品的录音带，教师们随时随地可以去欣赏他当前感兴趣的音乐。

丰富多样的个人爱好丰富着精神生活。有的教师喜爱园艺，有的教师喜欢养蜂，一些教师喜欢的事是种花弄草，而还有些教师喜欢在家乡的牧场森林中旅行。

如果因为过度的脑力活动，教师到学年年末感到筋疲力尽的话，那就无法进行创造性工作了。要让教师有时间休息，有机会阅读，去花园里挖挖土，去森林里散散步，这些是充实精神生活必不可少的条件。我之所以如此详细地讲解这个问题，因为这是保障充实的精神生活的一个重要条件。在任何情况下，我们都不允许让一位教师在工作 25 年到 30 年之后，当他将要领悟到教育真理的时候，却感到自己已经筋疲力尽。在教育创造这个大的课题中，在将教师集体变为一种统一的教育力量这个大课题中，可以说，这是一个相当尖锐的问题。对于一位拥有 25 年到 30 年教龄的教师来说，他应当还是精力饱满的、不知疲倦的人。和孩子们一起去远足，在散发着清新味道的草垛旁露营，对于他来说并不会感觉到有负担，反而是满怀乐趣的。正如我前面已经谈论过的，要想让教师集体交流精神财富成为可能，就不应当让这些教育经验丰富而且思维清楚的老教师们变成婚礼上受人尊敬的"证婚人"，人们仅仅因为他们老态龙钟、因为他们白发苍苍，而选举他们进入主席团，而给他们献上鲜花。他们应当是积极活跃的、精力充沛的，是新的精神财富的创造者。

批改作业，这是一项耗费教师精力的重要事项。我们制定了一套批改作业的制度。在低年级学生中，很多作业采取由学生自行检查、相互检查的方式。教师并不需要批改所有作业，而是采取抽查的办法，这个办法后来在所有年级中推行开来。我们坚决杜绝让高年级学生写长篇大论的作文，这实在是没有必要的。在考虑作文题目的时候，我们就希望学生不要写超过两三页的篇幅，并且要求学生只写他自己思考的内容。对于高年级的数学课，我们也广泛采取互相检查作业的办法。

最让人殚精竭虑、也是最耗费时间的事，就是没完没了地"提升"差等生。因此，教师不得不一再重复已经讲解过的内容，没完没了地布置补充习题。多年的经验表明，要让教师们从这种无用的劳动中解放出来，就必须在小学阶段，就让学生牢固地掌握知识和技能。与此同时，还要尽力在让学生掌握知识的同时，学会运用知识，而尽量不要让知识只是处于存储状态。

## 3.思想小屋

多年以前，就有一个问题困扰着我，令我心神不宁：为什么有些青少年朋友们阅读好书、阅读文艺作品，特别是阅读科学读本时，总是不情不愿呢？要知道，书，是重要的、永恒的、不灭的明灯，是学校集体的丰富精神生活的源泉。对于一位心性勇敢、富有智慧、善于思考的老师来说，读书，就是他碰触儿童心灵的方式。如果书籍没有能够成为学生精神财富、愉悦和享受的源泉，那么学生也就不会有其他的精神需求，他的精神世界就会变得贫乏、变得了无生机。如果没有了阅读，教师和学生之间就没有了精神上的一致性，教师也就无从了解学生的个性特点。当我更加细致地对青少年的阅读方式和阅读内容进行观察时，我意识到，其实很多学生根本不懂什么是真正的阅读，也不会对书本中的含义进行深入地思考和体会。不少学生只会读一种书——教科书。

我渐渐意识到，一个人如果缺失了真正的阅读，缺失了那种充溢着整个心灵和理智的、激发他去思考生活、规划未来的阅读，那可真的是巨大的悲哀！我们力争让优秀的书籍成为青少年的朋友，并让他们每天都有时间和这个朋友独处，哪怕一天只有一个小时也是好的。我们都很清楚，应当教青少年学会阅读。

我们在学校里建立了一间"思想小屋"。在这里收集了超过三百种最优秀的图书，这其实只是一间并不大的阅览室。

阅览室的这个名字，引起了青少年们极大的兴趣。"思想小屋"第一次开放时，我给青少年们介绍了一本关于罗蒙诺索夫的有意思的书。我把自己记录了二十多年的笔记展示给他们看，向他们描述了一个文化人至高无上的幸福，就是在精神领域与书籍的交流，安静地得到精神上和审美上的乐趣。

一开始，"思想小屋"并没有吸引到很多人过来。在"思想小屋"内看书的人都不敢高声说话，生怕打扰了这份宁静，再加上小屋位于校园内一个安静的角落里，因此，"思想小屋"里的阅读氛围始终是安静的。

我仔仔细细观察过那些埋首书堆里的学子们，每每看到年轻人的眼睛中闪烁着心灵的火花时，我总是感到十分欣慰。

书籍不仅可以为青年人展示大千世界的图景，并且可以向他们揭示出这样一条真理：他们目前对世界的认知水平，仅仅相当于刚刚打开鸿篇巨著的第一页而已。阅读的过程，也是一个人认知自我的过程，而这正是书籍给人的精神生活带来的宝贵财富。这种财富，即是认知的乐趣。如果一位青年和一本好书交上了朋友，那么随着他阅读得越多，他就越会意识到自己知之甚少，不过这种认识并不会让他感觉失望，反而是在他面前展开了一个无边无际的认知的世界，书籍为他打开了一片新天地。

我们在"思想小屋"里专门设立了一个书架，用来摆放特别甄选出来的书籍——关于杰出人物的传记，关于那些为了人民的自由和幸福而奋斗的战士之书。这里集中了几十本书籍，都是关于那些英勇无畏、为了真理宁死不屈的英雄们，他们包括：乔尔丹诺·布鲁诺、亚历山大·乌里扬诺夫、尤里乌斯·伏契克和卡莫、穆萨·扎里尔和卡尔贝舍夫将军等。这些关于英雄人物的书籍，是教育青少年的百科全书。只有那些流芳百世的人物的姓名在青少年面前熠熠闪光的时候，学生们才能真正地认识自我。

理想，是一个人的精神的核心。对理想的追求和信仰是青年时代的精神生活的核心内容。我们要力争使每位青少年都了解这个书架上的书籍，都有一本他喜爱的书，一本他会一读再读的书。

对理想的追求，是一个人进行自我教育的最初动力，如果缺失了自我教育，就无法想象能拥有完美的精神生活。在我看来，教育青少年和青少年的自我教育，这是教育技巧和艺术的高峰之一。如何衡量一个学校的集体精神生活——而在集体中起主导作用的是教师和高年级学生——就要看这个学校的学生是运用什么标准来衡量自己的，他们在思想上是以什么人、什么事来对照自己的行为和道德面貌的。

令我们感到高兴的是，"思想小屋"渐渐成了丰富学生精神生活的一个源泉。少男少女们反反复复地阅读某一本书，他们还带来笔记本，抄录亚历山大·乌里扬诺夫、费利克斯·捷尔任斯基、格奥尔基·季米特洛夫、恩斯特·台尔曼等人的炽热的语句。我们发现，当生活的道路已经铺展在一个人的面前时，他已经在用英勇战士的目光来审视自己，并尝试使用英雄行为的尺度来衡量自己。与自己进行对话，对自己的良心进行反省，这是精神生活的最高境界。而只有那些在人类的道德财富中找到了自己榜样的人，才有可能达到这种境界。

如果您希望让学校集体的精神生活变得丰富多彩，想让学生的理智和心灵对您的话语感知敏锐的话，那么您就要去激发出他们追求理想的热情。我们要争取做到，让学生在少年和青年早期就理解、感知和体验到人类最崇高的美——即忠于信念、忠于劳动人民的理想、英勇无畏、在困难面前百折不挠。要让这种美激励青年人，点燃他们年青的心灵，让他们激动到夜不能寐，认真地去思考自己的未来。最可怕的事情莫过于，集体精神生活的空虚，即对任何事都无动于衷，漠然置之。

据统计，即便一个最勤奋的读者，穷其一生，所能读的书籍也不会超过2000本。这就要求我们严格地去甄选书籍，准确地给青年人指明通向生活"绿洲"的道路。我们要争取让每一位青年人都能在这间"思想小屋"里，而不错过任何一个"绿洲"。最为重要的是，要让每一位少男少女都能找到一本适合自己的书，这本书能够震撼他、感动他，并且在他的心里留下终生的痕迹。对这本书的阅读，应该成为他的精神生活中的一个转折点。

"思想小屋"里还设有自然科学图书专架，有物理学、数学、化学、天文学、电子学、生物学、地理学等方面的书籍。教师们在对学生的兴趣、爱好和才能进行研究后，向他们推荐这本或那本合适的书籍。阅读科学著作逐渐成为学生精神上的一种需求，成为他们认知乐趣的源泉。我们认为，如果学生不喜欢阅读科学著作，如果书架中没有他喜欢的书籍，那么我们就没有找到通往他们心灵的路径。

## 4. 阅读与创作

怎么样才能让阅读科学书籍成为学生精神上的一种需求呢？这是教育中一个不容易解决的问题。只有当学生中形成了勤奋好学的氛围，学生们产生了广泛的兴趣时，书籍才能进入他们的精神世界中。书籍的教育力量有多大，取决于教师精神生活的丰富程度。教师的智慧与学生的智慧有着千丝万缕的联系。如果在课堂上，教师能够不局限于课本内容，而是循序渐进的、逐步逐步地引导学生去接近科学，那么就能唤醒青年学生心中对科学书籍的兴趣。我们经常会举办不同专题的科技晚会，教师和高年级学生都会积极并平等地加入晚会中去。这对于丰富学校的精神生活，起着巨大的促进作用。

有部分学校中存在着一种令人感到奇怪的问题，那就是学校里竟然没有图书，这真的是看上去令人百思不得其解的怪事。学校图书馆的书架上也许有不少图书，但是它们就像沉睡的巨人一样，根本没有进入学生的精神生活中去。我们应当唤醒这位巨人，打开通往书籍世界的大门。腾出一些课堂时间来，好让学生在无垠的书海中徜徉，对此无须担忧，也不要吝惜，花几节课的时间让学生邂逅人类知识中最奇妙、最美好的活动——与书本相遇。就让这种邂逅激荡着青年人的心灵，让他们满怀激动和愉悦。就让书籍像喜爱的音乐旋律那样，紧紧抓住青年人的心。如果对于学生来说，书籍永远是常新的，永远充满意想不到的奇妙，如果青年人总想着独自去钻研书本，如果学生中出现很多喜爱书本胜过其他一切的"书虫"，那么学校生活中那些令人头疼的问题就会迎刃而解，就不会再出现那种对待知识冷漠无所谓的现象了。

如果您希望青年学生能如饥似渴地追求知识，那么您就要关注最主要的问题，即精神文明最重要的基地——图书馆。我这里指的不仅仅是学校的图书馆，您的学生快要中学毕业了，他的个人藏书有多少？如果他的书架上只有教科书，并且准备送给低年级的同学们，那么这只能说明您对他的教育是不成功的。个人藏书，这是精神文明的一面镜子，也是精神文明的源泉。对于一个即将中学毕业的学生来说，他应该要有一些个人藏书的，哪怕数量不多也好。儿童一入学，您就应当让家长知道，对于他们的子女来说，个人藏书将是他们最大的财富。要让父母在孩子每年过生日的时候，都给他们送书作为礼物——这应当成为一个好传统。要让"图书节"成为你们学校最快乐的节日，在那一天，我们要给学生们赠送图书。就让那些不朽的国内外文学名著在每个少男少女的个人藏书中占有一席之地吧！不仅要教育学生去阅读，还要让他们学会反复地阅读。对一本好书一读再读，就像反复地欣赏喜爱的音乐作品那样，也应该成为学生的精神需求。那么要如何才能达到这一点呢？当然，最主要的还是要上好文学课。要让学生从小就能感知到语言的优美、芬芳和词语的细微色彩差别，要让他们不仅体会到语言中蕴含的丰富意义，还要体会到其中的美感，只有这样，对一本好书一读再读才能成为学生的精神需求。我们在学校的低、中、高年级中，都专门安排了一些课时，让学生来阅读喜爱的文学作品。学生们阅读这些作品，被这些作品感动着，进而爱上了这些作品。有些时候会在课堂上由几位学生（有时甚至是全班学生）朗读同一篇作品（例如，普希金的《我徘徊在喧闹的大街上……》）。这就变成了一种独特的朗诵会，就像大家演奏同一支曲子的音乐比赛一样。

学校里有好几个文学创作小组，由低年级教师和语文教师负责指导。在这些小组活动中，学生们阅读杰出作家的作品以及他们自己创作的诗歌、小说和随笔。在学生们的文学创作活动中，我们看到了精神文明的一项中心活动。不论学生将来成为什么样的人，是当农民还是当工程师，是当饲养员还是当数学家，对于他们来说，感知美和掌握基础文化知识一样有必要。对语言的热爱、文艺思维和运用语言来表达自己思想、情感和感受的能力，我们都看作是一个人的文化素养的重要标志。低、中、高年级文学创作小组有时会举办旅行活动，到文艺语言的发源地去，到大自然中去，到美的世界中去。

和煦的春天，阳光明媚，苹果树上花儿盛开，蜜蜂嗡嗡地叫着，百灵鸟在空中歌唱着。孩子们，看一看这美景吧，用优美的语言来描述这种美，从祖国的语言中找寻适当的词语，来描述出各种色彩和声音之间的细微差别吧！孩子们创作了一些短小的诗篇，他们的文艺思维得到了发展。对周围世界的美感，能够陶冶学生的情操，让他们变得道德高尚，心存善念，富有同情心，疾恶如仇。学生们创作的一些富有诗意的小作文收录在学校的文学杂志《我们的创作》中。

以下是四年级和五年级学生写的小作文的片段。

"鲜红的玫瑰花瓣上，有一滴晶莹剔透的露珠。我摘下花朵，露珠在花瓣上滚动着，跳跃着，变幻着色彩，但并不会滴落下来。"

"清晨，家门口的老橡树叶子在微风中簌簌颤动着。一群鹳从空中飞过，在屋顶上空盘旋着，然后落到巢边，它们低下头，向远方张望着。秋天就要来了。"

"池塘边，柳枝低低地垂下来，枯黄的树叶飘落在水面上，燕子在空中飞舞着，秋日的太阳温暖明亮，蛛网在透明的空中飘浮着。"

以下是一至四年级学生写的文章和故事情节：

"碧绿的草丛中住着一只蝈蝈儿，白天它怕热，就躲起来了。等到太阳一下山，它就爬上高高的谷秆上，蹲坐在绿叶上，调试着自己的琴弦。蝈蝈儿就是一位音乐家！它的琴声悠扬动听。它一动琴弦，就会奏出优美的音乐来。小兔子和小狐狸都在静静听着，整个田野都在静静听着。"

"几个小姑娘去田野里玩。她们在绿草地上走着，突然发现一朵红艳艳的罂粟花。小姑娘们感到很惊奇，问道：'罂粟花，你为什么长在田野上？为什么长在草丛中？'罂粟花回答道：'战争时期，英雄的鲜血曾经流淌在这里。我是在他们鲜血浇灌的地方生长起来的。'小姑娘们向罂粟花行少先队队礼，深深地向花儿鞠躬。罂粟花是鲜红的，就像烈士们的鲜血一样，就像革命的旗帜一样。'也许，我的爷爷就是在这里牺牲的'，一个蓝眼睛的小姑娘轻轻地说。"

"果园里长着一棵苹果树。树上的苹果已经成熟了。有一个苹果是粉红色的，像天空中的红霞一般。有一个小男孩远远地看见这个苹果，就想走近一点仔细看看。可是他走不过去，因为果园周围都有高墙，大门也紧锁着。小男孩朝大门走过去，摸了摸门上的锁，这是把铁锁，很坚固。

铁锁感觉羞愧起来。如果它能开口说话，说出它自己此时的想法，它一定会说：'小朋友，请原谅我。我很想让你进入园子里来，可是我能做些什么呢？要知道，我只是一把铁锁啊。'但是，铁锁其实是不能说话的。它只能又生气又羞愧，简直想要钻到地底下去了……小男孩一直看着粉红色的苹果，两行眼泪慢慢流了出来。这把铁锁再也忍不住了，它羞愧地挣开了，小男孩于是顺利进入了果园里。"

"这是个冬天，外面非常寒冷，只有太阳还在照耀着。一个小男孩走进了温室里，那里百花盛开：洁白的、粉红的、深蓝的、淡蓝的、紫色的……小男孩偷偷摘下一朵淡蓝色的小花，藏在了自己的口袋里。他对自己的行为感到很羞愧，但是，因为妈妈生病了，所以他想把这朵小花送给妈妈。

路上，这朵淡蓝色的小花感到透不过气来。于是它请求小男孩道：'小朋友，把我从口袋里拿出来吧。我快闷死了。'小男孩惊讶地说：'外

面很冷的，你会冻死的。''都一样，还是把我放出来吧。'小男孩于是把花朵拿出来了。小花又请求道：'请把我放在地上吧。'

　　小男孩于是把花朵放在了雪地上。小花挺直了身子，花瓣也绽开了，舒了口气，对着太阳微笑地说：'不管怎么说，我又一次见到太阳啦！'"

　　对于我们来说，每一篇这样的小作文，都比那些冗长的作文珍贵得多。之所以珍贵，就在于这些小作文有着鲜明的艺术思维，它们是细腻情感的表达。

　　也许，有些读者会冒出这样的想法来：只有依靠强有力的教师集体，只有在有才能的教师的指导下，学生才能写出这样的文章。然而，本书的写作目的，正是为了帮助那些较弱的教师集体，让他们也能成为强有力的教师集体。而至于才能，这其实是勤奋劳动和对学生的信念的乘积。如果您希望您的学生也能写出这样的作文，那么请您先引导教师热爱书籍和语言。没有什么成功是轻轻松松得来的。一切成果背后都隐藏着巨大的付出。很重要的一点，就是要用长远的目光来看待我们所从事的鲜活的教育工作：今天从一堆沙中淘出一粒金子，那么，一千天就能淘出一千粒金子。

　　这里，就涉及我认为（至少应该是）学校生活中最微妙也是最困难的事情——语言的生命力。词语应该存在于孩子们的创作中，在儿童和青少年之间的关系中。在我看来，语言的生命力是学校生活文明最本质的所在。现在我来介绍一节课，这节课也许可以称之为语言生命力课程。

　　我把孩子们带到田野中去。这是九月一个阳光明媚的安静早晨。田野中静悄悄的，连天空中高高飞过的大雁的鸣叫声都能听得清清楚楚。我对孩子们说："看看天空。夏天的天空是火热的，像是要喷出蓝色的火焰一样……那么现在，天空是什么样的？请想想，然后找出合适的词语来描述。"

　　孩子们陷入了沉思。看着天空，思考着。几分钟后，便听到孩子们想出来的词语。

"天空是蓝色的，就像池塘里筋疲力尽的水一样……"

"水为什么是筋疲力尽的？"我问学生。

"因为，夏天的时候，水在翻滚着，水波粼粼，到了秋天，它们就累了，蓝蓝的，一动不动，像是没有力气了……"

学生们又陷入了沉思中，搜寻着词语。

"天空像是被雨水洗过一样……"

"天空是清澈的，连一根羽毛都看不见……"

"天空是湛蓝的，就像伊万斯基·捷列希科童话里一样，一会就有天鹅飞过来了……"

"秋天的天空……夏天的天空是夏天的样子，而秋天的天空是秋天的样子。"

孩子们重新沉寂下来，有个小女孩瓦莉娅站在一边。

"瓦莉娅，你怎么不说话？"

"我想用自己的话来说。"

"那你想出了什么样的词来描述天空呢？"

"天空是温和的。"瓦莉娅轻声说着，微微笑着。

又是一阵寂静。随后，每个人都一再地想说出自己想出来的词语。

"天空是忧郁的。乌云从北边飘过来。"

"天空是安静的。当雷雨来临的时候，它会变得多么吵闹啊！"

"天空在沉思着，它想起了云雀的歌唱……"

"天空靠近着大地。夏天的时候，天空要比现在高远一些，有燕子在空中飞。现在没有燕子了，天空在凝神静听：燕子是不是躲进灌木丛里了？"

"天空在晒着太阳取着暖。乌云很快就遮挡住太阳了，那时候天空就会觉得很冷……"

语言的生命力，是一个思维的王国。我认为，我的工作最幸福的时刻，就是那些充满着丰富的思维和创造精神的时刻，是语言和思想在孩子们的心灵中汇聚成湍急水流的时刻。在这样的时刻里，思想通过语言得以体现出来，思想在搜寻着鲜明的、芬芳的词句，产生出富有诗意的形象，而在创造形象的过程中，孩子们的自豪感就会被激发出来了。

在学校集体的精神生活中，音乐起着很重要的作用。我们的教师集体坚信，音乐修养是道德修养的一个极为重要的条件。音乐形象，能够触动人的心灵，陶冶人的高尚情操，具有强大的感染力。音乐教育的目的，不是为了培养音乐家，而是为了培养健全和谐的人。

从学龄初期开始，我们就逐步引导学生进入音乐文化的世界中，教他们倾听、理解、感受和体验音乐。我们在低、中、高年级都形成了一套相应的音乐欣赏曲目体系。我们培养出了学生想要反复欣赏音乐作品的内心需求。

在童年、少年和青年早期就去了解祖国，能丰富一个人的精神世界。当然，如果一个人能在中学毕业时，就有幸去过莫斯科、列宁格勒、基辅等城市，那真是极好的。然而，学生了解祖国并不一定要从这里入手。我们力争使每一位学生在青少年时期就有机会看到真正的田野、森林、河流，去过那些无名的、僻静的角落，因为正是这些独一无二的美共同构成了我们美丽的祖国。带上拐杖，背上行囊，在祖国的各个地方旅行，行万里路与读万卷书一样必不可少。只有那些在青少年时期行过万里路的学生，才会对祖国产生深刻的感情，才能感知到祖国的美，才能对祖国产生眷念之情。我们的学生经常去第聂伯河沿岸和克列缅楚格海附近旅行。每一年，他们都能发现一些无与伦比的美景。

多年的工作经验让我们全体教师相信，只有学校的团组织和少先队组织都积极参加到各种课外活动中去，书籍、音乐、艺术等才能进入学生的精神生活中去。我们学校的团委和少先队大队委员会负责筹备和组织了"图书节"活动。"图书节"活动一般在学年初和学年末的时候举办，有时也会在著名作家、画家或者作曲家的纪念日举办。学生家长也会加入"图书节"活动的策划和举办活动中，我们在"家长学校"的课堂中要讲解书籍在家庭精神生活中的作用。让每一位学生的家中都有文学艺术藏书，这个目标我们已经成功实现了。

如果没有劳动，就无法想象学校集体和个人拥有丰富的精神生活。我们认为，每位学生个人的爱好和创造性劳动，都是精神生活中的劳动。我们力争使每位少男少女都能体验到劳动创造的快乐，使他们感受到劳动不仅是一种义务，也是他们喜爱的一件事情。人的个性，就体现在他的创造中，体现在他的智慧和技巧上。要让每位学生从劳动的物质成果中看到和感受到自己的荣誉和尊严，只有这样才能让劳动和精神生活和谐统一起来。在劳动的过程中确立个性，用双手和智慧创造出成果，让精神的特征和品质在物质中体现出来，形象点说，这就是连接劳动和精神生活的纽带。

要把为社会的劳动变成所有人都热爱的事情，这是我们全体教师的座右铭。我们将劳动教育看作是一个长期的过程，这是一个探索自我、追寻所爱的过程，是一个能发挥自己的能力、天赋和志趣的过程。为了让学生进行这种探索，就必须准备好一定的物质条件，并且，我需要重申的是，学校里要营造出一种用创造性劳动的精神鼓舞人心的氛围。在我们学校，每一位学生都有他自己从事喜欢的劳动的小角落：有的是在教学工厂或者工作室里，有的是在无线电实验室或者化学专用办公室里，有的在"绿色实验室"——我们的一个研究工作中心里，有的在教学实验园或者温室里，有的在学校的果园或者养蜂场里，还有的在机械化工作者生产队或者生物角里。以上这些情况之所以成为一种可能，要得益于学校集体性的劳动已经成为一种常态化的、从不中断的精神财富的交流活动。只有存在这种交流活动，劳动才能进入集体和个人的精神生活。

如果您希望学校里的劳动氛围是有趣的、鼓舞人心的，如果您希望劳动不仅能成为强有力的教育方式，也能成为集体和个人的伟大的精神财富，那么您应当去关心一件事，那就是让高年级学生和更有经验的学生，将人类最重要的财富——技巧和才能，传承给低年级学生。

对于校长来说，这里也是一片值得观察、研究和创造的广阔天地。从您上任的第一天起，生活就在您面前提出了这样一些问题：学校是否已经形成了一个集体？是什么把学生们联系在一起？学生们生活的内容是什么样的？每一个人对集体有什么贡献？为了个人的全面发展、为了充实和丰富自己的精神生活，他从集体中获得了什么？您应当从这些问题出发，去观察和研究学校集体的精神生活。

本章所讲的主要内容，概括起来就是：校长和教师应当关心学校的集体精神生活，让它成为一种生气蓬勃的、充满思想性的精神生活。

# 第四次谈话　问题学生

○ 积极乐观的世界观，对自己的能力充满信心，这些是照亮问题儿童前进道路的明亮火光。

在某所学校里发生了这样一件事，这件事迫使教师们对师生关系问题进行了深入思考。一年级新来了一位叫尤拉的学生，他活泼又好动，开学没几天就给女老师添了不少麻烦。

女老师对尤拉的母亲抱怨道："他在课堂上太闹腾了，一分钟都停不下来。"

渐渐的，这些抱怨变得越来越尖锐："尤拉未经允许就随意说话……今天在上课时无缘无故就放声大笑起来……他对同桌说悄悄话，整整嬉笑了一节课……"

"那能拿他怎么办呢？"他的妈妈焦急地问。

"目前我们这么办吧，"女老师提议说，"我们一起做个联系手册，我会每天给他的表现进行打分，也会记录下所有表现不好的行为。然后您再采取相应措施。"

母亲高兴起来，但是女老师说的"采取相应措施"这句话让她惴惴不安。她想："该采取什么措施呢？"

随后，联系手册里开始出现以下内容："尤拉在上课的时候玩纸飞机……尤拉悄悄给正在回答问题的同学提示答案……您的儿子变得越来越无法管教了……"

妈妈每次都问他：

"尤拉，你在干什么呢？为什么不好好听课？为什么不能像其他同学那样，好好表现呢？"

小男孩不说话，只是用自己那双明亮的蓝眼睛看着远处什么地方。母亲觉得，尤拉对她的问题感觉莫名其妙，这一点让母亲大为恼火，控制不住自己了。

母亲打了尤拉一下，尤拉叫喊着："妈妈，你干吗啊？"

小男孩吓呆了，两眼瞪得大大的。他还从来没有受过这种疼痛和屈辱，而且从小时候起，在他所处的环境里，他还不知道一个人可以去打另外一个人。

孩子的心灵很容易受到伤害。在教学过程中，以及在整个学校生活中，如果对孩子们采取不注意或者漠不关心的态度，那么就会出现很多尖利的棱角和暗礁，给孩子们造成他们无法承受的精神打击。而类似这样的精神打击是不应该有的，我们作为学校的领导者，应该对这一点进行深入地思考。

解决这一问题最有效、最可靠的方法，就是教师、家长和所有从事儿童教育的人，都能具备高度的教育素养，都能认识到自己对儿童的命运负有公民的责任。

儿童对于善恶、是非都是极度敏感的。如果说，成年人能够将不公正理解为一种错误，然而对于儿童来说，他们还无法理解生活的各种复杂性。遗憾的是，并不是所有成年人都能了解儿童的内心感受。儿童的内心状态，这是指当他人的行为在某种程度上触及儿童的人格时，儿童所作出的具有深刻个人情绪烙印的评价。对于他人的行为，儿童对这些的反应——首先是情绪上的反应——是十分敏感的。儿童对于不公正的事极其敏感。对于粗暴的斥责、嘲笑和讥笑，甚至是对于顺嘴说出的话，有时候成年人也不一定感到其中的冷漠意味，儿童却会感觉不公正。而如果成年人对儿童抱着轻视的、冷漠的态度时，这个问题就会更加严重。

不公正会伤害、打击到孩子的自尊心，孩子会因此而愤慨，他的内心会因此而产生各种各样积极的和消极的反抗思想。有些事情，在成年人看来是云淡风轻的，但是儿童会因此产生巨大的痛苦。我在学校里曾经遇见过这样一种情形，我从五年级学生维嘉身边走过，无意中看了他一眼，令我大为震惊的是，孩子的眼睛中竟然是满满的绝望，是儿童不常有的痛苦神情。而痛苦的起源，在我们成年人看来，简直是不值一提的：生物课老师要求同学们把收集的植物标本交上来，维嘉晚交了一天。老师说："没有按时交，现在不收了。"维嘉还跟我说了自己其他方面的一些痛苦和烦恼，我听了之后很是不放心：原来这个小男孩的家里还有那么多不幸！屈辱和痛苦接二连三地打击着他，而生物老师的严厉态度无异于火上浇油。通过这件事，我认识到，要时刻关注留心周围的人尤其是儿童的内心状态。

内心细腻而敏感的儿童，很容易被冷漠的态度伤害、刺激。我就曾经亲眼看过这样一件事。卡佳是一个三年级的女生，她个子小小的，蓝眼睛，梳着一条粗粗的大辫子，她今天心情格外好。她的父亲生病一年多了，一直躺在医院里，已经动了三次手术了。妈妈和卡佳都很痛苦，卡佳经常半夜醒来，听到妈妈在轻声地哭泣。

而今天开始，她的爸爸重新上班了。爸爸如今恢复了健康，精神饱满。卡佳的双眼流露出抑制不住的喜悦。她来到了校园里，遇到了两个同班同学——别佳和格里沙。卡佳跟他们打了招呼并且分享了自己的喜悦：

"我爸爸病好啦！"

别佳和格里沙看了卡佳一眼，莫名其妙地耸耸肩，什么也没说，就跑去踢球了。

卡佳朝一群正在玩"跳房子"游戏的女同学们走过去。

"我爸爸病好啦！"她说，眼里闪耀着喜悦的光芒。

有一个女生妮娜，惊奇地问："那又怎么样呢？"

卡佳觉得自己的喉咙好像被一团东西堵上了，连呼吸都觉得困难。她朝校园边上一棵孤独的白杨树走过去，哭了起来。

"卡佳，你怎么哭了？"她听到了科斯佳的声音，这是一个沉默寡言的男生，平时总是坐在教室的最后一排。

卡佳抬起头，抽噎着回答说：

"我的爸爸病好了……"

"太好啦！"科斯佳高兴地说，"我们家附近的松树林里，开了很多铃兰花。等放学了，我们去采一些最好看的花，送给你爸爸。"

卡佳的双眼里闪耀着喜悦的光芒。

常常会出现这样的情况，也许只要一两句话，就能让久病卧床的人感到犹如大病初愈。儿童与集体之间的相互关系，是学校生活中最为精细的领域之一。为了不让一个儿童伤害到另一个儿童的心灵，我们要教会儿童们学会感受。保护一个人的快乐正如收集阳光一样，并不是一件简单的事情。只有依靠心灵的敏感和力量，才能像收集阳光一样来保护一个人的快乐。教育工作者首先需要关心的事，就是让儿童对于他人内心发生的事情，要始终心怀敏感的态度去对待。

有些儿童相较于其他人会表现得尤其敏感，学校里的奔跑、喧哗、叫喊等嘈杂声，都会惊扰到他们。尤其是教师的训斥声，哪怕教师并不是在训斥某个胆小的孩子，而是在训斥班级中的其他孩子，也会吓得他瑟瑟发抖。他简直吓呆了，连别人叫他名字都听不见，老师说什么他根本听不进去，说什么对他而言毫无意义。时常会有这样的情况出现：一节课的15—20分钟时间从学生的意识中溜走了，他只是机械地重复着别人已经做完的事情，因为恐惧已经令他目瞪口呆了。教师站在一个孩子的身边，满怀惊讶：全班学生早就开始画圆圈了，可是维佳还在画横杠。教师不明白这是怎么一回事。于是，维佳渐渐就被冠上了"注意力不集中，思维迟钝"的坏名声。教师的训斥也就时常直接针对他而来了。教师哪里会知道，每次当他走近维佳时，小男孩都吓得两腿发抖！在学校里，大概再也找不出比这更加令人无法容忍的事情了。在学校里，说出来的每一句话都应该浸润在高度的人道主义精神中，都应该饱含同情和怜悯之心，人与人之间的关系不应该处于恐惧的阴影之下。学校里不应该笼罩着恐惧，正如美和丑是不能相容的。

大多数情况下，儿童最终能够摆脱恐惧心理的束缚，但是，恐惧本身对于儿童来说是非常有害的。在恐惧心理的阴影影响之下，很长一段时间内，儿童将无法正常地发展。而这本应该是儿童智力充分发展的最宝贵时间，如今却白白浪费了。

我们可以让一个人适应生活在恐惧和威吓之中，但是如果养成了这种卑劣的习惯之后，人就会变得道德败坏，变得卑鄙、虚伪和阿谀奉承，在恐惧和害怕的阴影之下，他会俯首称臣，变成一个残酷的、丧失良心的人。一个人具备良好的道德观，其中一个最重要的条件就是具备善良的品质，而这要建立在自己对他人、对集体的责任感的基础之上。

只有善良的人才能英勇无畏，百折不挠。

儿童如果遭受到不公正或者粗暴的待遇，受到缺乏技巧的或者冷漠的对待之后，心灵会受到强烈震撼，体验剧烈的情感激荡，而他却要努力装作若无其事、毫无痛苦的样子。他会采取一种根本是人们意料之外的积极的反抗方式，例如矫揉造作、故作丑态。他们很轻易地就进入扮演傻瓜、没心没肺的捣蛋鬼甚至是小丑的角色状态中，而不愿经常想起自己的痛苦。后来时常会有这样的情况，连教师和其他学生都已经对别佳之类（泛指前述那种儿童——译注）的矫揉造作、故作丑态感到习以为常、见怪不怪了。大家在很多方面都对他非常宽容，教师也对他多有迁就和姑息……甚至有时候会出现大家故意怂恿别佳故作丑态、逗人一乐。这是一种非常危险的状态——这种状态下荣誉感和自尊感被蔑视了。我们绝对不能容许儿童不再尊重自己，不再珍惜自己的荣誉，不再天天向上。在教育中，有一条极其重要的规律——人在道德上是不断完善的，不断获取新的道德财富。对于教育这个复杂的过程，我认为可以用以下比喻来描述：教育者是一位向导，他对坑坑洼洼山路上的所有崎岖不平都了然于胸，他为所有初次踏上这条路的青年人指引方向。但是，他只是指路，而路还得靠行路者自己一步步去丈量。向导和行路的青年人，在攀登崎岖山路的过程中同享快乐、共历艰辛。共同的劳动让他们亲近起来，共同的自豪感让他们激动不已，教育过程同样应当如此。应当用追求共同目标和付出共同的劳动，将智慧的领路人和经验不足的青年行路者连接在一起。需要再次强调的是：教育，这不是一项简单容易的劳动，只有当受教育者对自己所付出的劳动心生自豪的时候，道德财富方能进入他的心田中。我们要将自豪感和荣誉感根植进青年行路者的心田中，根植于领路者和行路者的共同劳动中。哪里有这种共同劳动，哪里才会有教育。

教育的智慧就在于，要保护受教育者不受欺凌。不能让他觉得自己是听任命运摆布的一粒微尘，毫无反抗之力。任何时候，都努力做到不压制学生的意志力。意志力，形象点说，这是一潭深水，承载着人的尊严之舟。刚愎自用和不听话，要比唯唯诺诺和盲目服从好上一千倍。

每当我们说对儿童还不太了解的时候，很多教师都会觉得满腹委屈。我们永远无法容忍的是，对于很多人而言，儿童的精神世界是神秘莫测、深奥难懂的。有关儿童的心理状态的问题，关于他们的喜怒哀乐，这些问题应该列入校务委员会的议事日程中，列入共产主义教育理论和实践问题专题研讨会的会议日程中。几乎每一所学校都举办类似的研讨会，但是这些研讨会往往脱离了学生鲜活的精神生活，而去讨论一些理论性问题：诸如什么是社会教育、什么是人的全面发展、什么是教养……我们想象一下，如果农业学家们在研讨会上年复一年、无休无止地讨论"什么是丰收"的问题，那么能从农学研究中得出什么实际益处呢？要知道，我们教育工作者们，在自己的研讨会上却经常是在做这样的事情：没完没了地研究，什么是我们的教育丰收。

教育理论，应当是反应灵敏的指南针，指明和引导学生往哪儿走，怎么走？还应当是一束光，照亮实践教育的道路。伟大的俄国教育家康·季·乌申斯基，曾经痛心疾首地将缺少理论指导的教育实践比作是用巫术治病的巫医。给巫术披上一层科学的外衣，并不能产生任何效果。可怕之处就在于，这种巫医治病的风气侵入学校生活中最精细的一个领域——人与人之间的关系：教师与学生、高年级学生与低年级学生、同龄学生之间。

学习——这首先是人与人之间的关系，是精神财富的互相交流，是发自内心的真诚善意和相互关怀。所有的学校生活都应当充满着人道主义精神。

那么，这里最主要的方面是什么呢？

为了成为具有人道主义精神的人，应当了解学生的心灵。人道主义精神不是用什么专门的方法就能制造出来的。真正的人道主义精神与迁就容忍是格格不入的。对儿童一味地娇生惯养、容忍迁就，只会导致他们变得懒惰、散漫和任性无理。对于家长对儿童的纵容态度而造成的不良影响，教师们感到深深地担忧，并决定终结这种状况，他们认为，只有严厉严格才能对抗娇生惯养。为了彻底改变这种状况，教师们在所有涉及学生个性的问题上施行"急转弯"，这就是要和儿童的意志力较劲。而意志力——这是极其复杂、难以捉摸的，更何况这里说的还是儿童的意志力。

真正的人道主义精神，首先意味着公正，意味着将尊重与严格要求结合起来。在学校生活中，不存在也不可能会存在所谓的抽象的公正。在教育中，公正意味着教师付出足够的精神力量去关注到每一个学生。如果用千篇一律、毫无区别的方式去对待学生，其实是漠不关心、不公正的最坏的体现。如果学生感到自己不被关注，没有人去关注他个人的微小的痛苦，大家都好像遗忘了他，那么他就会感到委屈和痛苦，感到大大的不公正。有时候在学生独立完成作业时，教师走近他身旁，问他一点什么，或者给他一点建议，这其实就是对他的精神支持。

我深信，严格要求始于高度尊重儿童的力量和能力。从本质上来说，严格要求意味着能够理解和感受儿童的内心，懂得什么是他们力所能及的，什么是他们无能为力的。要竭尽全力去帮助儿童，达到他能触及的高度。要让他相信，只要确定好目标，就一定能达成的。这就是真正意义上的严格要求，同时也是真正意义上的尊重。

对学生要采取人道主义的态度，这就意味着教师应当懂得这样一条简单但又充满智慧的真理：如果缺少儿童内在的精神努力，如果儿童缺少成为一个好人的意愿，那么也就难以想象学校和教育会变成什么样。一名真正的教育大师，也会去督促、强加和逼迫学生的，只不过他在做这些的时候，绝对不会熄灭了儿童心中那簇珍贵的火苗——成为一个好学生的意愿。对于教育者而言，真正的人道主义精神意味着要具备技巧、艺术和唤醒儿童思维意识的能力，要让儿童意识到，他尚未成为他可以、他应当成为的那样的人。要让美好的事物成为儿童的理想，吸引他、鼓励他、振奋他。一名真正的教育大师，即便是在责备学生，对学生表示不满和愤怒时——教师和所有其他有感情有文化修养的人一样，也会有愤怒的时候——即便在愤怒的时候教师也不会忘记，绝不能熄灭了儿童的这种思想，这种关于不达目标就决不放弃的思想。

有人认为，具有人道主义精神的教师，说话始终是温和克制的，其实这种看法是错误的。善良并不是体现在声调上，也不是体现在遣词造句上。真正的教育者一向都是情感充沛的人，他对欢乐、痛苦和不安都感同身受。如果儿童能从老师的身上感受到这些诚挚的人类情感，那么他们就会信任老师。

您可能会问："一般情况下，教师能提高嗓门，大声训斥吗?"有一位教师伤心地说："这么说，教师都不能大声训斥学生了? 那他还能干什么呢?"关于说话声调、提高嗓门等问题，一般来说，要与教师的情感修养和文化修养结合起来看，不能分割开来。一个具备情感修养的人，他不用任何喊叫就能走进儿童的内心。对儿童的精神世界高度敏感的老师，是从来不会大声训斥的。不安、痛苦、困惑、惊讶和愤怒——所有这些情感及其相关的种种微妙反应，儿童都能从教师看似平常的话语里感知出来。为了让学生领会这些情感，真正的具备人道主义精神的教师并不需要精心地遣词造句：只要心中有情感，即便他没有说出来，学生也是能领会到的。

真正的教育大师具备高超的情感修养和教育感知能力。我认识一位教师，他在学校已经工作了三十六年，培养出一百多名同样从事教育事业的学生，这些学生也成了具备高超水平的行家里手。这位教师也会发怒，也会气愤，也会怒气冲冲，但是他从来不会大声训斥，他也并没有竭尽全力在控制自己。儿童能够从他的声音中辨别出几十种细微差别的情感：伤心、不安和委屈等。确实，当学生的行为不能令人满意的时候，即便是真正的教育大师也会感受到深刻的难过。当他因为某件事烦忧时，他的说话声音就会变得很低，整个班级就会凝神屏息，注意听他说的每一句话。这并不是某种专门的表演，也并不是有意识地控制嗓音。这一切都是发自内心的，源于教师深刻的内在修养和情感修养。教师对学生日常行为举止的影响，学生每天都在心灵深处作出最细腻的情感反应。这种情感反应就是运用人道主义精神进行教育的强有力的基础，没有它，就没有所谓的学校。正是在这种反应中，在教师丰富的情感变化中，学生才能感受到他的真诚。

对待懒惰、无所事事、懈怠疏忽、虚度时光、挥霍浪费和漠不关心等情况，采取绝不容忍的态度，这是一位教师的高超教育技巧的一个重要特征，他一定是善于运用自身高度的情感修养来教育学生的教师。这种绝不容忍的态度，是善良和善意的本质所在。

这里我想重申一下这个思想，即真正的教育者要唤醒并发展学生心中成为好人的意愿。基于教导学生的义务，教师怀着真挚的、诚恳的感情，而这正是激励学生力争成为好人的生气蓬勃的力量源泉。真正的教育者很少会对自己的学生说：你们要成为好人啊！学生是从他深厚和真挚的情感中体会到他的良苦用心的。真正的善良，就是真诚。它可能并不总是令人愉悦的，真理很多时候是令人痛苦的、担忧的，真理中包含着坚强的意志力和严格的要求。但是，最令人痛苦的真理却在孩子们的心中根植了成为好人的意愿，因为从本质上来说，善良从来不会侮辱一个人的尊严。

对于含义丰富的概念"善良",这里需要再确认一下。教育工作者的善良,首先意味着对儿童的当下和未来怀有强烈的责任感。只有那些以一颗敏感的心灵去感知学生最细腻的内心活动的人,才有权利被称为善良的人,才有权利被称为教师。善良这个概念,最主要和最具有决定性的细微含义之一,就是教育者要具备坚强的意志力,对于精神空虚、弄虚作假的行为,绝对不能妥协。

多亏了教师们具备的高度情感修养和思想水平,我们的集体中才能形成了真挚的、坦诚的氛围,才能让学生形成了这样一种信念:他们和自己的老师们,在共同的劳动中是志同道合的同志关系。只有当教育者和他的学生们在共同的劳动中一起感受喜悦和欢乐时,才能真正做到将道德财富代代相传。

教育者和受教育者一起体验着同志般的情谊,所以他们能够做到互相之间开诚布公。还有一点极其重要,人的最美好的品质都不会被偶然的、伪装的、次要的东西所掩盖。在同志般的友好氛围中,儿童的心灵会对一切美好的、善良的事物非常敏感、反应敏锐。儿童会努力向好榜样看齐,会将教师的意志力当作来自友好朋友和同志的建议来接受。共同的同志式的劳动吸引着学生们,他们会充分展示自己意志力的各种优良品质。他自身的意志力并不会被压制,相反地,他为了达成目标,会充分集中自己的意志力。教育中的这条金科玉律,在实践中会常常体现为:教师很少去禁止学生做什么,而是经常性、几乎始终是以自己作为榜样来激励和吸引学生。这正是教育技巧的秘诀之一:一名好教师,很少对学生说禁止之类的话,他总是表扬和鼓励学生。

学生致力于成长为一名好人的意愿,正是通过他自己的意志力体现出来的。真正意义上的教育暗含着这样一条逻辑:就教育的本质来说,学生正是教师的首席助手,自我教育,就其字面意思而言,才是教育的核心和中枢所在。

也不能简单地要求教师尽量不要去禁止学生做什么。当教师和学生受到共同的集体劳动的思想鼓舞时，当他们体会到大家都是为了实现共同目标而奋斗的同志时，就很少需要去禁止他们做什么了。当学生能够和教师一样，被同一种崇高的社会活动吸引的时候，他们就能深刻地理解什么是"可为"，什么是"不可为"。

当学生有了成长为一个好人的意愿时，那么教师对他的态度及其中包含的一切含义，他都能够轻而易举地领会到。得益于学生产生了这种意愿，即便教师表现出不悦和恼怒，学生也不会觉得受到了不公正待遇。相反地，教师的不悦和恼怒反而更能激发出学生成长为一个好人的意愿，因为学生感受到了教师的公平和公正。学生会为自己的行为感到良心不安，他会首先将教师看作是个活生生的人，一个有着自己喜怒哀乐的人。

这是教师和学生相互关系中一个极其重要的方面，在这种相互关系中体现出学校生活的人道主义精神。当然，对于某些现象我们也不能视而不见，在有些学校里，学生并不能理解和体会教师的独特个性，对于教师在工作中遇到的困难也毫无同情之心。劳累的教师们每次到了放学的时候，经常已经筋疲力尽了，但是学生们依旧调皮捣乱，惹得老师火冒三丈，大喊大叫……

大喊大叫，这说明人与人之间的关系缺少文明。教师大喊大叫会惊吓到学生，令他们不知所措。大喊大叫，是对学生的行为举止、学习态度所做出的最简单最粗暴的一种反应，在这种反应中包含着本能的成分。在大喊大叫中，人的真实的情感会丧失殆尽。也许，您也注意到了：教师在对学生大喊大叫时，他的声音变得和心平气和时完全不一样，连他自己都辨别不出来了。这是一种可怕的标志：教师对学生的大喊大叫不仅是在肆意宣泄着自己的本能，而且还严重摧残了孩子幼小心灵中细腻的情感。那些经常受到大声训斥的孩子们，会丧失感知他人细腻情感的能力，更令人担忧的是，还会丧失对于真理和公正的敏锐性。大声训斥会令孩子们的良知变得迟钝麻木。常常会出现这样的状况：父亲、母亲或者教师在大声训斥之后，会平静一点，恢复常态，开始心平气和地劝导和说服孩子。他们会对孩子说一些好听的、公平的话，但孩子此时仍然处在大声训斥的阴影之下，已经失去了理解和领悟的能力。

在大声训斥中，孩子们感受到训斥人的手忙脚乱和无能为力。他们认为，大声训斥包含着两种意思，要么是故意要找他麻烦，要么就是在他面前感到担心和害怕，所以要实施防御。不管是哪一种意思，都会引起儿童做出积极的反抗。

您在上课时间走进学校，会发现教室里是一片安静的嗡嗡声，就像站在养蜂场的蜂箱附近一样。忽然从远处什么地方传来了刺耳的训斥声，这是教师在训斥学生。对于这种情况，您可能早就形成了自己的观点：这位教师和学生的关系不太好。您一定会觉得满腹愁思：该怎么办呢？怎么样才能将大声训斥的现象从校园中根除出去呢？

对于这种情况，任何行政命令都不起作用。如果教师除了大声训斥以外，没有别的方法，那么他肯定不会停止大声训斥的。需要详细地讲一讲教师的情感和思想修养问题，以及学校工作中的人道主义精神问题。学校集体中的每一位教师都应当自我回顾一下，对自己和学生的关系进行分析。我想建议您从以下几个问题入手，来进行详细地分析：教师的大声训斥是如何伤害学生心灵的？又是怎么摧残了人的美好情感的？在教师的大声训斥中，怎么培养出长大后也同样对他人大喊大叫、漠不关心和冷酷无情的人？我想建议您使用师生关系中的具体事例，来说明教师的大声训斥会如何给师生关系造成隔阂，妨碍师生的相互理解，甚至有时候会在他们之间筑起相互厌恶的高墙。您可以举出生动的例子，来说明大声训斥是毫无意义的。比如说，有位教师准备当众批评一位学生，他设想的是，如果当着全班同学的面"好好训斥一下"万尼亚，大家都会声援教师，万尼亚会在同学们面前无地自容，会感到良心不安的。然而，教师所有的希望都落空了。被一顿训斥后的学生，反而引起了全班同学的同情。同学们都站在了万尼亚这一方了，他们为了帮同学辩解，甚至不惜去撒谎，这是很常见的情形。

　　如果对着整个班集体进行大声训斥，那么情况会更加糟糕。任何时候，任何情形，都绝对不应当这样做。在这种情况下，大声训斥不仅会让学生震惊压抑、呆若木鸡，更会让学生感觉受到了侮辱。您作为教师，如果因为班集体导致您受了委屈、感到烦恼，那么您需要用审慎的态度来对待。您自己要冷静下来，控制好情绪。在令您感到委屈和烦恼的事件发生当天，请不要去谈论它。不要去打击报复学生，不要急于抱怨责怪，请多去想一想。您要和自己的学生多交流，请这样来处理这件事：请学生来帮助您，一起分析所发生的事情。

　　儿童常常有自己大大小小的烦恼、痛苦和担忧。一位具备较高情感素养水平的教师，能一眼就看出学生情绪不佳。首先从儿童的眼睛里就能看出，他们的目光中会流露出他们的想法、感情和思绪。一旦发现儿童遇到什么不如意的事情，具有高度敏锐性的教师并不会马上询问他原因。但是他会想尽办法让儿童感知到，教师已经猜测到他心中的不安、痛苦、烦恼和不幸。等到单独和儿童相处时，教师就可以细细询问原委了。但是，如果已经确定学生需要帮助，教师却事不关己或者将学生置之脑后，那就会给学生带来新的痛苦。

　　经常会出现这样的情况，从成年人的角度来看，儿童的委屈都是一些鸡毛蒜皮的小事。比如说，有人把他的玩具藏起来了之类的。但是请不要忘记，儿童对于喜怒哀乐、对于善与恶，都有着自己的衡量标准。一位经验丰富、感觉敏锐的教师决不会忘记，他本人也曾经是一个孩子。应当站在儿童的立场上，分担他的痛苦，给他以帮助。对于儿童来说，同情、怜悯和真诚的关心，往往就是他们最期待和最友好的帮助。而冷漠无视、漠不关心则会令儿童震惊无助，导致他们的神经系统进入一种兴奋状态，由此会引发严重的心理疾病。

　　下面这件事发生在二年级的课堂上。女教师发现，萨沙心不在焉、注意力不集中，字写得很差。

女教师生气地说："萨沙，你动动脑子，写的是什么？你不是在外面玩，这可是在课堂上……"

萨沙的头更低了，埋进作业本里。过一会，女教师发现萨沙作业中有一个很严重的错误。

"哎，你在想些什么呢？"女教师更加严厉地责问。

"他奶奶死了，"萨沙的同桌女同学说，"昨天下葬的。"

"奶奶？"女教师用疑问的语气重复了一遍，然后就没再说什么了。她过不了多久就会忘记这件事，但是萨沙可能永远也忘不掉。

萨沙从头到尾一句话也没说，只是默默地流着眼泪。奶奶是他最亲爱的人，奶奶的去世让他十分痛苦。可是女教师再也没去关注这个男孩子。

萨沙从此没法集中注意力了，既不能思考算术习题，也不能思考语法习题。在课堂上，每当女教师走近他，他就会吓得手脚发抖。孩子的痛苦需要同情和关心。对孩子的痛苦采取漠不关心的态度，会令他感觉受到了侮辱。这位女教师忘记了萨沙的痛苦，只是一再要求他："写得更好一些，不要出一点错误。"

有时候儿童自己也搞不清楚痛苦从何而来，这种情况也是很常见的。儿童的身体健康出了点问题，但是他自己浑然不觉。教师此时应当能够及时发现，及时感知。如果教师是一位兼具高度情感和智慧素养的人，能够读懂人的内心世界，那么他一定能够发现和感知到这一点。

儿童经受的很多委屈和痛苦，究其根源，都来自其家庭生活、日常生活。对此，学校不能消极地袖手旁观，不能认为自己的作用仅仅只是准确地揭示不幸的根源。学校作为一个社会性的教育机构，肩负有积极影响社会环境、创造良好教育氛围的使命。我们教师集体坚信，通过宣传教育知识，可以防止很多苦恼、冲突和不幸的发生。在"家长学校"的课程中，我们向家长讲解了相关内容，告诉他们听话和服从不应该建立在恐惧之上，恐惧只会催生欺骗、虚伪和阿谀奉承。

　　为了防止家庭教育中出现麻烦和错误，早在学校里就应当给少男少女们进行教育，他们日后是要为人夫为人妇，为人父为人母的。踏进婚姻生活的男女们，很多时候并不懂得婚姻生活需要具备哪些复杂的、精细的修养。他们应当深刻地理解和感知到，婚姻生活不像那些幸福的约会时光一样了，而是要日复一日，共住一个屋檐下，共同走过一辈子。生活中不只有快乐和幸福，还会有繁重的劳动，包括精神上的操劳和紧张，与此同时也会产生丰富多彩的精神生活。为了达到这一目标，有必要大力进行睿智对待生活的相关教育。

　　应现实生活的要求，有必要在中学高年级为少男少女们开设《家庭关系修养》课程。如果我们能够给他们真正讲清楚生活的复杂性和所需要的智慧，那么他们就能明白，婚姻生活首先意味着养育子女。如果我受委托来制定这门高年级所需课程的大纲，我会将"人类的愿望文化"这一问题放在首位。要知道，正确养育子女的基础是什么？首先，是要能够控制自己的愿望，能够为了家庭、孩子和父母不惜牺牲自己的一部分愿望。那些仓促离婚的人们，首先是精致的利己主义者，这些年轻人把自己的愿望看得高于世界上的一切。这份课程大纲里应当包括《家庭中愿望的和谐共存》这一章节。在这一章节的内容阐述中，我会对和谐家庭及不和谐家庭中发生的事件进行详细地分析，通过具有教育意义的实例来说明，人的愿望是如何产生的，其中哪些愿望是可以满足的，在什么条件下可以满足，而哪些欲望是能够加以克制的，以及怎么样让自己的愿望服从于家庭的共同利益。最重要的一点，是如何培养孩子对待愿望的态度。

　　我来公开一个小秘密：我们学校已经开设了《家庭关系修养》这门课。我们教育少男少女们，如何做好走入婚姻的准备，如何处理好家庭生活，家庭关系中的高度修养包括哪些内容，怎样教育子女等问题。毫无疑问，在教学计划里没有安排这类课的条件下，来讲授这门非常重要的课程，并不是一件容易的事。但是不管有什么样的困难，我们都要想方设法去克服，因为我们知道，这门课程即便算不上最重要的，但是其重要性也绝不会亚于数学、物理和化学等课程。并不是所有学生都将成为物理学家和数学家，但是所有孩子都会成长为男人和女人，都将为人父、为人母。

对于这个极其复杂的问题，我只是谈到了一点皮毛，但是这个问题和教育工作中的任何问题都有着直接的关系。在思想上做好成为一名父亲和母亲的准备，这是一个人思想成熟的重要条件之一。我们尽最大努力，让我们的学生对成为父母这件事，多一些美好和高尚的想象。使爱的感情高尚起来，这需要做大量的工作，要让学生在少年时期就深刻地领悟到，爱——意味着对别人承担道德上的责任。

在有一种儿童的教育过程中，教师身上所具备的真正的人道主义精神——公正、敏锐、高度的道德和情感修养等，起着决定性的作用。这就是智力发育迟缓的儿童——不是低能儿童，而是正常的儿童，只是他们在学龄初期所受的教育是有问题的。对于这些孩子的教育，是对人道主义精神的真正考验。如果对这些儿童的教育不做专门的、深思熟虑的工作，那么学校就是不尽职的。

有关儿童的科学研究、教育和教学过程中，一旦出现任何一点新的知识，教师和学校领导就不得不重新审视自己的工作，试图用新的视角去审视那些习以为常、司空见惯的现象。用新的观点重新评价、重新思考业已形成的理论和信念。在这个重新评价、重新思考的过程中，可能会出现一些夸大的行为。需要注意的是，尤其对于问题学生来说，下结论做判断不能操之过急，毕竟，从某种程度上来说，这关乎了一个学生的命运。当然，对于学校里发生的每一起冲突，每一次关系的恶化，我们不能将其都看作是神经官能症的征兆。不过，每一起冲突，每一次关系的恶化，都应该引起学校领导的警觉和不安。

如果教师十分了解儿童的心理，如果全体教师持有高度一致的教育信念，并且认为学生不是消极的接受教育的对象，而是一种积极的有创造性的力量，是教育过程的积极参加者，如果在十多年的教育过程中，学校不仅对儿童进行教育，同时也教育了家长。那么，在这些地方，就不会发生教育过程中的神经官能症。建立在真挚感情基础上的师生、父子关系，互相之间信任依赖，是有助于此的。而如果相互之间不信任不依赖，父亲和教师将孩子看成小魔头，孩子也觉得父亲和教师对自己怀有敌意，与自己格格不入。很多家庭中笼罩着互相怀疑的氛围，家人之间说话的口吻不是心平气和、有商有量的，而经常是吵吵闹闹的，这样自然会导致孩子出现问题。与这种不良现象做斗争的唯一有力方式，就是建立健康的家庭精神生活和良好的师生关系，就是把家庭和学校的教育过程建立在高度文明的基础之上。

学校的教育水平低下，会棒打两头，不仅会打击到儿童，也会打击到教师。教师并不是铁石心肠的人，他有灵魂、有精神、有自尊心和自爱心。如果用简单粗暴的态度和感情伤害学生心灵，将教育过程建立在这个基础之上，那么教师也会有犯病的危险，这是一个极其重要的问题。提高教育修养水平，在这一复杂的问题上，教师的心理状态占据着极为重要的地位。

教育修养水平低下的一个危险根源来自教师，在教师看来，儿童每一个不好的行为，或者只是教师看不惯的行为，都是带有恶意的，或者是故意的，甚至是蓄谋已久的。认为儿童的每个行为都是存心故意的，这就是忘记了一条重要的道理：从本质上来说，教育就是用睿智的道理约束薄弱的意志力、管理贫乏的经验、控制冲动的感情。儿童尚不善于控制自己的意志力，对此，教师应该采取父母般的宽容谅解态度。理解儿童行为的实质，教师才能不将自己跟学生放在同一水平线上，这是重要的前提条件。

我研究"学校性神经官能症"已经二十多年了，事到如今，我才敢就这个重要问题发表一些粗浅的初步看法，我也建议您不要轻易而草率地下结论。当然，如果情况十分明朗，那么也不用犹豫徘徊。为了防止学校里出现大声训斥、神经紧张等现象，您一天也不要耽误，马上采取具体措施吧。

对多所学校的情况进行摸排了解后，我们得出了这样的结论：学校集体的规模越小，其家庭般的和睦关系就越能将学生紧密地团结在一起；个体之间的精神交流越丰富多彩，神经紧张的情况就越少发生。与之相反的情况是，学校里没有一个和睦的集体，吵吵闹闹、一片混乱，这就为神经紧张提供了滋生的条件。但是集体规模较大的学校现在有，将来也一直会有。如何在一个较大的集体中，防止一些我们不希望的现象出现，这需要我们进行思考。对于那些学生人数达千人和超过千人的学校，应当采取预防性措施，创造出一些条件，让同年级的班级集体都能形成和睦的家庭式的氛围，防止学生打闹喧哗。这是提高教育文明程度的基本前提。

还有一种情况也是不正常的：很多学校采取延长学习时间的托班制度，而这本质上和平常上课没有任何区别。铃声一响，学生就要走进教室，完成家庭作业的过程变成了另一种上课，课间休息也要按照铃声开始和结束。还是一样的神经紧张，还是一样要对自己严格要求，还是一样要安安静静地端坐着。令人遗憾的是，在个别学校中还存在着这样的情况：延长学习时间的托班制度不仅导致儿童累得筋疲力尽，还导致他们没法独立阅读课外书籍。锤炼儿童的意志力，并不是把儿童的一举一动紧紧束缚起来，而是要尽最大可能，让孩子们在独立活动中充分地发挥主观能动力。儿童有些应该受指责的行为、有时甚至是看起来无法解释的行为，形象点说，这是因为孩童们无时无刻不被困在牢笼之中。他们巨大的精神力量被压制着，而又无法使这种力量服从于自己的理智和意愿。教师要善于放手，让儿童发挥自己的力量，而非一味地限制和约束，不能让儿童时时刻刻感到受阻。要做到这一点，需要高超的教育艺术能力。

然而，教育过程中存在着一些其他困难之处，其根源不在于教师的教育修养，而是源于其他方面。

有一些学生属于问题学生，什么是问题学生呢？

## 1. 问题学生是什么样的

这些问题学生，给教师和家长们带来了多少沉重的思想负担、烦恼和痛苦啊！

有一天，我从基洛夫格勒回来，在公共汽车上认识了一位年轻的铁路工人，他有个孩子在读三年级。他那天从家赶回自己常年工作的地方——一个偏僻小站，小站附近没有学校，家长们于是把自己的孩子们就近送到一个大点的村庄里上学，那里有所八年制学校。这位三年级学生的父亲乘车去参加了家长会，这位年轻工人的眼神，令我感到十分惊讶：从他的眼睛里，我看到了他的痛苦、他的焦虑。拥有这样眼神的人，一般是那些在思考"是否值得继续活下去"的人。我在生活中很少遇到这类眼神，很少有人如此痛苦、无助和绝望。

等公共汽车里只剩下我们两个人的时候，我对他说："请跟我说说您的痛苦吧！说不定，我能帮上点忙。"

这位铁路工人对我说了以下情况。

"我去参加了家长会。我的儿子在三年级上学，每一次不得不去学校的时候，都像是要在我心头剜一块肉一样。每一次听到的话都一模一样：班级里所有的学生学习都不错，有成绩挺好的，也有刚及格的，还有些尖子生，可我的孩子却是个糊涂蛋。当然，老师并没有直接这么说，但我就是这么理解的，而且老师也希望我能理解到这一点。如果我家孩子哪一科能得个三分，这对于他来说就已经是很好了。别人家的孩子一堂课能做出三道题目，可我家孩子一道题也解不出。老师说：'他看题目的时候，读了后面，忘了前面。'很明显，老师同情我，没有把所有话都直说出来。等没人在的时候，我问老师：'我儿子以后怎么办啊？是不是要把他送进什么特殊学校去？'老师说：'不，不需要送。特殊学校不会接收他的。他并不是低能儿童，他是智力正常的孩子。'既然智力发育是正常的，为什么他连三分都达不到？这究竟是怎么回事呢？请相信，只要能把我儿子培养成人，我愿意付出毕生的心血。可如果没有文化，以后怎么成材啊？……"

请好好思考一下这些话吧！当前，我国社会成员的智力和道德水平都已经发展到了非常高的水平，家长们都抱着这样一种想法：我们要在孩子们身上复制自己，并且要比自己更优秀一些，更完美一些。每一位落后的、成绩不好的孩子，这简直是人类的巨大悲剧。

问题学生到底是什么样的呢？一直以来，都有这样一种流行的论调：没有不好的学生，只有不好的教师。既然这样，那么就不应该存在问题学生，这不过是教师臆想出来的，借此来掩饰自己在教育上的无能。为了保险起见，"问题"这个词经常被加上双引号，这样做比较安全。没有问题学生，只有"问题"学生，然而这样一来，意思就大相径庭了。

对于我们教师而言，听到这些是非常痛心的。听到学生不好、成绩落后是我们工作不到位的原因，我们感到十分痛心。报纸和杂志关于单纯追求及格率的讨论此起彼伏、反复多次了。对于这些无需解释的事情，如果我们还不果断叫停，如果我们不明确而肯定地指出，那些掌握大纲规定范围内知识比其他人困难的学生，必须继续留在普通学校里学习，那么关于单纯追求及格率的讨论将永远是无果的、无益的。而这就产生了一个问题：既然这些学生掌握知识比其他学生要困难得多，那么对于这些问题学生，应该采取什么样的衡量标准呢？

问题学生总归是存在的，永远不可能回避这个问题，教师对此非常清楚。问题学生——是指由于各种各样的原因，在智力发展上有偏差的学生。一般的教育方法和措施，在对大多数儿童的教育工作中，能够收到良好的结果，而如果用在问题学生身上，就会无功而返。对于他们，要探索出其他特殊的教育方法和措施。

问题学生，这是一个很复杂的概念。每一个问题学生都有着自己特殊的、独一无二的个性，每一个学生都有自己偏离正轨的原因和特点，都有自己学习和受教育的轨迹和经历。

听了年轻铁路工人的讲述，我跟他讲了一位我遇到过的问题学生，这个学生的命运多年以来一直让我担心挂念。

也许，你们当中的每一位，都正在为这样的现象伤脑筋：班里的所有学生都在聚精会神地听老师上课，老师正在讲解乘法，大家都能听懂。别佳也在认真地听讲，而且，看上去他比别人更加全神贯注，至少，他是想听懂老师的讲解的。然而，其他同学都听懂了，完成了作业，别佳却什么也没听懂。老师布置了独立作业题，所有同学都在认真看题目，一个接一个解题目，没过一会儿，全班同学差不多都做好题目了，只剩别佳一个人坐在那里，对着题目发呆，他费尽九牛二虎之力也搞不懂题目的意思。他好几次尝试把算式列出来，加啊，减啊，但是什么结果也算不出来。更准确地说，他自己都搞不清楚，到底解出结果没有，因为他并没有理解这道算数题的意思，也不明白老师希望他从中求出什么结果。确实存在这样的孩子，他们听得懂教师在讲解、提问和布置作业时的词句的意思，但是对于句子之间的关系，他们就听不懂了。

在每一所规模较大的学校里，很有可能都存在着类似别佳这样的学生。这样的学生成绩不好，学习落后，最后不得不留级，但是背后的原因各不相同。如果老师费尽力气，硬是将别佳"拉扯"到了五年级，这当然是不错的。但经常会出现的情形就是，学生读到三年级，就怎么也升不上去了。这里似乎有一种略显奇怪、令人无法理解的情况：别佳比较容易学会阅读，一开始的时候，他似乎也能跟上其他孩子的步伐，但是，随着技能和知识的同步学习，他渐渐就落后了。在这种情况下，校长经常会责备教师不会教学生。而教师会责备学生不专心，不努力，花在家庭作业上的时间太少了，懒惰，抄袭同学的作业等。看上去，老师的每一句话似乎都是完全正确的：儿童理解能力差、注意力不集中，经常是跟不专心联系在一起的，而不会思考、注意力无法集中，慢慢就会演变为懒散怠惰。

为了帮助问题学生克服所有这些缺点，教师在课堂上和课后都要对他们进行个别辅导。如果问题学生能勉强地随班升级，那么主要是因为对他进行了功课辅导，给他降低了习题的难度。一旦知道问题学生无论怎么努力也无法像其他学生那样掌握知识后，教师就开始对他们的学习成绩采用特殊的评定标准，对每一位问题学生都采用不同的标准。这类孩子会全力以赴完成教师的任务，他信任教师，尊重教师。他对自己每一点微小的进步都倍加珍视。对于他而言，教师的表扬，是促进他学习进步所不可缺少的内在动力的鲜活源泉。老师从来不会责备别佳懒散或者理解力不强，也从来不会对他的能力丧失信心。老师在精神层面支持着学生。如果一个学生以超乎寻常的劲头在学习，那么这源于他对教师独一无二的信任。这样的教师是有大智慧的，同时也有极大的耐心：虽然连续几个星期，他都没看到学生有任何进步，或者，学生费了九牛二虎之力才收获了一点微小的进步，但是他依然确信，学生最终一定能达成目标。我们不妨将教师的这种信念和希望，比作是医生对重病患者的那种信念和希望。

教师的这种信念和希望最终有所回报：在儿童智力发展的某一个阶段，突然出现了茅塞顿开的局面，这令人乍看起来无法相信。突然之间，学生在读完题目之后，马上就能解出题来，要是放在以前，这种习题他是根本解不出来的。儿童体验到了一种巨大的喜悦感，他胜利了，正在经历着一种难以忘怀的茅塞顿开的时刻：以前不明白的、搞不懂的东西，忽然之间在他面前敞开了，变得清晰明了。这不是偶然情形，而是一个人智力发展的必然规律，是永远相信自己能力的结果。是的，关键就在于要对自己的能力有信心，有情感的力量在支撑。

我们不可能运用什么极端的方法，来对问题儿童的意志施加影响，使他们的意志活动发生质的改变，也不可能强迫他们变得更聪明。那些试图运用强力的、意志的方法来影响儿童的人，其实是在犯无法弥补的大错。这种错误之所以难以弥补，或者一般来说无法弥补，是因为采用这种方法之后，那些必须采用的、唯一可以采用的方法就变得没有成效了。对于教师的要求，最重要的一点，乍看起来是非常简单的一点，其实是一种最精细的教育技巧，就是要增强儿童对自己能力的信心，并且要耐心等待儿童在智力发展过程中每一个取得微小进步的时刻。这种进步，这种茅塞顿开的局面，并不意味着儿童将在以后的学习中顺风顺水，也不意味着儿童会脱胎换骨，完全变成另外一个人，一切远非如此简单。这种进步实际上非常微小，乍看起来好像只是一次偶然的成功。但是这次成功使儿童体验到了胜利的喜悦，并能够从胜利中汲取到新的动力。要保护好问题儿童这种积极的情绪，因为这种积极情绪正是教育技巧得以扎根的土壤。从一个胜利走向另一个胜利，这正是对问题儿童进行智力教育的过程。如果他今天有什么内容没有理解，请不要给他打"2分"，不要急于用严格的评分标准来评定他的学习成绩，正如娇嫩的、纤弱的幼苗需要特别的照料。在我看来，教育中遇到的问题，都不是可以一步解决的，没有什么万能的、普世的方法。

积极乐观的世界观，对自己的能力充满信心，用形象点的话来说，这些是照亮问题儿童前进道路的明亮火光。如果熄灭了火光，儿童将陷入无边的黑暗和孤独之中，陷入毫无出路和毫无希望的痛苦之中。

现在我们可以一起来看看，如果儿童对自己的能力丧失了信心，将会出现什么样的状况？

教师认为学生跟不上进度，是由于学生不够专心、不够努力，过于懒散，于是教师就在课堂上和课后加大这类学生的课业负担，并且把学生留下来补课。然而这样做却没有收到任何积极的成效，对于别佳这类学生来说，学习变成了烦人的、厌恶的劳动。别佳知道，不管看多久课本，做多少习题，反正一样还是得"2分"。他甚至觉得,老师之所以把他留下来补课,只不过是为了再给他打一个"2分"而已。他已经学会了撒谎,欺骗老师和父母,学会了抄袭作业。即便能够独立完成的作业,他也不愿意自己去做,而是习惯了去抄袭,因为抄袭更轻松,再加上班级里的同学们也同情别佳,总是想去"帮助"他——把作业拿给他抄,他们觉得这样可以让别佳在学校里和在家里免去很多不愉快的事情。

您可以好好想想,为什么对于把家庭作业拿给自己同学抄袭这件事,无论如何禁止、如何恐吓,却仍然无济于事?其实,这种想帮助同学的想法,是出于对不会做作业的同学的一种同情。然而那些不想做作业的懒惰同学们却来者不拒,渐渐习惯了抄袭作业。要求学生去辨别哪些是真的不会做,哪些是懒惰不想做,这有点强人所难了。

懒惰,通常情况下源于散漫,但常常也产生于无知。别佳变得越来越懒了,有时还会调皮捣乱:当老师遇到烦心事时,他反而会幸灾乐祸。意料之中的是,那些"笨笨的""一窍不通的"学生会给教师带来很多麻烦事。我们听到过很多关于智育和德育相互联系、互为一体的讨论,大家讨论的内容涉及方方面面:比如说历史课堂上,学到斯巴达克率领奴隶起义,学生们会对压迫者充满仇恨;学生学习到宇宙的无限性,就会形成唯物主义的观念,等等。所有这些知识确实都非常重要,但需要有一个条件作为前提:在掌握这些知识的过程中,学生要树立起自尊感,要珍视自己的名誉和名声。如果学生对这些麻木迟钝,觉得自己一无所成,那么所有关于统一智育和德育的安排,都将沦为空谈。因为心灵麻木的学生,对周遭世界发生的一切都会冷漠无视。

看到一个孩子的自尊心丧失到如此程度,看到一个孩子沦为同学们嘲笑的对象,他反而自鸣得意,我感到非常痛心。

某种程度上的、可能是微不足道的智力发展偏差,会逐渐演变成道德方面的现象。有多少问题学生正坐在课桌旁(大部分是坐在最后一排),他们给教师和家长带去多少烦恼！让我们站在别佳的位置，设身处地想一想，如果日复一日、月复一月、年复一年，我都感觉落后于同学，没法做到像同学们那样，那么我会是什么样的心情？我会怎么去对待老师？那些关于斯巴达克和宇宙无限性的生动讲述，能在我的心灵留下什么样的痕迹呢？

别佳这一类感觉自己一无是处的学生，会变得恼怒、冷酷、放肆、任性、不听话……他们坐在课桌旁，心急如焚地等待着下课铃声响起，在教室里放起纸折的仙鹤（这还是好的情况），用小刀在课桌上刻字，把电灯泡拧下来。有时候，如晴天打雷一般，突然传来消息说别佳离家出走了，教师感到十分震惊……观察表明，在有些班级里，教师花了太多精力在这类学生和少年身上了，结果竟然没有多余的心思对其余多数学生进行正常的教育工作。更不能忽视的一点是，如果一个班级里有两三个对什么都无所谓的学生，对自己能力丧失了信心的学生，那么实际上，教师对这个班集体的教育影响力就会被大大削弱了。

## 2. 他们为什么变成了问题学生

学校里存在问题学生，不能完全归咎于教师和校长。然而令人遗憾的是，我们教师和校长的过错在于，没有尽力探究出儿童变成问题学生的原因。而这正是教师的神圣职责所在。正如医生仔细检查病人的身体，寻找和探究发病根源，以便着手治疗一样，教师也应当深入、细致、耐心地去调查和研究儿童的智力、情感和道德发展状况，寻找和探究儿童变成问题学生的根源，并结合每个学生的困难和特点，以采取相应的教育措施。教师还肩负另一项功能，他可以做好预防儿童产生问题的工作，当然，这不能单单依靠教师的力量，还需要得到社会的帮助。

难道我们能想象出来这样的情形？一位真正具有人道主义精神的医生（每一位医生首先应当是一名人道主义者），会对病人说："您的病无药可治了，您没有希望了……"这样的医生，一天也不能留在医院里的！然而，在我们教师群体中，却有不少这样的教师存在，他们每天都在让儿童感觉自己已经没有希望了，有时甚至会直截了当地对儿童这么说。前文中提到的那位年轻的铁路工人，之所以感到如此绝望，就是因为孩子的老师让他感觉到：什么努力都尝试过了，却什么效果也没有。其实不应该有这样的行为发生。我们教师应当珍惜这份神圣的职业荣誉，高举人道主义的旗帜。医生对病人的治疗是长年累月的，相较于教育工作者，医生有更充分的根据来做出悲观的论断，但他依然相信科学的强大力量，相信患者的精神力量。教育过程中蕴含的人道主义体现在以下方面：如果一个人，他无法做到其他大多数人能做到的事情，我们不能让他产生低人一等的感觉，而要让他感受到人类崇高的快乐——掌握知识的快乐、脑力劳动的快乐和创造的快乐。在我们从事的教育工作中，人道主义的最高的境界是依靠对于自然界的深刻认识，去征服那些看似先天决定好的事情。为了要成为一名真正的教育工作者，就应当对心理现象、人的精神现象的自然科学与解剖学原理等进行深入学习研究，研究儿童的心理反应过程与形形色色的外界因素之间的关系。

多年的教育实践工作，对儿童的智力活动和精神生活的调查研究——所有这一切让我得出了如下结论：学生之所以出现问题，学习不好，成绩落后，在绝大多数情况下，追根溯源，问题都出在他们童年早期所受的教育和身处的环境。对于学龄前儿童和学龄初期儿童的父母和老师们来说，每天打交道的可是世界上最细腻、最敏感、最脆弱的东西——儿童的思想。如果一个孩子变成了问题学生，别人能做到的事，他都做不到，这就意味着，他在童年时期的发展没有从周围人那里得到应有的关注。问题学生的形成正是在一到七八岁的年龄段。而教育工作者如果没有注意到这一点，没有理解到这一点，没有弄清儿童智力发展出现偏差的原因，那么，儿童在今后的智力发展过程中，就会遇到越来越多的问题。如果对这些原因进行了研究调查，厘清了问题的根源，那么就能发挥教育这个强有力的手段的作用，正如医学为患者治病一样，建立在严谨的科学基础之上。

作为教育工作者，我们应当谨记，对于问题学生而言，不论他的学习成绩荒废到什么程度，我们都要将他引导到一个公民应有的劳动生活和精神生活轨道上去。我们的崇高使命就在于，让我们每一位学生都能选择这样一条生活道路，这样一种职业行业，不仅仅是用来赚糊口充饥的面包，还要能够给他带来生活的欢乐和自身的尊严感。

智育在人的精神面貌、道德面貌和公民性的形成方面，一年比一年起着更大的作用。决不能允许学校里存在着一批觉得自己什么也学不好、什么也学不会的学生。这对于儿童来说，不仅仅是一种精神上的伤害，还会直接导致一系列后果：在有些地方，相当一些青少年脱离了学校这个集体，后来又脱离了生产单位的集体，在街头闲逛游荡，增加了社会的不安定因素。未成年人和一些青年人出现了违法犯罪的行为，常见的一种情况就是因为他们感觉自己在智力上低人一等，并因此产生痛苦情绪。如果再加上家庭环境不好，那么问题学生在道德行为方面出现坍塌的危险性就更高了。我想特别强调指出的是：对于我们教师而言，首先要将问题学生当成我们的教育对象，用学习来为他确立高度的自尊感。

对于别佳这类问题学生，我们应该有一个明确的认识。无论将来他成为学者、工程师、哲学家、工人还是农民，他首先都将是社会的公民，他享有人的幸福的权利，而幸福是不可能脱离创造性劳动，脱离思想，脱离知识的。由无知到知识的道路是非常复杂的，而且每个学生都是按自己的方式来走这条路的。对于有些孩子来说，这条路并不那么复杂，但是对于另外一些孩子来说，却需要一再的帮助，否则就没法去克服路上遇到的那些困难。不管一个学生存在多少问题，都应当让他学会思考。应当让书籍成为他快乐的源泉，书本里的话应该走进他的精神世界，成为他的个人财富。

问题学生理解能力差，思维反应慢，通常表现为缺乏求知欲和好奇心。我常常遇见这样的情况，教师们对于这种理解能力差的情况表现出极大的困惑和不解：明明就在那，真理就在那，你看看，把这两个事物在脑子里串起来，马上就能懂的。但是学生对此熟视无睹。问题学生在智力发展上的特点就是这样的，求知欲下降，观察周围世界的兴趣淡薄。而有经验的教师正是从此处入手，抓住问题的命脉，从而找到促进问题学生智力发展的方法。

人的品质是在人出生以后形成的，是在人与人的关系、在社会的关系中形成的。每位教师、每位家长都应当铭记这一重要的真理。别佳为什么在读应用题的条件时，读到题尾就已经忘记了开头？他为什么不能在大脑中把几样东西，诸如苹果、篮子和树木等联系到一起？难道是大自然没有赋予别佳智慧？难道是别佳的大脑和其他孩子不一样？别佳为什么学习起来会那么困难呢？

这是因为他童年时期所处的那个环境，没有给予他本应当在那个时期获得的一切。人的思维是从提出"为什么"的问题开始发展的，儿童观察到周围世界形形色色的现象，他才一岁半或者两岁，但是他已经不是单纯地感知现象了，而是用人类的眼光去看待事物，他对这些感到新奇：蜜蜂飞向开满花朵的苹果树，落在白色的花瓣上，一会又飞走了。蜜蜂要飞去哪里？它为什么会飞走？有一只小鸟在树上做窝，另外一只小鸟在屋檐下筑巢。这是为什么呢？晚上的草原灰蒙蒙一片，而到了早上，却好像盖上了一层白色的毛茸茸的毯子。这是为什么呢？太阳落山了，星星闪耀在夜空中。这是怎么一回事？小手套上落了一朵雪花，那么美，像是能工巧匠用银子雕刻出来的花朵，小巧玲珑。这种美从何而来呢？数九寒天，树枝变得光秃秃，毫无生气，等到了春天就发芽了，长出了绿叶。这一切是怎么发生的？夏天的时候，燕子飞来飞去忙着搭窝，到了冬天就不见踪影。它们躲到哪里去了呢？我梦见了一只非常奇特的、从来没见过的鸟，一觉醒来就不见了。这是怎么回事呢，我到底见没见过这只鸟呢？

人所具有的无法抑制的好奇心和求知欲，以及对大自然的奥秘或者对周围世界之美的惊叹和赞扬，请注意，这是非常重要的。这些都不是大自然赋予的，而是从他人那里获得的。这正是一个人正常发展必不可少的因素，即人与人的关系、社会的关系。如果一个孩子看到黄蜂在往墙上的洞里钻，他感觉很惊奇，于是就要发问：它要往哪里钻啊？为什么啊？他之所以惊奇，并不是因为他有与生俱来的好奇心，而是因为父亲、母亲和身边的成年人，大家教会了他感到惊奇，教会了他去发问。儿童的好奇心是逐渐形成的，而周围的人往往不易觉察。我们成年人经常把形形色色的东西、各式各样的现象都展现在儿童面前，而这正是激发儿童产生好奇心的源泉。我们展现给儿童看的东西和现象越丰富，他们就会产生越多的新问题，也就会感到越惊奇、越快乐。在儿童的意识和潜意识中，也在逐渐形成着关于美的惊叹和赞赏、对于人的智慧和灵巧双手的赞赏。周围世界的所有信息，通过这种情感的折射，进入了儿童的思维之中。儿童在认识、理解、发现的过程中，并不是"自主地"去发展，而是依靠着人类数千年积累的思维经验去发展。

三十六年的学校工作经验让我形成了这样一个信念：对于小学阶段的学生，教育首先意味着教他们观察世界，教他们发现世界。请您对一至四年级的教育教学工作加以观察和研究，看看学生通过自己的努力观察到什么，发现到什么？

发展孩子的思维，首先要发展他们的观察和发现能力，通过对周围世界的视觉感知来丰富思维。但是观察能力——这里指的是人类的这一技能，并不是大自然的恩赐，而是源于有意识的生活，是人与人之间相互关系的产物。人的观察世界的能力，取决于他在童年早期由什么样的人教育，他从周围世界中观察到了什么，以及是怎么被教育去观察世界的。教育者的任务就在于，要让儿童注意到事物之间最细微的差别、最细小的变化，并思考它们之间的因果关系。聪明伶俐的孩子通常来自这样的家庭：父母能够教会他们观察出周围事物的色彩和细微差别、运动与变化以及相互之间的关系。

最积极、最紧张的学习，是当儿童看到某些新奇的、不理解的东西而产生震惊感的时候，才会产生的。

　　智能教育在一个人出生之后，越晚开始，就越难进行。然而，非常遗憾的是，关于这一点，很多教师都抛之脑后，而很多家长则根本不了解。在家长中至今还广为流传着这样一个错误说法：在入学之前，要将儿童的思维保留成一张白纸那样，不要教他认识一个字母，也不要教他学习阅读——这样在正式入学后能学得更好一些。在学龄初期暴露出来的学前教育的一个严重缺陷，就是儿童所处的环境并没有促进他求知欲的发展。如果缺少了这一点，其实就谈不上什么智能教育。如果每位小学教师都能设想出一套几年内对学生进行智能教育的基础性大纲，那倒是挺不错的。这套大纲应该包括：儿童在观察和发现周围世界的过程中，应当注意哪些因果关系？发现哪些东西？儿童在求知欲不断增强的认知过程中，会经过哪些阶段？学前教育机构尤其需要这套大纲。如果儿童不能每天都去发现周围世界各种现象之间的因果联系，那么他们的求知欲和好奇心就会渐渐熄灭。

　　当儿童缺少正常的人际交往环境时，情况往往会更加糟糕。

　　别佳遇到的就是这种情况。在跟那位年轻的铁路工人讲述别佳的遭遇时，我说："您的第一个孩子是不是也曾生活在那样的条件下呢？"别佳在童年时，爸爸和妈妈都要工作，他被送到了奶奶那里。他们家的物质条件是很优渥的，有能力将孩子送进幼儿园，但是父母担心他在幼儿园得不到很好的照料……奶奶是一个很善良、很细心的人，但是她对孩子的关心只限于物质方面的需求：按时喂饱、睡觉和洗澡。奶奶的耳朵很背，后来完全聋了。

　　别佳是个很强壮、很活泼的孩子。当他满两周岁的时候，正好是夏天。父母用篱笆将草地围了起来，把院子和街道、花园隔开了。别佳在被围住的这一方草地上随意玩耍，但是他的活动天地仅限于此。所以，别佳没有和其他大孩子一起玩的机会，等到长大了一点后，也没有和同龄孩子一起玩的机会。身边也没有什么孩子可以让别佳学习、了解的。别佳稚嫩的双眼观察到了很多有趣的、美好的现象：啄木鸟沿着粗壮的树干跳跃，天空中云雀在歌唱，一群蜜蜂从蜂箱里飞出来，落在苹果树上……成千上万个画面在他眼前闪现，但没有在他的意识里留下半点痕迹。小男孩已经两岁半了，但还不知道很多日常事物的名称。有时候他的眼睛里燃起了好奇的火花，他呼唤奶奶，可是奶奶根本听不见。如果她有时候听到了，就会走过去看一看，发现别佳用小手指着他感兴趣的小鸟或者蜜蜂，确认并没有什么危险的事情之后，奶奶就回到阴凉的地方打盹去了。

转眼秋天了，接着冬天到来了，别佳能活动的天地就变得更小了：在大房间里铺上地毯，随便他在上面走啊、跑啊、爬啊，不会碰到什么坚硬的物体，也不会受伤。奶奶从早到晚悉心地看护着他，有各种各样的东西可以吃，有各式各样的玩具可以玩，但玩具到他手里就会被弄坏……一切看起来都挺好的。在邻居看来，别佳得到了无微不至的照顾。那些家里没有老人帮忙照顾孩子的年轻父母们，都很羡慕别佳的父母。他们只能把孩子送到幼儿园，而在十年前，农村地区的幼儿园还不具备良好的物质和教育条件。还有些四五岁的孩子一天到晚在外面玩，经常晚上鼻青脸肿地回到家，这些孩子的父母也很羡慕别佳的爸爸和妈妈。

而于小别佳而言，日子却是一年又一年的重复：绿色的草地或者铺着地毯的房间，耳背的奶奶、思维能力和记忆力一天不如一天的奶奶。每年爸爸和妈妈出去走亲戚，要一个月的时间，在这期间，只有奶奶一手照顾别佳，而这些日子对于小男孩来说，恰恰是特别枯燥无聊的。

到了五岁多的时候，别佳终于从那一方篱笆围成的草地被放出去了，可以到附近的街上稍微玩一会。刚开始的时候，小男孩别提有多高兴了。他很想和其他小朋友一起玩耍，但没过多久，孩子们之间的玩耍就给别佳和他父母都带来了不快。出现了令人不解的一幕：五岁多的别佳不懂捉迷藏是怎么一回事，三四岁的孩子都懂，可是他却不懂。按照游戏规则，大家要散开跑走，然后躲起来，捉的那个人要一个个找出藏起来的人。别佳一个藏起来的人也找不到，他就躺在草地上哇哇大哭起来。如果他在灌木丛或者是小土堆后面找出藏的人，他就去揪人家头发，对人家拳打脚踢，打得很凶。其他孩子都不愿意和别佳一起玩了，他对此没有表现出特别的伤心，只是默默坐到灌木丛旁边，折下一根树枝，敲打着地面。他这样敲打了整整一个小时……有时会找些其他乐子玩：把树叶摘下来，然后整整齐齐摆放在衬衫下摆里。有一次一只小鸟从窝里掉了下来，被别佳捉到后，丝毫不留情面的，他把小鸟的毛拔得干干净净……有人去找别佳的妈妈，埋怨别佳毫无恻隐之念、怜悯之情，这种残酷远远超乎孩子的本性。然而别佳的妈妈却不假思索地站在儿子这一边，维护儿子，认为大家对别佳有偏见。孩子们惊讶地发现，已经快 6 岁的别佳，数数竟然还数不到 5。大家还发现，这个学龄初期的小男孩身上还有一个奇怪的特点：他缺乏幽默感，这个特点到他正式上学后，就尤其引人注目。这导致他在集体中惹出了很多不愉快的事。这一点很难去解释，却是明明白白的事实：学龄初期的儿童，如果缺少与人交流的环境，他们就会缺乏幽默感，或者幽默感很低。这给教师教育班级集体带来了困难：缺乏幽默感的儿童，往往会引起班级同学的嘲笑，逐渐与班集体疏远。

　　这就是别佳的情况，这就是他变成问题学生的原因。孩子周围的人们是善良的，对他悉心照料的，但是这种照料中缺少了一项主要的因素——人类的智慧，人和人之间的交往，人类的求知欲和好奇心。别佳的父母万万没有预料到，正是他们自己扑灭了别佳对大千世界的兴趣火花。孩子智力发展的最好时期就这样被错过了。

　　以上就是我对那个年轻铁路工人所讲述的全部内容，他因自己遇到的不幸而苦恼不已。我们乘坐的车辆到达了一个村庄，这个村庄跟他工作的小站相邻，他的孩子就是在这个村子里度过童年时光的。孩子的遭遇给父亲带来了巨大的痛苦。铁路工人对我说："现在我懂了，孩子为什么会变成那样子。在他童年时期，也没有什么人陪在他身边。我和他妈妈都上班，奶奶的耳朵也很背……后来奶奶去世了，我们就每天一大早把他送到一个林业工人家里去，他们家离我们一千米远。这是个什么样的家庭呢？有一个老爷爷，还有一个跟我们托利亚同龄的小女孩，那个林业工人夫妇俩也是整天在上班。如果我知道会有这样的结果……"

　　是啊，如果父母能早点了解这些就好了……这个想法已经困扰我很多年了：每一个孩子在童年时期，都不应该缺少与人交流的环境，与人交流才能激发出孩子的好奇心和求知欲，才能教会他如何思考。如果孩子不在幼儿园，那么他也应当处在学校教育的氛围中，他的父母必须学习如何教育孩子。我们学校的教育集体，在解决如何提高家庭教育水平这一重要问题上，已经做了好几年的工作。这项工作是整个教育、教学体系的一个重要方面。在给"家长学校"的"学前组"授课时，我们讲解了儿童从出生到入学前这一段时间内，人与人交流的不可或缺性。这种人与人之间的交流并不是局限于儿童教育机构内。同龄儿童之间的相互交流，还只是与人交流这种实践活动中的一小部分。只有他们与父亲母亲、与哥哥姐姐交流时，才算是充分打开了与人交流的大门。我们跟家长们讲解，要如何与幼儿对话，如何引导他们走进大自然、美和艺术的世界中，如何让孩子产生无数个"为什么"。经验表明，要想形成完美的人际关系，最有利的条件是儿童和两代人的交流——即与父母和祖父母的交流。老一辈人会向儿童传授几百年来的生活经验，讲述和传唱富含民间智慧的童话、歌谣和传说，这些都会给儿童的智力发展带来巨大的影响。

　　童话和歌谣在学龄前儿童的智力发展方面所起的作用，是难以估量的。我想给校长和负责课外活动的教师们提个建议：要教会母亲们和祖母们给孩子讲民间故事。是的，这里特别要注意的是民间故事，因为民间故事里不仅蕴含了智慧思想，还有着感情色彩最鲜明的文字语言。我对此曾有过多次体验，民间故事中的鲜明形象所激起的强烈情感，不论是快乐还是悲伤，不论是赞叹还是惊奇，都是我们想要让儿童拥有的最细腻的精神活动，是我们称之为"信念"的核心内容。孩子们是从感知童话开始，慢慢学会感知艺术作品和历史故事中的情感精髓。

　　如果遇到一个对问题学生的智力发展落后原因、对人的心理形成的实质一无所知的教师，问题学生将会面临什么样的命运呢？可惜的是，极有可能给家庭带来巨大的痛苦，给社会带来很多的麻烦：我们社会绝大部分成员能享受的东西，即科学财富和精神文明的成果、智力活动和创造的快乐，这些问题学生却被永远剥夺了享受的权利。决不能认定这种学生是低能儿，他是正常的儿童。只有了解儿童的心理产生原因，了解儿童的思想是如何产生的，了解儿童的记忆是如何发展和巩固的，我们才能真正理解儿童智力发展的偏差。然而遗憾的是，在很多情况下，这些学生最后都变成了差生。如果智力发展方面的偏差，实际上往往是很微小的偏差，尚未在人的精神面貌上留下烙印，那么还不算什么大事。而如果这些学生自己在精神上感到差人一等，那就是一种巨大的不幸了。要知道，他们最终将会变成不幸的人。如果在我们的社会中，还有人是因为这种原因而变得不幸，那么还谈什么社会的和谐发展，还谈什么共同幸福？社会的幸福与个人的幸福是不可分割的。为了让整个社会变成幸福的社会，就要关心每一个人的幸福。

对于儿童的智力发展，我首先是从他将来的个人幸福这个角度来考虑的。当然，绝不能将幸福看作是某种纯粹的个人的事情。在我们这个将人视为最高目标的和谐的、公正的社会里，个人幸福是一种最重要的社会福祉和财富。我们社会的每一位公民都应当在他完全不受侵犯的、私人的精神世界中，成为一名幸福的人。如果没有这种幸福，那么也无从谈起和谐的、幸福的社会。

## 3. 对于问题学生而言，最重要的是能遇到经验丰富、懂得儿童心理的教师

童年时代缺乏真正的与人交流的环境，这是导致部分孩子成为问题学生的主要原因。当然也有其他一些原因，比如童年时得过传染病，父母酗酒等。

智慧过人、经验丰富的教师会将低年级学习阶段当成是对学生进行思维训练的重要时期。教师会时不时地带领学生们到大自然中去——到田野里、

到森林中、到河滨去。还会去工厂的车间里、到实验室和工作室中。在这些地方，好奇的、求知若渴的学生会不停地提问题：这是什么？什么样的？为什么？教师就需要在学生面前渐渐揭示各种自然现象的起因和因果联系，以点燃他们一触即发的思维火花。这是一项长期的、需要极大耐心的工作。如果没有耐心和体谅，没有对未来的信心，那么一般来说是无法从事这项工作的。对问题学生的教育就在于，要利用周围世界的事物和现象，通过思维和情感的折射，来刺激和唤醒处于沉睡状态的学生大脑。在带领这些问题学生去大自然或者去劳动场所的时候，我尽力让学生在认知周围世界的事物和现象时，能带有鲜明的感情色彩。惊叹之情、诧异之情，这些都是我在思维训练课上试图从儿童脑袋里唤醒的情感。

对于那些智力发展缓慢的儿童来说，这种思维训练课正如空气一般必不可少。对于问题学生的这种特殊教学，是与其他所有学生都需要学习的基本课程并行的，一般需要持续两三年时间，具体要根据儿童智力发展的落后程度和取得的效果来确定。需要再次说明的是：并不是立竿见影就能看到效果的。100 节思维训练课之后，可能仍然毫无成效，而有可能在第 101 节课上，您就能从学生的眼睛中发现到第一束求知的火花。

在这种情况下，能够看得到的，从某种意义上来说是可以衡量的结果，并不代表学生已经掌握的知识量，而首先是学生的求知欲和好奇心，是找出不理解的内容的能力，是探寻答案的能力，是不断增长的对知识的渴求。

有些教师和学校领导错误地认为，只要迫使问题学生学会一定数量的教材，就能将他们"提升"上来。有时候事情之所以会变得越来越糟糕，就是因为教师走了一条错误的道路。不能强迫学生坐冷板凳啃书本，而是要去发展他们的智力，教会他们去观察世界，发展他们的智能。教师和校长们，任何时候都不能忘记了这一点。

我想再说一遍，问题学生和其他能力更强的学生一起上课的时候，教师需要对问题学生给予更多的关心和耐心。教师的任何一句话、任何一个动作，都不能让孩子们觉得，教师已经对他们的前途丧失了信心。教师应该在每一节课上，都让问题学生在认知的道路上前进一步，哪怕只是微不足道的一小步，取得某些成功，哪怕只是无足轻重的成功。如果连续几个星期，甚至连续几个月，问题学生完成的作业都比其他学生的容易很多，那么也请您不要担心。要让问题学生去完成这些专门为他们挑选的作业，并且一定要给他们评分。只要教师能够始终如一、坚持不懈，时刻保持耐心（还要对问题学生的反应缓慢保持耐心），那么，终有一天，问题学生会恍然大悟。这也将会成为一种强烈的情感动力。热诚的关怀，对儿童心理的了解，耐心细致，坚持不懈——这一切都能促进问题学生的智力发展，他们会渐渐追赶上来，不再是问题学生。

如果恍然大悟的时刻始终没有出现呢？这种情况也是有的。在这种情况下，尤为重要的，首先是在学习中对问题学生进行智力训练，不要让这些未来的公民们在童年时期就觉得自己低人一等，并为此而感到自卑和痛苦，并且要让他们充分地挖掘出自己的才华。在这种情况下，还要将劳动教育提到首要地位：必须让每一个学生发现自己在某一方面的长处，展现出自己在某一方面的才能。不管这个学生学习多么吃力，掌握知识多么困难，都不能让学生时代成为他痛苦的回忆。在对待这一类学生的态度上，要特别注意做好这样的教育工作：在他们的心中种下对书籍终生的尊敬之情、对智力生活的兴趣与热爱之情。在我们这个社会中，不应当有任何一个人，认为生活仅仅是挣块面包填饱肚子。

对问题学生的探讨，是一个重大而且困难重重的课题。实际上，这是最复杂的教育问题之一。如果对这个问题掉以轻心不加重视，那么必然要为此付出高昂的代价。我们这篇谈话中主要谈的是智育方面遇到的困难。还存在其他方面的困难，比如道德教育方面的困难：任何创伤和震荡都会在儿童的心灵上留下难以磨灭的痕迹。

# 第五次谈话　道德教育的几个问题

......

○ 教育的真正要义，是让孩子心中的冰块逐渐消融，让孩子的心发光发热。

有一次，我在人民法院旁听了一场对一名 15 岁少年犯的审判。

审判员问被告："难道你对自己的犯罪行为不感到可耻吗？你面对别人时不觉得羞愧吗？"

少年阴森森地回答道："我没什么好羞耻的，我就是小流氓……"

他说这些话，并不代表他真的不感到羞耻。相反，他的话里饱含着羞愧、惊恐、忏悔，以及愤恨之情，这说明他的内心受到过严重的创伤。法院审判的过程揭示了一种最可怕的现象，这种现象在教育中是有可能出现的，即少年儿童心灵的空虚。法院的判决是公正的，将犯罪分子与社会隔离开来，保护社会免遭其害。但是社会大众是否能够相信，惩罚就能让那一颗颗年轻的心灵充分感受到高尚的情操呢？

为什么我要从讲述一个少年犯的事入手，来开始这篇关于道德教育问题的谈话呢？因为违法和犯罪，是教育没有起到效力的最显著标志。那些沦为罪犯的孩子们、花季少男少女们，让教师们片刻不得安心，因为教师的工作意义就在于保持个人利益和社会利益的和谐共处。那么，学校教育和家庭教育的缺陷和错误之处在哪里呢？我上面提到的这位 15 岁少年，好像家庭是比较和谐的……他在上学，刚刚读完了八年级，然而就在领到八年制学校结业证书的那天，他就犯罪了。

这里要讨论的是一个困难重重又细致入微的问题，是一个十分棘手又非常重要的问题，这个问题一直困扰着那些善于思考的教师和关心孩子成长的家长们，令他们寝食不安。要知道，这个故意装作不在乎自称小流氓的少年，再过四分之一个世纪，只不过刚刚 40 岁，那正是充满创造力的年纪啊！我们今天的学生，未来将会成为什么样的共产主义社会的公民？这是一个值得深思熟虑的问题。要想在人们的意识和相互关系中确立共产主义，就像是在原始森林里建造几十座大型水电站或者是一座城市那么困难。培育人是一项极其细致入微的工作，存在着特殊的困难。一位教育工作者从事的工作，很多时候需要十年后才能初见成效。所以，在当前的教育工作中要做好对未来的规划，这有着前所未有的特殊意义。

## 1. 怎么样才能在每个人的心中确立起神圣的、坚定的原则

我们不担心使用"神圣的""坚定的"这些词语。千百年来，宗教将人们约束在神灵的威严之下。我们揭穿了神话，告诉人们：你是自由的。我们向人们展示了伟大而美好的愿景——共产主义社会。在这个社会里，人既是伟大的主宰者，也是伟大的目标本身。当我们谈到新新人类的精神面貌时，我们给"神圣的""坚定的"这些词语赋予了具体的含义：是指一个人如同珍视自己的荣誉和尊严一样，在任何情况下都绝对不会放弃的事物。我们培养的人，心中应该怀有神圣的真理和神圣的人物，应该怀有神圣的原则，怀有神圣的、不容置疑的、坚定的行为准则。

为了达成这样一个目标，让我们的社会里不再存在任何一个道德上不坚定、心灵上不纯洁的人，这就意味着，一方面，我们首先要培养学生对美好的、喜爱的、吸引人的事物的敏感性；另一方面，也要培养学生对丑陋的、禁止的、不能容忍的事物的敏感性。每一个人都应该明白，违反共产主义道德原则就意味着触犯红线，陷入令人不齿的境地。

道德的核心内容是义务。一个人对他人、对社会、对祖国所负有的义务；父母对子女、子女对父母所负有的义务；个人对集体所负有的义务、对最高道德原则所负有的义务。道德义务感的红线始终贯穿着整个教育过程。义务感——并不是束缚人的枷锁，相反，它能使人获得真正的自由。严格履行义务能使人变得更加高尚。教育者的任务就在于，要让义务感成为"自觉"这一条纪律的核心内容，缺少了这一点，也就无从谈起学校教育。

我相信，您经常看到或者经历过这样的或类似的事情：一名调皮的一年级学生（甚至是五年级学生）在飞奔着，浑身有使不完的劲，高高兴兴，边跑边喊，嬉笑着，吵闹着。他在飞奔的途中撞到了一棵小树，这是不久前他和同学们一起栽下的。然而小男孩抓过树梢，一把折断，然后扔掉了……他继续往前跑，完全不记得小树了，也不记得自己的冒失（何止是冒失？）行为……这件事发生仅仅一天之后，他已经完全不记得了，如果您问他：你为什么要这么做？他反而打心底里觉得奇怪。

有一群一年级的小孩子：小男孩们头发翘翘的，小女孩们梳着细辫子，他们那一双双黑色的、蓝色的、淡蓝色的、灰色的眼睛里流露出好奇。他们曾经迫不及待地等待这一天的到来——学校生活开始的第一天。他们有着成百上千个"为什么"的问题，他们对一切都充满兴趣，什么都想知道。但是，他们有一个让人担心的问题。

在一个天气炎热的日子里，我们从树林里回来。离学校越来越近了，但是也变得越来越口渴。后来孩子们看到了一口水井，水井旁常年放着一桶清凉的井水。与此同时，一位中年阿姨走近水井，摘下头巾，准备喝水。很显然，这位阿姨经历了长途跋涉，她在这个阴凉处稍作停歇，轻轻地舒一口气。老师看得出，她有些疲惫，但又有些高兴，因为她知道，现在可以在长凳上坐一坐，在开满花朵的椴树下歇一歇。但是，她刚把手伸向水桶，这群脱缰野马一样的孩子们就冲了过去，吓得她马上把手缩回来，战战兢兢地躲到一旁去。即便她自己不走开，也会被挤到一边去的。阿姨惊讶地看着这群孩子，无奈地摇摇头。可孩子们却满不在乎，依旧旁若无人。一旁的老师感到十分心寒：孩子们啊，我应该从哪门功课开始教导你们？教些什么，才能真正对你们的思维和心灵产生作用？你们是怎么成长的，为什么会是现在这个样子？

原因就在于，在很多家庭里，家长没有为这些孩子培养出一种重要的品质——关心体贴他人的能力。你们这些孩子还停留在按自己所需行事的发展阶段，仅此而已。父母对你们百般宠爱，千依百顺，有求必应，你们幸福，他们才会感到高兴。结果等孩子长到 7 岁了，却出现了一些看起来很奇怪的现象：孩子的想法变得越来越野蛮。这些想法并没有闪耀着人类美德和高尚精神的光辉，相反的是，它们带有一丝兽性，这些想法只遵循一条法则，那就是"我想怎么做，就怎么做"。而要想培养出义务感，需要从这一点入手：教育孩子们体贴他人，理解他人的利益和意愿，将自己的行为与人的尊严感协调一致。

问题的症结在哪里呢？没有一个人是这样教导小孩子的：你要对他人冷漠，要去毁坏树木，要去践踏美好，要把个人利益放在首位。道德教育有一条很重要的规律：如果教人向善，就要用得当、明智、坚定的方式去教，这样才会有善之果；教人作恶（非常少见，但也存在），就会有恶之果；如果既不教人向善，也不教人作恶，那么仍然会有恶之果。因为人生来只是一种可以称之为"人"的生物，而不是一个完美的人，完美的人是需要后天打造的。A. B. 卢那察尔斯基在论及人的形象时，曾这样写道：我们所有人"都不过是材料，是需要铸造成型的生铁，是自身有意识的生铁"①。我们教师的任务就在于，将这些大自然赐予的人类毛坯，全部铸造成真正的人。人，是大自然之子，具有人类独有的激情。人性之美恰恰就在于，人总是有意识地自觉地让自己变得高尚起来，人总是渴求天天向上，并致力于使自己的品德日趋完善。孩子们一旦有意识地去观察周围世界，且有所见、有所想并对这些发

---

① 《A. B. 卢那察尔斯基论国民教育》，莫斯科，俄罗斯联邦教育科学院出版社，1958 年版，第 71 页。

表自己的积极态度时，就不能继续把他比作消极被动的生铁了。他已经成长为一股积极的力量，一股有责任感有义务感的力量了。教育者的任务，是要去激发出每个人身上蕴含的巨大的人性力量——改造环境的能力和改造自身的能力。如果说，历经千万年的劳动，人这个小生命已经变成了世界和其自身的命运主宰者，然而在他长大之后，却并没有成长为真正意义上的人，那么这就是社会之过，而主要责任就在那些专门以培养培育人为职业的人身上，即在教师身上。在这样的情形下，我们教师错就错在，没能紧紧握住学生们的手，没能为他们锻造出追逐崇高目标的意志，没能赋予他们不屈不挠和疾恶如仇的精神。

人需要教育。因此我们应当弄明白，教育什么内容，怎么进行教育？这就涉及一个非常迫切也非常困难的问题，这是一个理论性的问题，也是一个实践的问题。

## 2. 教育工作大纲是否需要

形象点说，道德教育大纲就像是一幅蓝图，我们教师就是依照这幅蓝图来对材料进行加工、锻造，使之成为真正的人。道德教育大纲中应当明确而具体地规定，要在每个学生身上确认些什么，并把哪些方面内容变成他的精神财富。这份大纲是要在人的心灵中创造善良的。我们很难用短短十几行字来说清楚，这份教育大纲里应当具体包含什么内容。但我认为，大纲编写者们至少应当遵循这样一个原则：大纲中应当明确规定，我们的学生要去热爱什么、憎恨什么，什么是值得用生命和事业去维护的，什么是需要摒弃、鄙视和坚决反对的。大纲还应当规定，什么应该成为学生心目中神圣的、唯一的、不可撼动的真理。什么是共产主义理想，如何引导学生向这个理想攀登。这些就是教育大纲的实质所在。

教育大纲应当为教师提供一个总体的概念，让教师们知道如何使意识、信念、情感和意志达到统一。信念是在积极活动的过程中产生的，而活动是受思维、想法和追求理想的信念所激励的。我们对学生说什么，学生做什么，学生在什么样的环境里活动，受到哪些思想的影响等，这些对于达成教育目标都是一样重要的。

有人说，没有必要制定一个教育大纲，因为在我们的科学基础知识中，在共产主义思想体系中，在我们的社会意识中，在马列主义经典著作中，在党和政府的各项决议中，都已经有相关内容了。如果这种说法都能成立的话，那么是不是各个学科的教学大纲也同样是多余的，毕竟我们也有各门科学，有学者们编撰的众多学术著作。然而我们却一直在对这方面进行探讨和论证，比如说，文学或者物理教学大纲里，应该列入哪些内容，不应该列入哪些内容。那么，我们为什么不能在确定道德教育大纲的时候，表现出同样的认真精神呢？

之所以会出现"教育工作大纲无用论"，起因在于，很多学校在教育实践中没能够很好地贯彻道德教育的重要原则——前瞻性原则。在我看来，之所以出现可以绕开或者完全不需要教育大纲的想法，是因为忽视了教育大纲的独特性。人们曾经对这个大纲满怀期待，对它寄予了很大希望，然而一旦有了这个大纲之后，就开始像执行基础学科的教学大纲那样，用同样的方法来执行，也就是按照学季来分配教育工作大纲中规定的内容：在这个学季要学一遍谦虚品质的教育，下一个学季要学习诚实正直品质的教育，等等。有些地方则要求教师撰写名目众多的计划、日志和工作报告。这本来是一件教师发挥创造精神就可以生动有活力的事情，如今却被这堆积如山的文件给埋没了。

我们需要培养学生这种或那种道德品质，但是这并不是依靠某种专门的教育手法就能完成的。教育大纲的实质，是要树立道德理想，而道德理想则是信念和生活实践的和谐统一。

人并不是由一个个的螺丝钉组合而成的，而是在和谐之中渐渐成长起来的。不可能今天培养一种道德品质，明天又培养另一种道德品质。因而在制定和实施教育大纲的时候，要考虑到如何将人的各种品质都和谐地确立下来，这些品质包括：共产主义世界观和信念，对共产主义道德原则的真理性和正义性的坚定信仰，以及为我们的理想而斗争的献身精神等。在实施教育大纲的过程中，还有一个非常重要的问题，那就是要把植入学生心灵中的内容，与学生表达的、确认的、表现出来的统一起来。教育工作大纲应当向青少年全方位展示我们的道德理想，因为这是我们社会精神财富的道德衡量标尺，是模板和指南。

我一直坚信，如果教师不能从学生鲜活的思想、情感和动机中挖掘出意志力无尽的源泉，凭借这种意志的力量，学生不仅能够成为受教育者，更能够成为个人命运的主宰。如果做不到这一点，那么教育工作大纲将仍然只是一纸空文。我们可以将教育大纲比作是火花，借助它能够点燃人内在的精神力量之火。当然，也不能把它当作是一种用之不竭的储备燃料，以为靠它就可以维持人们积极生活所需要的能量。培养人的最主要力量应该是人本身。教育的全部技巧就在于，教育者在弄清楚到底要培养什么样的人之后，能够做到鼓舞学生去努力追逐自己的理想。

## 3．是数学的时代，还是人的时代

有些人在评估教育教学内容时，过高地估计了技术成就以及整个自然科学知识的作用，我认为这是非常危险的。甚至曾经有人建议将文学改为选修课，这个令人大跌眼镜的极端建议，鲜明地表现出一种当前颇占市场的论调：我们生活在一个数学、物理学和电子科技的时代，应当把所有注意力都集中在这些学科上面。不论在哪里，一讨论到普通中等教育的内容时，人们总是异口同声地说：学生们应当知道些什么，所以应当把什么内容列入教学大纲中。

　　自然科学的重要性是毋庸置疑的，但还有一个问题也同样重要，必须加以考虑，即道德教育的内容问题。"数学的时代"，这是一个很好的表达法，但是它并没有完整地反映出当今时代一切变化的实质。世界正在进入一个"人的时代"。跟以往任何一个时代相比，我们现在要更多地考虑一个问题，即我们该用什么来充实人的心灵？知识在道德面貌的形成中扮演着非常重要的角色。但是应当说明的是，我们在普通的教育体系中，对于和人的心灵、信念直接有关的知识，并没有给予充分的重视。我们的学生在学校里学到很多重要的、不可或缺的知识，比如关于基本粒子和引力的知识，关于生物奥秘的知识，关于斯巴达战士装备的知识，等等。但是，他们关于人的知识知之甚少，文学和历史等人文学科的知识，在学生的自我意识和自我教育中所起的作用微乎其微！如果您亲眼看到 16 岁的少年因为犯了强奸罪而锒铛入狱，20 岁的青年人因为几个卢布而犯了杀人罪被法院判处死刑，虽然只是极个别的事件，但您肯定还是会耿耿于怀。我们没有权利对这种现象一笑置之。

　　陀思妥耶夫斯基曾说过这样一句话：让我们怀着自己也有罪的心情走进法庭吧！要让所有人，包括父亲和母亲、教师和学者，都来为人的这种可怕的堕落而操心。之所以要让你们大家对此操心，首先是因为未成年杀人犯曾经就生活在看似一切正常、完全和谐的家庭里。然而是为什么呢，为什么这些远未成年的孩子们会堕落至此？他们道德严重败坏的根源又在哪里？我对此思考良久，才得出如下结论：道德败坏的根源在于缺乏道德教养，在于一个人的需求、愿望、追求和兴趣极端粗鄙。那些抢劫犯和杀人犯十分清楚，自己犯下的罪行是不可饶恕的，社会道德将对他们十分鄙弃，法律将对他们严惩不贷。一个人若是在道德上缺少教养，那么他的内心将会是荒芜一片的，具体会表现为他不会积极去追求道德之美，也不会憎恨和厌恶丑陋粗俗。人之所以会堕落，是因为他的情感、思想和志趣没有达到一个高度。请深入观察一下堕落者的心灵，您就能看出来，在他的道德发展过程中，本能始终占据着上风。有两种水火不容、截然相反的现象，即有一部分社会公民达到了人类精神的巅峰，做出了一系列高尚的行为，比如为了挽救别人，而且经常是为了素不相识的人，他们不惜献出了自己的双腿、双手和双眼；而另一些人却会遗弃亲生母亲或者儿女……

对青少年的精神世界采取漠不关心的态度，这是不可容忍的。精神世界的贫乏会导致道德上的空虚和堕落。世界上最严重的损失就是人的损失，这是其他任何损失都无可比拟的。我们要将这种损失降到最低，直至为零，那么首先是要去关心人的心灵发展。不能将任何一个学生当成包袱"甩出"校园，也不能给他打个"3分"，然后说什么"让生活去教育他吧"！生活本身是无法自然而然地去教育一个人的。一旦放任不管，容易动摇的青少年们就会在成长的每一步都危机四伏。学校教育期间，应当对心灵、意识、情感和信念等方面的有教育意义的知识加以特别重视。

诸如"生活会教育人"的说法，一般来说其实只是一种比喻。每一个人都是由具体的人进行教育的。如果一个人在学校里未能得到良好的教育，如果他未受教化就闯进了生活中，那么对于社会来说，这就是个危险分子。对于"劳动会教育人"（去工作吧，劳动会教育你）这个说法，我们需要进行更多的说明。如果远离了社会生活的其他方面，劳动本身并不能产生教育作用。只有在劳动具备崇高的目的时，在人与人之间高尚的劳动关系中，才能发挥劳动的教育作用。

如果我们不进行真正的道德教育，就不可能在青少年的心中树立共产主义信念。我们时刻不能忘记列宁同志的那句话，苏维埃的学校里最重要和最主要的任务，就是培养共产主义信念。

在某些学校中，教育和培养之间存在着脱节的现象：那些本应该用来培育高尚心灵的知识，却没能触动学生的思想，也没能转化成他们的信念。

有关人的知识，具有极为强大的教育力量。学校的任务就在于，要让学生掌握一切人类智慧创造出来的知识成果，让他们了解艺术、了解人类行为之美，让他们对恶势力采取零容忍、绝不妥协的态度。学生还要认知自身，树立起成为一个完美的人的志向。生活本身还提出了教育教学工作中一个非常重要的问题，即道德与知识、精神文明与文化知识之间的相互关系问题。

## 4. 道德与知识、精神文明与文化知识之间的相互关系问题

请设想一下，学生在学习理论知识的同时，也在接受着道德教育，那么他在这个过程中就确立了信念，形成了观点。但是，如果教育和培养相统一的问题能如此轻而易举地解决掉，如果这一问题的解决仅仅只是取决于课堂上所掌握的知识的内容和分量的话，那么，现代人尤其是青年一代人的道德修养就不会落后于他们的文化程度和知识水平了。

之所以出现道德水平落后于知识水平的现象，其首要原因在于，一部分学生只是表面上掌握了知识，他们意识中留下的只是一些零碎的知识点。在教育、教学工作中，有个别教师并没有能够确定好任务，以达成让知识在学生的意识中按照一定的方式进行转化，从而变成他们个人修养的目标，让知识转变成信念、情感、志向、需求和兴趣，在他们的人生中留下深刻的痕迹。有些知识之所以应当永远铭记，是因为他们不可能被忘记。如果一个人会忘记这些知识，那么这是非常危险的事情，这说明他的精神世界是贫瘠而荒芜的。我们不能忘却普希金和果戈里、不能忘却莎士比亚和塞万提斯、不能忘却柴可夫斯基和列宾。对于我们普通中学教师而言，首要问题是让知识永远走进每个学生的精神世界中，并内化成他们的情感与志向。

道德水平落后于知识水平的原因，还在于我们忽略了这样一个事实，即相较于前人，现代人的智力发展有了很大提升，而这相应的需要对道德发展提出新的要求。这里应当指出的是，知识水平与道德水平之间存在着一种十分重要的相互依存关系：现代人的劳动、文化修养、生活习惯以及全部的活动与活力，都越来越取决于一个人的智力水平，取决于人的思想、创造力和

情感体验等极其细腻的心理因素。智慧赋予了人类支配大自然的巨大权力，一个人就能决定其他成千上万人的命运——这里并不是指在某些重大性历史事件中，而是指在日常的劳动场景中，例如在水电站、矿井、原子能发电站、铁路枢纽调度室里，等等。对于一名普通的劳动者而言，他需要极大的细心、高度的注意力、坚韧的毅力和沉着冷静的大脑。而所有这些品质又都取决于人的道德情操——对他人的责任感和义务感。

所有这些都对人的道德水平和内心世界提出了焕然一新的、非比寻常的高要求。现代人对于大自然和社会的了解和理解越多，他就应当对人类、对自身有更多的了解和理解。这条规律源自共产主义社会的人性素养的实质。当然，当前我们所教授的科学基础知识，其内容已经无法满足社会对人的道德修养提出的新要求了。令人惊讶和不解的是：学生们学习了大量的知识——关于星球和海底世界的知识、关于遥远星系和基本粒子的知识、关于古埃及和古巴比伦的国家体制的知识等。但是，当他在认知和理解周围世界的时候，他的大脑里在想些什么，他的情感实质和内心体验是怎样的，他该怎么样去培养自己的文化修养等，他并没有对这些进行研究，他是一无所知的。学生们知道古代斯巴达人的生活方式，却不知道自己在公共场合应该遵守怎样的行为礼节，不知道怎么才能将自己的行为、意愿与他人的利益协调起来……

有人认为，基础科学的内容中已经包含了大量道德和政治方面的思想，只要把这些思想转变为学生的信念和个人的精神财富，就已经算完成道德教育的任务了。其实，这里不知为何没能考虑到学习和教育相结合过程中的一个重要特点，即不论课堂上使用的教材里，包含了多么丰富的政治和道德方面的思想，学生们在掌握知识的过程中，也是将认知目的放在首位：背诵、熟记和掌握。教师们也同样是以这个为目标，全力以赴开展教学的。"背诵、熟记和掌握"这一目标越是被置于重要的地位，它占用学生的精力就会越多，那么思想性教育就越是被置于次要位置，知识转化为信念的效率就会越低。

如果学生疏于思考，很少去分析事实现象和规律的本质，那么这种效率就会降到最低点。

然而，令人遗憾的是，在有些教师的课堂上，智力活动是按照"听讲—记忆—回答"这样一个流程图进行的。按照这个流程的话，思想只会在学生的意识表层一闪而过。我曾经和一位年轻女士谈过话，她在中学毕业后成为一名虔诚的教徒，进了修道院，然而后来，她开始阅读自然科学方面的书籍，渐渐摆脱了宗教世界观的影响。

我问她："难道您在中学掌握的知识太少了，所以无法认清宗教的反科学本质吗？"

"我那时就像是一部机器，只是机械地去记忆知识，回答老师的问题。而问题的症结就在这里，那些思想并没有真正触动我的心灵。我当时的主要目的就是去记住知识和回答出问题。而在这一点上我完成得很出色。"

"那么书籍呢？难道书籍对您的心灵也没有一点触动吗？"

"悲剧就在这里。我当时只是在背诵，而不是在进行真正的阅读。事到如今，我才懂得了什么是真正的阅读——是出自兴趣的、是出自求知欲的阅读。"

对于这一点需要进行认真而深入地思考。正如常言所说，我们需要扪心自问、开诚布公地说："我们有多少学生，只是在背诵，而不是在阅读，而书本中的思想根本没有进入他们的心灵深处。"死记硬背不仅损害智力发展，还不利于道德水平的发展，死记硬背会降低教材内容的思想性。作为一名真正的教育者，为了避免死记硬背现象的出现，他会在学生第一次接触教材时，就努力让学生深入认识各种事实、现象及其相互关系中所包含的思想内容。当你为学生打开通往知识世界的窗口，当您触碰到他们的个性，打动了他们的思想、情感和良心时，您就成了一名真正的教育者。

关于道德教育的方法，一本书都写不完。在我们本次谈话中，无法对道德教育的主要内容做详尽的论述。我只能在实践经验的基础上，尝试对道德形成过程的实质进行阐释。在我看来，这个实质取决于以下这条最重要的真理：课堂教学是师生精神生活互动的重要领域，虽然不是唯一的。

## 5. 课堂教学是师生精神生活互动的重要领域

我们平常说的：教师对学生进行的教育，在什么时候表现得最明显、最强烈、最深刻呢？就是在教师的情感与学生的情感发生碰撞的时候。这种碰撞的场合是很多的：比如进行一场推心置腹的谈话，进行共同的劳动，以及师生一起静静欣赏漫天繁星的难忘时刻，等等。当然，最经常的碰撞，还是发生在课堂上。课堂上，教师不仅是在传授知识，也是在教学生思考和生活，教他们认知和感受。学习，是一种极为复杂、极为精细、极其多样性的过程，它涉及了人的精神生活中的思维、情感和意志等各个领域。在讲解斯巴达克领导奴隶起义的时候，有经验的教师关注的，不只是学生要了解斯巴达克这位英雄，而首要的是青年公民们对勇敢、无畏和不屈不挠的斗争精神的认识。在课堂提问的时候，有经验的教师不只关注学生学到了什么，还关注学生的观点、兴趣、志向、信念和疑惑。比如说，一个十年级的学生跟您讲述科学共产主义的伟大先驱者托马斯·莫尔和托马佐·康帕内拉，那么对于您来说，他的讲述不仅仅是关于早已过去的事情，而首先是关于那些为了理想而献身的人们。

在我们的工作中，存在着一种极其微妙又难以把握的东西，我们可以称之为"对待知识的态度"。真正的教育者，不只是向学生传授知识，还会向学生表明自己对待知识的态度，以陶冶学生的高尚情操，激发出他们惩恶扬善的情感。传授对待知识的态度，要比传授知识、让学生识记知识难度更大。但是，如果想让智力活动变得更有效率、更充分，其中一个秘诀正在于此。要在讲解知识的同时，培养好学生对待知识的态度，点燃学生心中的小小火苗。您完全可以确定，知识将会在学生的思想中燃起熊熊大火，一直燃烧，照亮他们的生活和学习之路。教师不仅要传授知识，还要培养学生对待知识的态度，只有这样，您的学生才能成为真正的学习者。如果学生对知识没有明确的态度，或者，更确切地说，抱有一种冷漠的态度，那么他就无法成为一名真正的学习者，而只会成为一个书呆子。知识只在他们的脑海中一闪而过，并没有真正深入他们的心灵。

如果希望您的每一节课，都能对学生产生更有效的教育作用，那么您就需要多创造和学生在一起的机会：你们一起在课外小组中思考科学前沿问题，这个时候不用担心他们是否记住了教材内容，到底要讨论些什么，您就尽情享受和他们读完一本书的满足感、全身投入劳动中的愉悦感和长途跋涉后的放松感。

对待知识的态度，也就是我们所说的思想，是教材包含的思想内容。而思想是极其微妙的，难以把握的东西。学生是无法去背诵出思想的。我们也无法根据学生回答问题的情况，就去判断出他是否有思想。给学生传授思想，首先要和学生站在同一战线上。只有这样，学生才能信任您，才能从您的话语中听出言下之意，而在道德信念的培养过程中，这种"潜台词"的作用，有时会比"台词"的作用更大。教师如果只在课堂上和学生保持统一，这是远远不够的，还要在社会活动中、在公民生活领域中创造更多互动的机会。这里就涉及道德教育中又一条规律性的结论，即教师是学生志同道合的朋友。

## 6. 教师是学生志同道合的朋友

学校教育的一个弊端就在于，教师总是发出太多的命令、指示和要求。如果一名学生，特别是青少年时期的学生，听到的总是来自教师的命令，那么他的思想就会受到束缚，可孩子们是多么不愿意受到束缚！

教师成为学生们的朋友，并不意味着只是和他们一起去森林玩，坐在篝火旁一起烤土豆吃。这些只是师生之间最简单的接触，如果除此之外，教师不能发掘出其他的方法来，那么光靠一起吃土豆是远远不够的，因为学生，尤其是青少年时期的学生很快就会意识到教师的动机不纯。友谊应当建立在坚实的基础之上，当然，我指的是，双方首先要在思想上和智力活动上有广泛的共同的兴趣。真正的教育者和学生有很多共同语言，这也是为什么学生非常珍惜和老师之间的友谊。

我认识一位文学课老师，他由于自己的年龄和身体原因，不能带学生们去森林和田野中，也不能去远足或者钓鱼。他和学生们的见面地点就是教室，有时在校园里，可学生们却总是热切地期盼和他见面。

这位教师之所以能成为学生们的朋友，是因为他为学生们打开了无比美好的世界之门，他用澎湃的激情和高尚的目标去鼓舞学生、激励学生。让学生们意识到需要去做些什么——去阅读书籍、去认知世界、去体验美好，教师的建议就是学生的指路明灯。

当然，如果教师能够和学生一起去农庄、去森林，一起坐在篝火旁，那自然是挺好的。教师的思想会对学生产生更深刻的影响，当然，这里最主要的还是精神财富的影响和传承。

成为学生志同道合的朋友，这意味着师生共同为达成目标而奋斗，共克难关，同受鼓舞。在生活中，这样共同奋斗的机会是非常多的。比如说您晚上和学生们一起去集体农庄，那里正好有个二十人左右的聚会，您的学生们向人们讲述科学、技术和文化上取得的成就，那么你们就能从这些工作中获得说服他人、争取他人的乐趣。在这样的时刻，您会觉得自己和学生是真正的志同道合的朋友。那么在随后的课堂上，当您讲到共产主义的伟大思想时，学生们就会为共同的斗争精神而鼓舞，并因此而信任教师。在我们国家的任何一个角落里，都存在着这种为了文明而斗争的阵地。而在劳动中，在征服和利用自然力量的时候，又存在多少为社会和道德进行斗争的机会啊！我认识一位生物老师，他带领学生们培育出比平常种子大一倍的麦子，这紧紧抓住了学生们的心，真正鼓舞到了学生们。

所有的学校使用的都是同样的教学大纲、同样的教科书，但每个学校的情况千差万别，因为每个学校的老师是完全不一样的。学校如何，首先要看教师，教师的人格是教育的基石。观点、信念、理想、世界观、兴趣和爱好的形成等等，教育工作中完成的这一切，都聚焦在教师的人格上。社会上各种政治的、道德的、审美的思想、真理和观点，也会反映在教师身上。而所有这一切，会经由教师反射到学生身上，并且会在学生身上以更高的形式反映出来。教师应当将自己的理想，这个最重要的东西在学生身上再现出来。将奉献他人视为自己的最高理想，这样的教师才是在培养真正的共产主义接班人，才能培养出有信念、有思想的接班人。为了他人的幸福，奉献出自己的精神力量，并因此而收获高尚的、无私的欢乐，这是照亮青年人生活道路的闪耀之光。让学生在认识生活之初，就能拥有一位敬爱的教师，这样的学校才能拥有巨大的教育力量。

您作为一校之长，您不仅是教师之师，是一名主要的教育者，形象点说，您还是这支无与伦比的乐队的指挥，这支乐队用的是最精巧的"乐器"，在人们的心灵上演奏。您的任务就是要善于倾听，倾听每一位演奏者——包括教师、教导员、班主任等演奏出的音乐。您不仅要看到，还要用心感受，每位教育者在学生的心灵中留下了什么样的痕迹。在教育工作中，存在着一种最令人忧伤的现象，那就是一位工作了几年的教师，在离开学校之后，竟然没有一个人会怀着感恩的心情想起他，他也没能在任何一个人的心里留下一丝一毫的痕迹。教师群体的教育技巧，就在于要让每一位教师都成为学生学习的榜样。教师要具有高尚的道德修养、丰富的精神生活，他还要热爱知识，永远求知若渴。

教师要想成为学生道德之路上的指路明灯，并不在于他每时每刻都在灌输大道理，而是在于他对待人的态度——对待学生、对待未来公民的态度，教师要为人表率，他应当是道德的楷模。谁能唤醒学生的人格尊严感，谁能启发学生去思考生活的意义，谁就能在学生的心灵中留下最深刻的烙印。年轻人特别是少年学生，总是信任这一类型的老师：形象点说，他永远在前进，坚定地朝着提升学识修养和道德修养的目标前进，"苟日新，日日新，又日新"，他永远在不断完善着自我，渐渐变成学生心目中期待的样子。

作为教师，他热爱自己的学科，热爱科学知识，他将共产主义信念内化于心，随时愿意为了共产主义理想而献出自己的生命，只有这样的老师，才能让学生树立坚定的理想信念。

对于求知若渴、满腔热情的青少年来说，只有每天都有新知识展示出来的老师，才能得到他们的爱戴。如果您想成为受欢迎的老师，那么请您注意，一定要让您的学生能不断从您的身上发现新知识。如果年复一年，您却没有任何革新，如果岁月流逝，您却没有提高完善，那么您将成为一个令人厌烦甚至憎恶的人。要像害怕着火一样，害怕精神的固化和僵化。在我们这个时代，只有将道德的美和智力的丰富性结合起来，不断向年轻学子展示人类的新品质，才有可能赢得学生们的青睐。

对于师生之间的友谊，不能将其视为阻止学生破坏纪律的手段。如果一个教师过着贫乏的精神生活，却想将自己的友谊强加在学生，尤其是少年学生身上，那么他很快就会发现，学生并没有和他成为朋友，反而成了对头，总是在添乱。带着一颗空虚的心灵去接近学生，这是非常危险的事。教师的精神世界如果不是十分丰富，极度富有，就会导致学生，尤其是少年学生试图与教师建立起一种亲昵而有失庄重的关系，而这种关系与疏远的师生关系一样，都是有害无益的。教师精神生活的贫乏，还会导致他无法完成道德教育和师生关系中的另一条重要原则，即尽量鼓励学生多参加积极的活动。

## 7. 尽量鼓励学生多参加积极的活动

能理解"应当""不准""可以"这些道德准则的含义并能在生活中躬行实践的人，说明他是一个具备了高尚道德修养的人。要想将学生的道德水平也提升到这个高度，教师应当了解并完成一条朴素而又智慧的教育真理，那就是您应当给学生立一项禁令，同时再提十项倡议，鼓励他们参加积极的活动。要让学生理解"不准"意味着什么，先要让他确信，什么是"应当"的和"必须"的。如何对待身边的事物和生物——一本书、一本练习簿、一朵花、一只鸟和一条狗，是学生人性修养的开端，也是对待他人的态度开端。任何一条规定，都可以让学生觉得这并不是一种禁止，而是鼓励他参加活动的一种号召，是来帮助他在善良的沃土上立足的。我们不必三令五申去束缚学生，比如"不准采校园里的花"，而应该解除这种束缚，给他们充分的自由，鼓励他们说："你们应当每个人都在校园里种一朵花，然后细心去照顾它。"

教育的艺术就在于，让受教育者将身边的事物都"拟人化"，让他通过对待周围的事物，来学习如何正确地、有人情味地去对待他人。孩子们应当将生活中的一切事物都看成是"有灵性的"，从这些事物中感受到人性——人的理智、智慧和爱。如果学生没有经历这些，那么他就不会懂得人类情感的真正细腻之处，就会缺失敏锐的感知力，孩子们就会变得铁石心肠、漠不关心、无动于衷，而这实质上就是道德方面的愚昧无知。

总之，为了让学生们将周围的事物都"拟人化"，通过对待身边的事物来学习有人情味地对待他人，就应当鼓励他们多参加积极的活动。如果没有精神上的张力，没有孩子独有的积极性，小公民们（在一定意义上来说，孩子也应当是公民，他应当理解和感知到人性的、社会的和集体的事物的含义）就永远也不会懂得，什么是"不准""不允许"和"不可能"。那些任性的青少年们，之所以无法约束自己，肆意妄为，就是因为他们从幼年时期开始，就不懂得将精力花在为他人、为集体谋福利的劳动上。建立在明令禁止基础之上的教育，会将学生变成真正的孤独的人，会使他对周围世界失去人的情感。

要推动学生参加积极的活动，就要和孩子们成为朋友，这对于小学教师来说尤为重要。只有当教师和学生一起从事某项活动时,低年级的学生们才会真正地信任你。鼓励学生参加积极的活动,正是从"做点什么事"开始的,这会进入您和学生的精神生活中。这种"做点什么事",指的就是创造我们珍惜的、喜欢的东西,因为从某种意义上来说,这些东西在世界上是独一无二的(这里说的创造是广义上的,并不一定是生产出什么,制造出什么,但一定要有所创造)。有一次,我们去森林里旅行,捡到了一粒橡树的果实,它已经落地生根了,马上就要发芽了。我们把这颗发了芽的橡果带回了学校,在回去的路上,孩子们都想亲手捧着橡果,小心翼翼地保护着嫩芽。橡果成了我们师生的心头宝,我们把它种在泥土里,不久就冒出了绿色的幼芽。于我们而言,这株娇嫩的小苗成了世界上独一无二的事物。我们每个人都在它身上花费了心血。这就是物体的人化。我借机推动学生们参加积极的活动:给小橡树浇水,悉心照顾它,给它培土施肥。孩子们兴致勃勃地做着这些事。不准从树上摘叶子下来,因为小树要靠叶子来呼吸。每个孩子都觉得这项禁令是理所当然的,因为他们已经从物体的世界中感受到了人性。而如果他们没有被这种创造性劳动所吸引和鼓舞,他们就不可能感受到其中的人性。这就涉及教育中的几个结论、几条原则,它们在教育技巧的掌握方面起着非常重要的作用。

## 8. 道德真理(准则、规则和原则)应当在事物、现象和关系之中得到体现

伊利夫和彼得罗夫说得好:"不要光号召讲卫生,而要去动手打扫卫生。"这句简单的话中包含着丰富的教育哲理。然而令人遗憾的是,人们经常在实践中违背这条朴素却睿智的哲理:让学生去参加形形色色的活动月、竞赛、评比等活动,然而对周围世界的一切漠不关心。一位校长说:"各种活动搞得我们筋疲力尽,从9月到第二年4月,就有92项活动(活动月、竞赛等等)。

每一项活动都要写总结。忙于应付这些活动，都没时间教育学生了……"如果一位领导费尽心思想出种种活动，是因为他担心没有活动，教师就不能好好工作，自己就是个没能耐、没用处的领导。哪里把精力耗费在突击活动上，哪里的教育工作就会丧失前瞻性。

不要光号召讲卫生，而要去动手打扫卫生。要少说空话，多做实事。要为学生打开人性世界的大门，只有这样，道德真理才能成为每个人的财富。

共产主义道德中有一条准则就是要尊重他人、关心他人、同情他人。如果一个班级里，有一个或者几个学生日复一日、月复一月地总是得"2分"，觉得自己是个不够格的人，哪里还谈得上完善的道德教育。

孩子们拥有着独特的美好天性——他们以赤子之心对待生活，对周围的事物和生命都倾注了自己的全部真诚。圣·埃克苏佩里的作品《小王子》，是一部写给成年人的美好童话。我认为，这也是写给教师的童话。小王子驯养了狐狸，对于狐狸而言，小王子成了这个世界上唯一的重要的人。对于小王子而言，狐狸也是世界上独一无二的。他们彼此都感觉到很幸福。"对你驯养的东西，你要永远负责……首先要对人负责……"圣·埃克苏佩里的这些话已经传遍世界。

只有让每个学生都"驯养"一件什么东西，在这件东西上倾注了心血，使它具备了灵性，学生才能变得有同情心、怜悯心和人道性。我确信，只有每位学生都关心他人的喜怒哀乐时，学生集体才能培育出真正的人。如果班级里有同学成绩跟不上，总是得"2分"，但他自己对此毫不在意，别的同学也对这种情况见怪不怪，并不感到什么不妥，那么，这个集体根本算不上是强有力的教育工具。善于思考的教师，会鼓励自己的学生去关心每一位同学的成绩，为成绩担忧和不安。他还会教育学生，用情感来认知事物，对他人的欢乐和忧愁感同身受。正是从这里开始，责任感得到了培养。教师对学生说，你们班有位同学字写得不好，你们要课后留下来陪他，帮助他，写给他看，给予他支持。孩子们就留下来了，帮助那位同学。一旦那位同学取得了一点进步，孩子们就感觉很高兴，受帮助的同学也感觉很高兴，每个学生的心中都装进了其他人。学生不仅拥有自己的兴趣和需要，还拥有了自己珍贵的、必要的东西。

这就是我所说的，道德标准在人与人的关系中得到体现。教育中非常重要的一点就是，要让一个人在童年时期就体验到这种高尚的情感——希望看到他人变得越来越好。这个愿望是集体主义的源泉，同时也是防止自私自利的有力手段。

在儿童集体中，道德准则也会在物品中体现出来。我记得有一届的低年级学生，在二年级的时候学会了做布娃娃，创建了自己的布偶小剧团。他们用旧的碎布块做布娃娃，看起来并不十分漂亮。当时还处在困难时期，我们连水彩都没有，"小红帽"的眼睛是用铅笔画上去的，头发也粘不牢。到了三年级的时候，孩子们收到了一份礼物，一个从莫斯科商店买来的真正的娃娃。孩子们高兴极了，可到了开始演出的时候，他们却把崭新的、光彩照人的娃娃放在一边，拿起他们自制的却胜过一切的娃娃……

雅努什·科尔恰克在《当我返老还童时》一书中，回忆了自己的父母在童年时送给他一双当时很珍贵的冰鞋，可他却拿冰鞋去和别人换了一个木制铅笔盒……"难道在沙漠里，旅行者不会拿一袋珍珠去换一罐水吗？"雅努什·科尔恰克在故事的结尾提出了这样一个令人深思的问题，这也是值得我们教师好好思考的问题。我们培养的人，应当能够感受到他人的渴望，愿意与同龄人交流，热切希望给他人带来快乐，自己也能够从中收获快乐。

每个孩子都应该去追求自己心中的稀世珍宝，追求沙漠中的那罐生命之水，因为没有这罐水，他就无法生存下去。一开始，只是对某件物品、某株植物的依恋，后来，则成了对某个动物、某个人的依恋。这是培养人道主义精神的有效方式。正因为如此，我们才竭尽全力让每个孩子都能拥有属于自己的一棵树，一丛玫瑰，一朵菊花，都能在工作室里拥有属于自己的一把小刀，这是他能够在几十把刀具中一眼就认出来的。照料有生命的物体，可以使孩子们变得思想高尚，可以培养他们的高尚情操和满腔热情。在我们的校园里，有一条栗子树林荫道。这些树都是孩子们用栗子栽种出来的，他们在前一年的明媚秋日里，收集好板栗种子，然后存放在一个温暖、僻静、"秘密"的角落里，整整保存了一年。第二年，每个孩子拿出自己保存的板栗种子，把它种进泥土里。每个人都怀着迫不及待的心情，等待着嫩芽破土而出。每个人都体验着喜悦、哀伤、痛苦和愤慨，没有这些情感的体验，就无从谈起物的"人性化""驯养"。当孩子们第一次听到"要珍惜和尊重长辈的劳动，劳动人民是生活的创造者"这些话时，他们才能深刻理解，在这些话语中包含着一条重要的道德准则——那些伟大的、神圣的事物，都是人们通过艰苦的奋斗获取来的，这些话能在孩子们的心中引起强烈的共鸣。如果有一个孩子，曾经将自己的心血倾注在某个有生命的物体身上，曾经"驯养"了某个生命，那么当他读到《共产主义建设者的道德法典》时，就会产生深思。如果他的心中没有独一无二的珍贵的人或物，共产主义的神圣真理就无法打动他的心。而一旦他的心中拥有了独一无二的珍贵之物，他在创造、在建立、在升华这件珍贵之物时，他就能认真对待关于人、关于劳动、关于责任感的专题谈话了。

所有这一切都瞄准了一个最高目标——人。对于每一位学生来说，世界上最宝贵的应当是人。我们的教育中有这样一条极其重要的原则：在学生的童年、少年和青年早期，要尽一切可能，让他们汲取精神力量，强健体魄。这里所需要的不是一般性的劳动，不是那种义务性的劳动，这里需要的劳动，能开启最幸福、最快乐的世界，即人与人之间亲切地交往、人与人之间充满着信任与坦诚的世界。小朋友们是在什么时候真正爱一个人，爱他的母亲、父亲、祖母、祖父、兄弟和姐妹呢？是在他用心为他们做某件事的时候。即便是小朋友，只是在读一年级的小朋友，也应当拥有一位无比亲密的人，为了这个人，他可以不惜一切、倾其所有。他可以栽一棵小树，送给妈妈，种一株葡萄，送给奶奶。种出了果实，送给妈妈和奶奶。如果小朋友能够懂得，用辛勤的劳动带给别人幸福和快乐意味着什么，如果小朋友为此流下了劳动的汗水，磨出了辛勤的老茧，那么他的心就会变得善良而柔软。

当各种事情、劳动和现实的社会关系鼓舞着孩子们的心灵时，教师的话才能对孩子们也起到鼓舞的作用。您可能不止一次听到教师们的抱怨："不管对学生说什么，他们什么都听不进去，还一点反应都没有……"为什么会出现这种情况呢？这是因为我们还没有将儿童或者青少年们培养到这种程度：能把教师的话当作珍贵的真理，并受到这些话里所表达的思想的鼓舞。要用人类最精细的工具——语言，去影响孩子们的思想，当然，这是一个长期的教育过程。在这项培养工作中，最主要的是在实际行动和创造中鼓舞儿童，在劳动中展现出人与人的关系。

领导道德教育，这意味着要在学校生活中营造出一种道德氛围，让每个学生都有可关心的人，想要保护的人，愿意为之操心的人，愿意付出一片真心的人。然而这种氛围乍看起来是捉摸不定的，在我们的教育领域里，实际上这方面的工作还是一片尚未开垦的处女地。请您仔细观察自己的学生们，好好想一想：他们同学间的关系怎么样？他们对别人、对家人的态度如何？他们对所有活生生的、美好的事物的态度如何？这些都能让学生变得更加高尚，帮助学生确立人道主义精神。这里我们就要谈到道德教育的另一条原则：只有创造出教育的环境，并且不断充实，才能让教育方法达到预期的效果。

## 9. 只有创造出教育的环境，并且不断充实，才能让教育方法达到预期的效果

如果将这条原则抛之脑后，就会出现种种不良后果。然而令人遗憾的是，这种情况仍时有发生，其后果就是言行不一，知行不一。

"环境"这个概念包罗万象，含义丰富。它既包括学生周围的事物，也包括成年人的行为举止、教师的榜样作用，以及学校集体生活的共同道德氛围

（即关心他人的想法是如何表现出来的）、相互关心、坦诚相待等。在这里，家庭占据着重要地位。如果影响人的环境和号召人的言语并不一致，那么教师的那些话，原本是智慧的、强有力的教育方式，反而会适得其反，导致学生们变得虚假伪善。最近几年来，有一种流传甚广的错误观点：似乎积极的活动，尤其是劳动，是比言语更有效的教育方式。我们不能将这两者对立起来。缺失了环境（这里的环境也包括活动），言语是惨淡无力的，而必要的教育环境同样离不开言语。如果您希望让学生的道德水平达到充分与和谐的发展，那么要先创造环境与言语之间的和谐统一。

我们这里谈及的"环境"，主要内容是指什么呢？就是应当让每一位学生随时随地都要为他人、为集体做事，为集体的利益从事积极的活动，而缺失了这一点，集体将会失去活力。环境在创造出来之后，并不是一成不变的，它需要不断更新和充实。我们每一个班级都设有一个"美丽之角"，有的是几丛玫瑰，有的是一块葡萄园，有的是几株桃树，还有的是一片小柞木林。如果没有环境中这个极为重要的因素，那么我们的道德教育——教育学生去爱护有生命的物体和美好的事物、去做善良和富有同情心的人等等，就会沦为一纸空谈。

这里指的只是"微环境"。只有当一个人认识到自己是一名劳动者，在为人民服务的广阔天地里劳作时，他才能树立起真正的责任感和集体归属感。学生处于学校这样一个小世界里，我们应当通过某些联系，让他们与社会上的大事件有所关联。

然而，劳动的社会方向性并不意味着抹杀个性。在学校的环境中，要让每一位学生都拥有他独一无二的珍贵之物，只有这样子，学生才能珍惜他人创造的一切，这条真理已经成为我们教育体系中的一条原则。如果您的学校里有五百名学生，那么您的校园里也应当有五百棵树，或者有五百丛灌木，或者有五百株玫瑰，让每一位学生都在这些花花草草上倾注心血。劳动如果没有落实到每个人身上，环境很可能就失去了对学生的教育意义。

环境不仅能促进积极的活动，而且也应当能够起抑制和约束作用。比如说，校园里有一条核桃树林荫道。在栽种和布局树木的时候，要考虑到活蹦乱跳的孩子们，要让他们在看到树的时候能按捺住兴奋之情，小心翼翼地绕过小树。而如果孩子们能够停留片刻，欣赏一下美景，那就再好不过了。活动不仅包括创造，还意味着要爱护。我们认为，完善的道德教育，意味着人要约束和克制自己的愿望：您想做的，并不一定都是能做的。

环境中还有一个因素对教育极为重要，即：教育者与受教育者、高年级同学与低年级同学、同龄同学，这三种关系之间的细微性、人道性。

## 10. 教育者与受教育者、高年级同学与低年级同学、同龄同学，这三种关系之间的细微性、人道性

这里要讲的是精神生活中的情感审美领域。这也是道德教育中研究得最少的问题之一。校园中的主导氛围应该是人与人之间互相尊重、互相信任，教师和学生之间互相信任。如果有学生由于家庭环境的因素，满心委屈地来到学校，并因此而变得不服管教、毫无希望，即便如此，他的心灵深处依旧还葆有一丝善良。作为一名真正的教育者，要始终善于去发现学生的善良之处和人性之美。如果您仔细去研究埋藏在青少年心灵深处的邪恶，那么您会发现，邪恶之根是生长在不尊重他人的土壤之中。学生对教育者缺乏信任、小心提防，甚至怀有怨恨、冷酷和恨意，之所以会产生这些，是因为曾经有人用粗暴的甚至往往是肮脏的双手，摧残过学生敏感的、脆弱的心灵，令他们的心灵变得粗粝，不再敏感。教育工作者很难再去触及人们身上的美好，而这种美好明明是每个孩子身上都存在的啊！

如果您想成为一名真正的教育大师，那么您就不能异想天开，试图用某种坚决的、闪电式的、极端的方式，一蹴而就地融化掉孩子心中的冰块。心灵的教育无法离开自我教育。如果有人想闯入孩子的心中，一挥而就清理掉

其中的邪恶，那么势必会遭遇到孩子的反抗。孩子之所以要反抗，是因为邪恶已经深深扎根在他的被侮辱的人格之中，突然地拔除会带来更大的伤害。毕竟，邪恶深深扎根在孩子心底最敏感、最不容易触及的角落，如果突然拔除，心就会因此而流血，就会变得更加冷酷无情。

教育的真正要义，是让孩子心中的冰块逐渐消融，让孩子的心发光发热。

教育的智慧与技巧，就在于悉心呵护、精心保护孩子的心灵，让他们追求美好、一心向善。而如果孩子心中还没有这种追求和向往，那么就要去培养和创造。我在学校工作中最在意的一种精神财富，要属对人性之美、对人与人之间关系中的美好追求。应当让孩子们对这种精神财富心生向往，并为之震撼和陶醉。如果说少年和青年早期的浪漫主义幻想具有强大的力量，那么这种幻想最鲜明的表现，就在那些完美的人物、高尚的人物关系之中。在我看来，教育者的首要任务，在于帮助自己的学生欣赏道德之美，并被这种美所鼓舞和激励，坚定地相信美和真理必将胜利。

应当让小朋友们，特别是少年朋友们，在生活中，在人与人的现实的、具体的关系中，看到美与真理。这就意味着，孩子们能经常在自己的生活中感受到道德力量的支撑。榜样人物应当受到青少年朋友们的赞扬、欣赏和追求，而不应该成为被神化的偶像。榜样人物应该是思想鲜明、情感澎湃、激情四射的活生生的人。在这些人身上，最能吸引青少年朋友们并让他们为之敬仰的美德，正是对原则和信念的坚定不移，尤其是对邪恶绝不容忍、毫不妥协的态度。最能让青少年朋友们敬仰和赞赏的人，首先是那些激情满怀的斗士们。学生如果能在孩提时代就见识到不屈不挠、毫不妥协、思想鲜明的榜样人物，这无疑是莫大的幸运。

真正的教育者非常关注自己与学生之间细腻的情感关系。这里指的是，要让学生愿意将自己心中的温暖献给他人，愿意为他人做好事，愿意为他人创造快乐。对于那些心中深藏着痛苦的人，我们不能将其归类为不幸的人，不能让他感觉到别人只是满怀怜悯之情，只是出于怜悯才好心好意对他。问题学生经常会拒绝与老师交流沟通，这多半是教师的粗心大意造成的：从老师亲热的、善意的话语中，他们只感受到了怜悯，而任何一个有自尊心的人，都不会愿意自己被人怜悯。只有集体中的每一位成员都能将自己心中的温暖奉献给他人，只有对他人的关心和尊重并不是逢场作戏，而是日常性的、经常性的行为，是人与人之间关系的一条准则时，孩子心中的冰块才能渐渐消融。

那些从小就失去父母呵护的孩子，是需要怜悯的。善于怜悯他人的能力，是教育者必不可少的一种道德品质。然而，怜悯应当能够激起幼小心灵的内在力量和自尊感，从而能够让孩子做好成为一名斗士的准备，疾恶如仇。

在道德教育中，有一项极为细致、又极其复杂和难以达成的工作，即让每一个学生都为他人做好事，给其他同学带来欢乐，从而在这种精神创造活动中产生对他人的需要，即同学之间怀有真诚的、深刻的依恋之情。教导学生为他人做好事，这也是教育技巧的一部分。睿智的教师总是细致地、有策略地、润物细无声地建议学生：把你的书借给同学读一读吧，给他画一幅漂亮的画吧，放学后和他一起走吧，绕点路也没事啊……教导学生为他人做好事的机会有成千上万个，而每一次机会都需要教师的助力。教导学生为他人做好事的工作做得越细致，学生之间的人道主义关系和高尚的情感关系就越深刻。

这并不是某种抽象的慈善计划，这里讨论的是如何在年轻的心灵中培植起真正的大公无私精神。我们的任务就包括，要让孩子们从小就树立高尚的道德观，而不是自私自利、一切从自我出发，要让小朋友们能为获取真善美，而不惜牺牲个人利益。只有大公无私的人才有可能真正做到疾恶如仇，自私自利，则是毫无原则、阿谀奉承、道德败坏等的另一种表现。

在集体中，人与人之间的氛围是和谐友善、互相信任的，这是集体精神生活的一个特征，不易把握但又一目了然。这个特征决定着人与人之间关系的性质，决定着人的行为，而这些行为反映了人对人的态度。多年的经验证明，这种集体氛围的形成，取决于从孩提时期开始，人的心灵从什么样的源泉获取到欢乐和乐观精神的滋养。在创造性教育工作中，有一项最细致、最精巧的事情，就是要让每一个孩子和学校集体的精神生活保持和谐欢乐。要让孩子为了他人的平安与幸福，而甘愿奉献出自己的力量，并将此视为自己的头等乐趣。要为孩子创造更多的机会去感受、去体验：人们需要我，我为他人带来幸福，我自己也因此感到幸福。这种复杂的情感体验是建立在大量的行为基础之上的，每位教育工作者都要去鼓励和引导这些行为。学校领导者要力争达到，让校园中的每一个人都去关心别人。课外活动的组织者应该注意的是，让学生从事的每一项集体活动，都以关心他人为行动动机。

教师应当多给予小朋友们关爱和善意。您也许会问："教师有那么多时间关心所有学生吗？"是的，如果能将学生变成自己行善的得力帮手和亲近朋友，那么教师的精力就是足够的。道德教育的重要原则之一，就是要激发出年轻心灵中变得更好的愿望。

## 11. 激发出年轻心灵中变得更好的愿望

不论一个学生有多么内向、多么冷漠，都要想方设法去触及他心中尚葆有的人性。比如说，有的学生从来不完成算术家庭作业，好点的情况就是去抄袭别人的。当您找他谈话时，您不要总想着，他一向是个欺瞒老师和家长的学生，您要用完全平等的态度与他开展谈话，讨论怎么样独立完成作业。您可以让他课后留下来，以对待常人的态度与他谈话，而不是以对待犯错者的态度，强迫他进行谈话。

一提到"尊重、同情、亲切"这些词，并不是像某些人认为的那样，是要去宣扬宽容一切。我赞成的是合乎人性的需求。我赞成的，是当学生的精神生活尚未走上正轨时，用劳动、思想和人与人之间的关系去严格要求学生，引导学生成长为一个精神高尚的人，向着道德之美、智慧之巅、创造之峰前进。

真正的教育，既要激发学生的自信心和自尊心，又要坚决斩除学生心里一切不良的念头，这两者要有机结合起来，这种结合的本质即是对学生的关心。只有在这种关心下，才能让难以驾驭的教育小舟扬帆远航。缺失了这种关心，小舟就会搁浅，任凭你费尽九牛二虎之力也不能移动半分。如果学生失去了自信心，或者教师已经不指望学生能变好，在这种情况下，无异于沙漠行舟，费尽心机寻找船桨，不论您去哪里寻找，也是不可能找到的，因为沙漠行舟这个想法，本身就是荒谬不堪的。

在教育中，尤其是在对儿童的教育要求中，其经验无法用某种直观的、可以触摸的形式加以展示，因为情感是无法直观展示的。有两位邻校的教师前来我校观摩低年级教师的授课，他们被看到的情形惊呆了：没有完成作业的学生，竟然自己主动告诉老师，还请老师给他布置额外的作业，以便理解教材内容。教师从来不收学生的记分册，任由学生自行将分数记上去，然后交给家长看。从来没有发生过弄虚作假的情况。

"请教一下，您是怎么做到这一点的？"来学习经验的两位教师问。

为了激发出学生让自己变得更好的意愿，教师自己首先要有这种意愿。再高尚的道德真理，如果教师没有赋予其真情实感和聪明才智，那么对于学生而言，就仍然是满纸空言。

教师如果没有一颗炽热的心，没有高尚的情操，没有睿智的决断，那么任凭教育理论再高明，缺少了活生生的教师，都会变得毫无用处。要让小朋友们感觉到并且领会到，他们是被信任的，是被寄予厚望的。只有信任，才能激发出人的自尊感，才能实现自我教育。

我为什么要给校长讲这些呢？或许，这和领导教育教学工作没有什么直接联系吧？其实，关键就在于领导要掌握着那些细腻的、精巧的复杂手段，因为这些都是会对人的心灵产生影响与作用。只有这样，领导才能掌握教师所做的一切，才能理解某些错误产生的原因。只有这样，才能消除某些家庭对儿童教育产生的不良影响，而这平时在学校中是很难办到的。

## 12. 消除某些家庭对儿童教育产生的不良影响

有些家庭的生活方式、家长之间的关系、对待社会责任的态度等，会将学校在学生身上培养起来的一切善良、美好和正面因素破坏殆尽，一笔勾销。通过教育宣传方式，确实可以完成很多事情，但是学校在这方面能做的其实很有限。对于那些生活在丑恶、谎言、虚伪、侮辱和欺凌他人环境中的孩子，学校的使命就是将他们解救出来。

从恶劣的环境中解救出来，并不意味着一定要将学生送到寄宿制学校或者是"儿童之家"去接受教育。虽然在个别情况下，是有必要这样做的。但是生活如此复杂，我们无法用一套现成的公式就解决掉所有的矛盾和难题。在面对具体的情形时，需要考虑实际的情况。如果面对的是每天遭受家庭不良环境影响的学生，那么学校的任务就是要让他在学校期间，能够消除掉家庭对儿童教育产生的不良影响。如果已经无法让他们的父母有一丝一毫地转变，那么就不能让子女继续步他们的后尘。

校长作为学校的主要教育者，应当了解儿童的精神生活状况，了解青少年朋友们受到哪些不良环境的影响。有一点很重要，那就是要想方设法让学生尽可能多地处于学校环境的影响之下，在学校集体精神生活中确立起来"善"，然后用这份"善"去战胜家庭环境中的"恶"。而这也就意味着，我们校方要在年轻的心灵中，确立起坚定的"善"，从此疾恶如仇。为了能让小朋友们不再受家庭的不良环境所影响，而完全处于学校的良好环境影响下，就应当让他对丑恶持零容忍的态度。

人不可能离开他人生活，人的思想也是在人与人的关系中体现出来的，正因为如此，发展学生对他人的高尚需求，就显得尤为重要。在实际工作中，我们致力于在青少年的行为和鲜活的相互关系中，让道德真理和各项准则鲜活地得以体现出来，让学校的环境充满人道主义精神。对于那些来自不良家庭的学生来说，这是进行正确学校教育的先决条件。实际上，这就要求我们教育工作者引导学生去拥有一种智力的、审美的和富有创造性的生活。然而，这里还需要考虑一个非常重要的条件，也是道德教育的一条重要原则：学生，特别是青少年学生，不喜欢被当作受教育者。

## 13. 学生，特别是青少年学生，不喜欢被当作受教育者

如果青少年学生察觉到，您是故意找他谈话，是特地来教育他，那么他就会对您的话充满戒备、毫不信任。学校教育的弊病之一，借用古希腊神话中的形象来比喻，就是教育意义上的"驴耳朵"。令人遗憾的是，这些"驴耳朵"经常导致学生们对教师敬而远之、望而生畏。有的时候，人们试图用教育的外壳来装饰和掩藏住"驴耳朵"，但是装饰得越美丽，"驴耳朵"反而会显得越愚蠢，教育沦为一纸空谈的危险性也就会越大。

这里要谈到一种令人担忧的现象，我将其称之为"摆布学生"。在个别学校里，有时会举办观摩性的共青团辩论会，学生们会提前准备好自己的发言，然后邀请其他学校的老师来观摩他们的辩论，这种活动被称为经验交流。少先队有时也会举办这种形式的辩论会。不久前，有位校长告诉我说，在他们学校，每个月都会举办一次生日会，为那些出生在同一个月份的学生庆生，这也就意味着，有的学生在生日之前庆祝，有的学生则是在生日之后庆祝。生日会上有祝贺发言、赠送礼物等环节。

我真想大声呼吁：同志们，清醒一点吧！你们这是在干什么啊！请不要将神圣又珍贵的事情变成一文不值的游戏。停止"摆布学生"。学生喜欢玩游戏，但不喜欢自己被当作玩物。他们会为此让你们付出惨痛的代价：他们从此会对神圣又珍贵的事情态度淡漠。而这在教育工作中，是比无意疏忽更危

162

险的情况。下面就是一个令人大跌眼镜的事例：在一次事先演练过的观摩性辩论会上，一个十六岁的共青团员在不恰当的时机，背出了自己事先准备好的台词，结果就导致那些崇高的话语听起来充满了讽刺意味。所有人都好不容易才忍住笑声，那些前来观摩的教师们更是感觉哭笑不得。

道德教育中要确立这样一条原则：教育意向要通过学生自己的积极活动来实现。我们的意思并不是说，教育意向要对学生保密。我们的目标是伟大而崇高的，师生要携手并进，为我们的理想和共产主义教育而感到骄傲。我的言下之意是，不要将教育过程与学生的精神生活强行捆绑在一起，而要将教育润物无声地融入他们的生活中去，成为他们生活的一部分。

在这篇谈话的结尾，我想总结一下上面所说的内容，即将知识转化为信念这个过程的特点。人文学科的各科教材中都贯穿着马列主义思想：热爱祖国、忠于共产主义理想、为共产主义理想奋斗终生、对养育我们的劳动人民的责任感、疾恶如仇、人道主义、诚实谦虚，等等。然而，正如前文谈到过的那样，学习的过程有其自身的逻辑，学习的目的是掌握知识，并且将其牢记在脑海中。与此同时还需要注意一个问题，我们不仅要在知识掌握的识记过程中，还要在精神生活的其他领域中，都要向学生揭示道德的、社会政治的、审美的思想。

## 14. 思想、情感和内心体验等各种精神财富

思想、情感和内心体验等各种精神财富，应当成为集体精神生活的重要特点。在课堂上学习教材，并通过教材向学生灌输道德信念等思想时，应当特别关注每个学生的精神世界。还要让每个学生都去读好书，读那些思想内涵丰富的书籍，让他们体验纯净的、高尚的情感。

只有当学生是怀着思考、认识真理的喜悦去阅读，而不是只为了背诵记忆时，他的思想才能变得丰富多彩。他思考得越多，看待事物的态度就越鲜

明，也就越想和他人分享自己的想法和感受。他就会产生和教师、和同学交流、讨论和争辩的需求，既然学生自己产生了这种需求，我们便可以不强迫、不勉强地开展教育工作。

如果您打算就某个问题组织一场讨论会，请您事先考虑清楚，学生集体是否有开展讨论的情绪准备？道德的、社会政治的、审美的思想是否在激励着他们？如果没有这种激昂的情绪，教育意向就不可能会实现。

一个人思想的丰富性，取决于他的思想、情感和内心体验，与实际行动是否和谐统一。而在这其中，起主导作用的是道德教育中的公民教育。学校的任务就包括，让每一位青少年学生的精神世界不只是局限在个人和家庭利益的狭隘圈子里。在待出版的《教育方法论》一书中，道德教育中的公民教育这一章节，是专门阐述德育中的政治和教育问题的，在我看来，这也是最有新意、最有意思的一章。

人是从小就开始接受教育的，离开了公民教育这个核心内容，是不可能培养出人的，正因为如此，校长要优先关注道德教育中的公民教育。一年级学生一旦入学，我们就要着手为他们规划思想、情感和内心体验与实际行动和谐统一的发展前景。在这份规划中，我们确定要逐步开阔学生的视野，拓展学生的见识，一年年的，由近及远的，让他们关注周围世界：从家庭到学校，从农庄到村落，从区县到州省、到全国。

我们在设计规划时，还要考虑如何让学生以公民的姿态看待世界。我们考虑的是，将学生的公民精神、爱国情怀，与为人民劳动、为崇高理想奋斗等有机结合起来。如果您正在制订规划，您就要研究如何培育出作为公民的人，您会意识到，这是最有意思、最有必要的一份规划。在这份规划中，有一点尤为重要，即要把一个人的所见、所识、所想，与他的所作所为统一起来。我们和班主任教师一起思考：如何将关心和热爱祖国之情逐渐融入学生年轻的心灵中，并成为与他们息息相关的事情？每个学生在他们的童年、少年和青年时期，应该要做些什么，才能让自己在公民舞台上站稳脚跟？学生的活动和思想、行为、情感、创造、内心体验等，该用什么样的线索串联起来？

在教育的过程中，要分清主导性因素和决定性因素，这一点非常重要。今天，一个刚满 7 岁的孩子怯生生地跨进了学校的大门，一笔一画学习着写字，而十年后，他将要成长为一位公民。这是首要的、高于一切的事情。今天，刚刚翻开识字课本第一页的小男孩，十年后，就要手握钢枪保卫祖国。一旦出现不时之需，他将和敌人展开殊死搏斗。于他而言，祖国高于一切，祖国的自由、独立、荣誉和尊严高于一切。我们肩负的伟大使命，就是要让学生脑海中的每一个细胞，都接受伟大和神圣的思想浸润，祖国的利益、社会精神和公民精神等，在他的心中高于一切。

从一个人孩提时代开始，就进行公民生活，树立爱国主义思想，这正是教育技巧的题中之义。为此需要做些什么呢？首先，要让学生站在公民的、爱国主义的立场看待和理解周围的世界。我们努力希望达成的，是青少年朋友们能真正关心周围世界发生的一切，从小就能体验到一个公民应有的喜怒哀乐。

# 第六次谈话　如何指导学生的智力活动

○ 在对学生智力活动的指导中，校长和教导主任的首要功能就是听课、观察课堂和分析课堂。

最近一段时间，教育学界越来越关注如何科学地组织劳动这一问题。学界已经提出了这样一系列问题：教学过程是一个统一的整体、教学的组织因素和教学法因素之间建立联系的必要性等。

然而，在很多情况下，如何科学地组织劳动这一问题，仅仅被归结为教学过程中的组织方面和教学法方面的问题，诸如课堂提问、完成家庭作业、教师备课等。这一切确实都是非常重要的，但是如何科学组织劳动的基本问题，应该是如何指导学生的智力活动，对他们的知识掌握、加深、巩固和运用过程进行指导，引领智力发展。

教育和教学的过程，是一个创造性的过程，它真正的科学基础，并不是说每一步都严格按照计划实施，而是要善于对事先计划好的随时进行必要的修正。到底要对哪些学生进行提问，检查哪些学生的知识，这些只是教学过程中微不足道的细节问题，对这些进行严格界定没有太大意义。经验丰富的教师从来不会事先安排好在课堂上提问哪个学生，在没有走进课堂之前，在没有看到全班学生之前，在没有感受到他们的情绪之前，对于"提问谁"这个极其具体的问题，我绝对不会事先做好决定的。而对于提什么问题来检查知识，则是另外一件事，我会事先考虑好的。在这里，教师会碰到一些很微妙的问题，诸如学生的个人思维特点、兴趣、爱好等。

而对于检查知识这个问题，我们不能脱离开教育和教学工作的整个体系。不能将其视为单一的、独立的工作内容，它其实是教学过程的一个环节。学生对智力活动是否胜任，取决于教师对教学过程的安排是否得当，取决于教师能在多大程度上掌控教学过程。很多校长都坚信，坚守规划原则，是领导教育工作的科学基础。所谓的规划，即是对工艺过程、生产过程、教育过程等出现的现象、事件和情境都做出预见和计划。应当把学校的实际工作，把学校工作中最落后的那一部分——对教学的领导、对学生智力活动的领导、对教师和学生活动的管理等，都置于这个科学基础之上。

现在我们谈谈领导学校这个问题。学校是一个极其复杂的机体，其中交织了成百上千种相互制约的因素，时时刻刻都会发生无法预见的情况。我认为，领导学校，就要将教育和教学过程中那些无法（也没有必要）预见和规划的内容排除在外，而是找出最重要的、最主要的内容，并将那些有可能且有必要的内容确定下来。

教育和教学过程的规划，不能机械地进行。需要说明的是，这里只能采取规划的一般性原则，即确定好某一个特定的阶段和时期需要完成什么工作，某一个特定的阶段和时期需要提升到全新的、更高质量的状态。当然，还需要对事情的另一面做个说明，教学过程中还存在一些事情，其实和生产计划的各个组成部分是一样的，是能够精准地、具体地做出预测和分析的。否则，也就没有什么教学科学可言了，教师就只能两眼一抹黑了。教学中出现的很多问题，究其源头，正是因为人们总是日复一日、月复一月、年复一年地重蹈覆辙，无休止地进行讨论后，却又不能做出任何改善。不论是校长、督导还是教师，往往只看到结果，而忽略了问题的根源，也不去分析问题，不去消除问题产生的根源，只顾着研究结果。

关于学生拼写能力差这个问题，我们已经讨论过多少次了！而与这个问题进行斗争的方式，也不过就是经常给学生布置额外的练习题，除此之外，再要求他们复习一遍语法规则。在语法的教学大纲中，已经明确规定好学生在四年级应该掌握哪些内容，在五年级又该掌握哪些内容。然而，还是会出现一些令人匪夷所思的现象，比如有些学生已经读十年级了，却连四五年级的内容都还没掌握，拼写"Объявление"（公告）这个单词时，会漏掉硬音符号"ъ"；还会把"Извините"（对不起）错写成"Извените"，等等。究竟应该在哪个学习阶段，让学生牢固掌握好拼写规则，再也不会犯错误，也不用在书写的时候去查语法手册、去回忆语法规则，而只需要思考自己所写的内容呢？没有人能够回答这个问题，也没有人对这个问题进行过认真的思考。以至于十年级的学生写出"Извените"这样的错误单词，竟然无一人感到惊讶。人们已经习惯性地认为，教学是十分复杂、难以解释的，出现一些无法预见的现象，是不可避免的。

如果教学过程是建立在科学预见的基础之上，那么就不会出现上述情况。为了批改学生的作业，教师们白白耗费了多少精力，熬过了多少不眠之夜啊！而校长在指导学校工作，尤其是在指导课堂教育和教学的工作上，又白白花费了多少精力啊！我们无数次重复着同样的意见：最好叫学生到讲台上（或者是黑板前）来回答问题，让学生拿着作业本给老师检查，提问不要花太长的时间，等等。校长和教导主任指导课堂教学，更重要的是对学生的积极的智力活动做出科学的预见和规划，是需要关心学生在课堂上如何获取知识。

## 1. 知识的"关键点"

我们力求能让教师在备课的时候，就从这样的观点出发来仔细考虑教材：要为学生打开那些乍看起来不起眼的关键知识节点，因为各种因果联系、时间联系、功能性联系等，都交织在这些"关键点"上，正是这些地方可能产生问题，而问题可以激发出学生的求知欲。

假如您现在要准备"光合作用"这一课的材料，您要思考教材的内容

"关键点"在哪里？您将为学生打开一幅动人的、神秘的图卷：植物从空气和土壤中吸收了无机物，又把它们变成了有机物。这个有机物的形成过程是怎么样的呢？在植物有机体这个神奇又复杂的实验室里，到底发生了什么？您对教材的讲解，可以引导学生去理解这些问题，让每一位学生对这些内容惊讶不已：怎么会这样呢？没有生命的矿物质，经过光合作用，怎么就长成了鲜嫩多汁的番茄呢？我以前怎么没去思考这些问题呢？

怎么样才能引导学生去进行这些思考呢？有一点是应当明确的，课堂上什么内容应当彻底讲解清楚，什么内容是应当有所保留，保留的部分是要让学生自己去思考。至于每一类具体的情况，没有什么万能的解决方案，要取决于教材的内容和学生已掌握的内容。

学生产生了疑问之后，您就要进一步帮助他们，从他们已经掌握的全部知识（从过去的生物课、劳动过程中和各种书籍中获得的）中，把解答疑问所需的知识提炼出来。这种把知识提炼出来，并运用知识解决疑问的过程，就是获取新知识的过程。教师可以叫几个学生来，建议他们："说一说，你们每个人了解哪些知识，大家一起出出主意找出答案来。"一个学生的想法会启发另外一个学生。在这种获取新知识的过程中，有时候会出现个别学生表现消极，他们只听别的同学回答问题，自己却从来不动脑子。我们应当让所有学生无一例外地参与到获取新知识的过程中。对于表现最消极和最心不在焉的学生，教师可以采取各种不同的方式吸引他们参与到学习活动中来。其中一种方式便是给学生布置独立思考题，在他们弄懂一切疑点之后，再建议他们一起进行思考，专心学习，并且记下思考的步骤。

常常也会出现这样的情况，教师在提出问题后，会自行回答、解释。在这种情况下想让学生也积极参与进来，教师就需要充分了解他们的知识掌握情况。有些学生知识面宽广，另外一些则相对狭隘；有些学生对学过的知识记忆深刻，另外一些则有所遗忘。这就需要教师来指导学生的智力活动，使他们每一个人都能用心听讲，紧跟教师的思路，从自己的知识储备中找出所需内容。如果学生的知识储备有空白，或者已经脱离了教师的思路，那么您就需要额外讲解一些内容，用来填补学生知识的空白，使他们重新跟上您的思路。这就需要教师具备高超的教学技巧。教师需要及时掌握学生对知识的掌握情况，哪些学生开始听不懂了，学生又遗忘了什么内容，他们不能理解教材的原因是什么，等等。为了做到这一点，只需要向学生提几个问题，让他们三言两语回答一下，您就能弄清楚了症结所在，也就能帮助他们克服出现的问题。

在讲解的过程中，经验丰富的教师会特别关注学生对知识的"关键点"，即对各种联系相互交叉、前后衔接部分的思考。在这个过程中，经验丰富的教师会以这样的方式来检查学生：我教授的内容，所有学生都运用到了吗？在我讲解新知识的时候，学生们动用了自己哪些储备知识？这种检查可以管理学生的智力活动，促进学生积极地去获取知识。根据不同的教材内容，采取不同的检查方式。例如提出问题，要求学生做出结论性的回答，或者布置一些简单的实践作业，让学生在几分钟之内完成。

如果出现学生不理解的情况，经验丰富的教师并不会从头开始再讲解一遍，而是检查之前环节中的遗漏之处，再次提出问题，以便学生自己抓住思路，自己找出对新知识不理解的原因来。

在课堂教学中，对智力活动的管理过程中，要特别注意学生的兴趣问题。学生对所学的知识越感兴趣，就越能集中注意力，也就能越深入地理解知识。在掌握知识的过程中，兴趣可以给人们的思维增添一抹特殊的感情色彩。这种色彩的鲜明程度，决定了学生运用储备知识的程度，而这是智力活动的一个显著特征。学习应该是一个有趣的、令人着迷的过程。但这并不意味着，在任何教材里都能找出有趣的内容来。只要学生能通过自己的努力，打开不解之谜，那么不管教材多枯燥多单一，他也能发现其中乐趣。

课堂上的教学效果，在很大程度上取决于教师能否衔接好新旧知识。在学习过程中，需要少讲解一些材料，如果讲解的材料过多，超出了学生的理解水平，就会影响掌握效果。智力活动的一条规则是，只有新知识与旧知识牢牢衔接好，学生才能牢固掌握好新知识。教师应当善于找出新旧知识的衔接点，衔接得越好，学生学习效果就能越好。

## 2. 在学校里应当掌握的最重要的能力和技巧

二十多年前，我曾经提出这样一个目标，要确定好学生在哪一学年、哪一学季，应当达到某个特定的水平、阶段和教育程度，应当掌握哪些最重要的规则、结论、公式和定理，并且能够牢牢掌握而不会轻易忘记。我对中等教育阶段的整套知识、能力和技巧体系进行了分析，我似乎发现了教养、智力发展和信念等赖以生存的基础所在。这个基础就是实践能力和技巧，缺失了这个基础，教学过程就无法进行下去。这些能力和技巧包括：观察世界的能力，对所见、所做、所想、所察、所读、所写进行思考和表达的能力，等等。一个学生在学校里学习十年，为了能顺利掌握所学知识，他不应当在这十年时间里一直学习阅读和书写，而应当在入学前几年就学会。他越早掌握这些能力，尤其是阅读能力，他学习起来就越容易，也就越不会有负担重的感觉。学校教育的过失之处，常常在于学生十年如一日地学习阅读和书写，但是他还应当掌握好其他方面，诸如系统的科学知识。然而结果却是，学生既没能掌握好阅读和书写能力，也没有掌握系统的科学知识。

在学校十年中，学生应当掌握哪些最重要的能力和技巧呢？我将它们罗列如下。

(1) 观察世界的能力；

(2) 思考能力，即通过类比、比较和对比，找出答案的能力，提出问题的能力；

(3) 对所见、所察、所做、所想进行表达的能力；

（4）快速地、形象地、有意识地阅读能力；

（5）快速地、流畅地、正确地书写能力；

（6）对所阅读的材料进行逻辑分析，并发现其中联系的能力；

（7）根据同学感兴趣的问题，找到所需书籍的能力；

（8）根据感兴趣的问题，在书中找到所需材料的能力；

（9）阅读过程中对文本进行初步的逻辑分析的能力；

（10）听教师讲解的同时做好简要记录的能力；

（11）阅读文本的同时听懂教师关于文本逻辑分析的能力；

（12）写作文，即将所见、所察叙述出来的能力。


通过对不同年级学生的学习情况进行观察和研究之后，我确定下来何时应当掌握何种能力，即什么时候、在哪个年级，个别情况下，还要确定在哪个学期、哪个学季，相应地应该掌握什么能力。稍微看一眼上面的列表内容，我们就会感到不安和焦虑。学生和教师在教学过程中遇到的种种困难的根源，立马就能一目了然。而这些困难，就是教学过程中的绊脚石。

上面列出的内容里，有这样两项能力：快速地、形象地、有意识地阅读能力和对所阅读的材料进行逻辑分析、并发现其中联系的能力。

实际上，快速地、形象地、有意识地阅读能力，学生要到七八年级才能完全掌握。而要掌握这一能力的任务，却要到学习文学阅读时才提出来。早在三年级，特别是在四年级的时候，就给学生提出了对所阅读的材料进行逻辑分析的目标。这件事怪就怪在，学生还没有学会阅读的时候，已经被要求对所阅读的材料进行逻辑分析了。他在五年级的时候，还没有学会快速地、形象地、有意识地阅读（快速地、形象地、有意识地——意味着学生在阅读的过程中，并没有考虑阅读本身，而是考虑所阅读的内容及其含义），却已经被要求去对历史、地理、生物等学科的课本内容进行逻辑分析了。

我们应该怎么办呢？在学生没有完全掌握某项技能前，不要给他们布置相应的复杂任务？这是不是意味着，在学生还没有掌握阅读能力（即边阅读边分析的能力）前，就不要给他们布置家庭作业了？这当然也是不可取的，这样会把学制延长到十五年的。由此可见，学生应当尽早掌握最基本的能力和技能，因为只有这样，才能掌握知识和其他复杂的能力、技能。如果学生还没有掌握快速地、形象地、有意识地阅读能力，那么书籍就不可能成为他获取知识的源泉。

有一点是很清楚的，即学生掌握能力和技能的曲线图，应该采取另一种形式了。只有在学生掌握了快速地、形象地、有意识地阅读能力之后，才能要求学生所阅读的材料进行逻辑分析。如果学生没有掌握阅读能力，那么他就无法顺利学习，学习于他而言，就不会成为有意思的、创造性的活动。

随着学生阅读能力的不断提高，就应当要求学生更上一层楼：要学会在阅读的同时，不仅要思考所读的内容，还要思考其他问题，例如教师的提示、自己的看法等。在七年级时期，就很需要掌握这种能力了，等到了八至十年级，这种能力在创造性智力活动中将得到更广泛地运用。如果学生还不能对所阅读的材料进行逻辑分析，甚至还没有掌握快速阅读的能力，那么他就不可能一边阅读的同时，一边听懂教师对于课文的讲解。而在实际情况中，我们经常遇到这样的情况：学生还不会进行逻辑分析，却已经被要求一边阅读，一边分散精力来思考所读内容了。

看一看学习进程的时间计划表，我们的教师发现了很多前后不符、相互矛盾的悖论，还有一些怪现象也渐渐映入眼帘。没有人能够确切地说出，学生应当在哪一学年，做到快速地、清晰地、正确地书写，没有错误和遗漏，能够正确记录下教师的讲解内容。实际情况却是，学生在整整十年的时间里，都在学习快速书写能力。学生在三到五年级，还远远未能掌握这种能力，又怎么能要求他会写作文呢？然而，正是从三年级起，特别是在四年级，就要求学生将所见所闻写成作文。

而思考能力，以及对不同事物、物体、现象进行类比、比较和对比的能力，发现问题的能力呢？如果不掌握这些能力，则无法进行学习。可是，何人何地能对学生的思考能力做专门培养呢？为了达成这一目标，专门的习题在哪儿呢？对于低年级教师来说，是不是人手都有一本专门的练习簿，能够把训练思维的习题逐年地积累下来呢？实际上，这些一丁点都没有。一切都是模棱两可、含糊其词的，据说，教师在每一节课上都会教学生思考的。然而，学生不会解答习题，不正是因为没有人教他思考吗？

观察能力和表达能力是紧密相关的，如果缺失了这两种能力，那么教学的过程也会变得不可思议。然而令人匪夷所思的是，我们没有任何培养这两种能力的知识体系。学生没有专门（在专门的课堂上）学习观察周围世界的种种现象，也没有一位教师能够说：我已经完成了这项工作，我的学生们已经学会观察事物和现象的主要特征、本质属性了。

实际经验表明，缺失任何一种能力，都无法顺利进行学习，而我们却又无法断言，学生是在哪一阶段完全掌握这一技能的。有一段时间，我感觉自己也是在摸索中前行。实际上，教学过程是自发进行的。而我去听课，只不过是为了给自己找点事情做。不行，我不能再这样继续下去了。我后来找了一些最有经验的教师，大家一起分析教学大纲，估算学生的承受力和可能性，确定每一种能力的概念和外延（这一点是非常重要的），并且厘清每一种概念之间的相互依存关系。由此，我们确立了学生在每一阶段，应该掌握什么技能。比如说，"快速地、形象地、有意识地阅读"能力，应当让学生在第三学年的第一学期期末就掌握。此后就不用再讨论阅读能力的问题了，否则就要打乱整个教学进程。从第三学年的第一学期开始，在掌握阅读能力的同时，也要开始让学生掌握"对所阅读的材料进行逻辑分段"的能力。对此，我们要分阶段完成。第一阶段要在四年级结束前完成，第二阶段要在六年级结束前完成。在第二阶段中，同时还要让学生掌握中学阶段相对而言比较复杂的技能，即不仅要理解所读内容，还要对其进行初步的逻辑分析。

掌握快速书写的能力，第一阶段要在二年级完成，第二阶段则要在四年级完成。四年级结束前，每个学生都应当做到书写很迅速、笔锋要刚劲、笔迹有风格。书写技能要达到一个完善的水平，在书写的过程中可以不用考虑每个字母的写法，而把精力集中在所书写的内容上。到了第四学年的第二学期，要开始掌握"听教师讲解的同时做好简要记录"的能力。这一任务需要在六年级结束前完成。

写作文的技能也需要分两个阶段完成。第一个阶段是准备阶段，在掌握快速书写能力的第一阶段之后，即第三学年之初开始。第二阶段从第四学年的第二学期开始，至第六学年结束。

在厘清各项技能和能力之间的顺序性、相互性和连续性关系后，我们将之付诸实践。前文中列举的一系列技能，就成了教师们在教学过程中的自觉要求，而对于学校领导来说，则成了他们管理教学工作的一个纲领。

二十多年来，我们一直按照教学过程的内在逻辑，进行能力和知识体系的培养工作。每一位教师对这些技能的实质有了明确的认识之后，就去寻找能让学生掌握它的具体途径。经验表明，为了掌握"快速地、形象地、有意识地阅读"能力，就需要对学生进行一定量的练习，大声朗读一定页数的书，否则是不可能掌握的，练习的数量也是因人而异的。而为了掌握思考的能力，掌握类比、比较和对比的能力，则需要明确规定好一定数量的思考题。要想掌握观察世界的能力，我们就形成了一套在大自然中进行的课程体系，让学生观察自然现象，并叙述出所见所闻。

以学生的技能和知识体系为基础，对教学工作过程进行指导，具有一定的优越性。为了凸显这种优越性，我们来谈谈知识体系这个部分。在对教学大纲和学生智力活动的情况进行分析之后，我们明确了教育和智力活动的基本框架，确定了哪些基本知识是需要学生掌握的，需要记忆并保存在脑海中以备不时之需。我们确定好每一门学科的规则、概念、公式、法则和其他原则，这些都是需要一直牢记心头并且需要不时温习，以免抛之脑后。形象点说，这些都是随时需要使用的万能工具，没有它们就无法走入知识的宝库。

以语法学习为例，学生至少要将一定数量的正字法单词牢记于心。我们从词典和语法书中挑选出了 2000 个正字法单词，这些单词涵盖了所有正字法最重要的规则。学生在低年级里掌握了其中 1500 个单词的写法，而到了五六年级再掌握剩下的 500 个单词。至少掌握多少数量的正字法单词，这是由教学大纲硬性规定的。教师按时间顺序安排好这些单词，再布置相应的习题，并且对每一个学生的情况加以研究。多年的经验证明，如果学生在六年级结束时能够牢固掌握 2000 个正字法单词，掌握住正字法所有最重要的规则，并且是在理解规则的基础上记住的，那么这个学生已经算粗通文墨了，而语法知识和书写技能则成了他的学习工具。识记必要的知识，这是中年级和高年级学生不感到学习负担过重的重要前提条件。这种识记能够将学生的智慧解放出来，完成创造性的学习任务。

我们再以算术中的乘法表为例。学生应当在第二学年的第四学季，就将其烂熟于心。学生还需要牢牢记住 100 以内数字的四则运算（例如，学生要不假思索地回答出 83 减 69 等于多少，他要懂得运算规则，并且牢牢记住）。等到了三年级，学生就应当记住 1000 以内数字的四则运算。

在代数中，要记住乘法公式。学生应当在六年级结束前就完成这一识记任务。随后，还要记住坐标法、数的整除特点、方程式、对数函数、导函数、积分、三角函数、复数等知识点。每一部分再确定好，哪些内容是要在深入理解的基础上进行识记，什么时候进行识记。

每门课程都应该明确规定好，学生应当在什么时候、牢牢记住什么内容，并始终保持在脑海中。

为了让学生能够牢固长久地记住基本知识，需要教师对课程进行深思熟虑地安排，合理分配练习时间。以正字法单词记忆为例，为了让学生掌握最低限度的正字法单词，俄语教师需要将一整个学年甚至是好几个学年的单词听写作业安排好。每一节课堂上，学生都要抄录和复习几个正字法单词。学生还要随身携带一个抄录单词的练习簿，以便在家复习。这样一学年下来，学生就能把每个单词和语法规则复习好几遍。

知识和技能作为教育的支柱内容，需要始终牢记，只要这些支柱足够坚固，整个学校的大厦也将坚如磐石。我们仅将需要牢记的知识放入列表中，为什么要这么做呢？这样做是为了在需要和不需要记忆的内容之间，划一条清晰的界线。有些知识只需理解，而无须记忆。如果学生试图记住所有知识，反而连需要记忆的知识也记不住，最后可能会一无所获。教育的支柱不够坚固，这是学校工作中一个最严肃的缺陷，而造成此种状况的原因之一，就是学生试图记住所有知识。

我们必须科学地安排时间，让学生掌握最重要的知识和技能，这样领导教学工作，能够有效避免教师和学校领导出现无知、犯错的状况。只有在这样的领导下，才能保证学校教学工作顺利开展：学生不仅能掌握一定量的知识，还能在智力上得到发展。提高智力，学会学习。

科学地安排时间，让学生掌握最重要的知识和技能，这样领导教学工作，还能够让学生对某些基本知识和技能的掌握提前到小学阶段，首先要掌握的就是读、写能力。而正是在这个阶段，孩子的大脑非常容易接收来自外部世界的信息。如果学生能在低年级就掌握了涵盖正字法基本规则的 1500 个单词，那么他就算得上是粗通文墨的人了。

科学地领导教学工作，还能够为知识和技能两者之间建立正确的关系，此二者正是教育中的最重要方面。学生之所以学习困难，原因之一就是忽视了技能的作用。绝大多数情况下，学生无法掌握知识，是因为他不懂得如何学习。一个不会迅速、正确地书写的学生，是不可能写出作文的，也不可能把教师的讲解简明扼要地记录下来。领导教学工作，科学地安排掌握技能和知识的时间，还能够为中等教育打下一个坚实的基础，让学生掌握学习的技能。请教师们仔细看看学生们家庭作业的完成情况吧！学生还没学会阅读，却已经需要去思考和理解古希腊奴隶制国家的兴亡规律了。学生还没学会书写，却已经需要去完成《阳光灿烂的冬日》这样一篇作文了。在给学生布置复杂的作业之前，请先教会他们掌握基本的技能。

科学地领导教学工作，还能够不断提高、完善知识和技能。从掌握不太复杂的技能开始，为逐渐掌握较为复杂的技能做准备。学生在掌握技能的同时，也是在学习知识，包括识记规则、法则和公式等高度概括的知识。知识不是靠死记硬背，而是在运用的过程中识记的。如果说，复习是学习之母，那么，运用就是识记之母。

得益于对教学工作的科学领导，校长才能成为教育的工程师。科学地领导教学工作，还能促进教师集体团结一致、凝神聚力，能真正地将小学、初中和高中各个阶段的教学活动衔接起来。

在教学工作的领导过程中，要将校长和教导主任的力量结合起来。对知识和技能的分析，合理分配时间，确定相互之间的关系——对于教学领导工作中遇到的这些问题，都要通过对大量课程和书写作业的分析，通过对近几年工作结果的对比，才能得到解决。在领导的过程中，决不能将校长和教导主任的职责截然分开。这是一项集体性的工作，当然，对于一些具体工作的分工也是非常重要的，比如听课、分析课堂教学、分析个别学科的教学大纲，以便确定技能体系等。

在对学生智力活动的指导中，校长和教导主任的首要功能就是听课、观察课堂和分析课堂。

教学领导工作与课外活动紧密相连。负责课外活动的教师，要对学生掌握各项技能和技巧的顺序加以分析，再制定课外阅读的一套体系。需要说明的是，如果没有经过深思熟虑安排的一套体系，学生在阅读文学和科普作品的时候，就会遭遇难以克服的困难。课外阅读能够促进和发展"快速阅读"这一项极为重要的技能。科学地组织课外阅读，并不是要求学生死记硬背书报杂志上的内容，而是让学生从兴趣出发，去揭示那些概念、现象、规律和观念的实质，而这些正是基础知识的根基所在。换言之，所有需要识记的内容，都应当通过课外阅读来巩固。

# 第七次谈话　对听课和分析课堂的几点建议

○ 课堂，这是反映教师基本素质和教育素质的一面镜子，从中映射出教师的智力财富、视野范围和博学程度。

上课——是教育和教学过程的主要环节，教师每天都在课堂上教育学生，让学生得到全面发展。课堂质量如何，不仅制约着学生掌握知识的程度和深度，还决定了学生是否能够树立起唯物主义世界观、形成共产主义信念，是否能够热爱知识和科学，是否能够尊重人类创造的精神财富。在课堂上，要发展学生的认知能力、创造能力，形成科学的思维方式，培养学生对书籍的热爱。生活经验丰富的教师们，和刚刚踏上生活之路的学生们，正是在课堂上进行着精神的交流。因而，教师在课堂上的个人榜样作用是非常重要的。

课堂上，不仅仅是用知识来教育学生。同样的知识内容，在这一位教师那里能起到教育作用，换成另一位教师，却起不到教育作用。知识的教育作用，在很大程度上取决于知识与教师个人精神世界的融合程度，而教师的精神世界主要包括他的信念、他的全部道德和智力生活目标、他对所教育的年轻一代的看法等。教师个人的榜样作用，首先是指他信念的力量，他对科学的热爱，他的道德初心——用自己的智慧和知识为社会主义社会服务的最高理想。

经验丰富的校长总是将注意力和关注力聚焦在课堂教学上。经验表明，听课和分析课堂教学，是校长极为重要的一项工作。而这项工作是否能具备高超的科学水平，则取决于很多因素：教师集体和学生集体的智力生活是否丰富，教师的教学技巧是否高明，学生的需求和兴趣是否多元，等等。如果校长能对课堂教学进行一番深思熟虑地分析，不断提高课堂水平，那么学校的整体教育水平也能相应提高。课堂教学活动与课外活动、学生的自我教育、教师的个人创造性活动、经验交流、教师与家长的工作等，都通过种种不易察觉的线索相联系着。在课堂上，我们能发现课外活动、对家长宣传的教育知识工作以及对学生集体的教育等方面的优缺点。

关于听课和分析课堂教学的问题，我想给青年校长们一些建议。

## 1. 听谁的课，何时去听，听多少课

只有在校长掌握了足够的事实，进行了大量的观察之后，才有可能高质量地完成教育教学过程中的听课和分析课堂教学环节。只有多去听课，多分析课堂教学，中学校长才能了解教师到底在忙些什么。如果校长只是不定期去听听课，或者忙于会议和其他事务性工作，根本不踏进教室一步，不去接触教师和学生，那么他的其余一切工作都失去了意义和价值。

一所学校里，可能只有 15 名教师，也可能多达 50 名教师。而无论哪一种情况，校长都应当深入了解每一位教师的情况。为此，校长需要遵照一定的制度，经常去听课和分析课堂教学。多年的经验让我确信，不论校长有多少名目繁多的事务工作，都应当将听课和分析课堂教学摆在首要位置。我给自己定了一条规矩：如果一天没有听完两节课，这一天就算在学校里白待了。如果今天要开校长办公会，没有时间听课，那么就明天一起补上。这意味着明天时间就会很紧张，要听四五节课。如果事先安排好要出差四五天的话，我就会在此之前的两周时间里，每天去听三节课。

领导学校的多年工作经验，让我对这一点深信不疑：领导学校的工作之所以浮于表面，粗浅简单，首先归咎于校长不了解课堂情况，不了解教师的

创造性活动在往什么方向发展，不了解学校工作中是否有技巧。更令人遗憾的是，有的学校有 15—20 个班，可是校长一年下来，却只听了七八十节课，甚至更少。这种类型的校长，就好比是一个眼睛被蒙住的人，在黑暗中摸索：能听见一些，但是什么也看不到，什么也不了解，什么也不理解。

校长要分析教师工作，最合适的途径就是定期去听各个教师的课——既要去听那些工作了二三十年的老教师的课，也要去听刚进校的年轻教师的课。有些校长却错误地认为，可以少听那些工作多年的老教师的课。

教龄的长短不一定决定了经验的丰富程度。遗憾的是，确实存在一些教龄很长的老师，形象点来说，他们就像是干枯的花朵，只是外形看上去还像朵花，可实际上早就已经失去了花朵的鲜艳和芬芳，失去了生命的气息。这是一种令人扼腕叹息的现象，但在我们的校园里比比皆是：有的老师，教龄很长，知识面却很狭窄；有的老师，掌握的知识甚至是二十年前学到的。只有不断学习和提升，才能成为真正的教师。那些帮助教师不断提升和丰富精神的机构，之所以被称为教师进修学院，不是没有道理的。我认为，教师的教育学知识深浅程度，决定了教师的成长。教师的不断提升与完善，首先意味着教师对于教育真理的看法，是日新月异的，而不是一成不变的。他总是将理论与实践结合起来，用理论之光照亮自己前行的道路，不断成长，不断提升。

校长去听课和分析课堂教学，不只是为了教导老师，提出建议。学校就好比是一个教育实验室，在这里，所有的教师都在进行着创造性的活动，每天进行着精神交流，互相分享有价值的信息。要多去听那些经验丰富的教师的课，才能从他们个人创造中吸收有价值的部分，并分享给所有教师同仁。

校长去听课和分析课堂教学的工作，要贯穿学期始终。不能在开学之初就"仓皇上阵"，也不能在一学年快结束了，到最后两三个星期时"戛然而止"，认为课程已经快结束了，大局已定，再对教学过程横加干涉反而有害无益。实际上，正是在学期尾声，对课堂进行分析是非常有益的，不仅有助于校长对知识质量做一个有价值的评估，而且有助于校长判断出教师未来能否进一步完善创造性教学。

校长听课次数越多，他对学生就越了解。校长应当了解每一位学生，了解他们个体的智力活动特点。只要校长听课次数足够多，这一点就不难达到。

除了定期听课之外，校长还要对课程进行系统地分析，这项工作也在校长的工作列表中占据相当重要的地位。教育工作的特点，就在于其高度的复杂性和多样性。学生在今天课堂上学习到的知识，将在以后的课堂上继续发展、深化。知识并不是一成不变的，知识是与时俱进的，这一点是真正的知识所具有的最重要特征。经验丰富的教师从来不会妄下断言：在今天这节课上，学生已经牢固地掌握了知识。这是不可能的！只有通过老师的精心教学，学生才能不断发展和丰富自己的知识，才能做到牢固地掌握知识。要想对教师这方面的工作进行分析，校长就需要系统性地听课，即听取以某个主题或某个章节为系列的课程。系统性地听课和分析课程，校长才能对自己提出的意见和建议所产生的实际效果作出判断。

对课程进行系统分析，其必要性在于可以发现和理解各类教育现象的实质及其因果关系。在系统听课和分析课程的过程中，最好能够揭示教学过程中出现的一些主要问题，比如，能让学生牢固而深刻地掌握知识的条件是什么？而知识掌握比较肤浅的原因又是什么？

在新学年开始之前，我和教导主任一起制订计划：系统听课和分析课程的工作，校长去听哪些教师的，副校长去听哪些教师的？一学年可以系统地听 15—18 位教师的课，其中校长听 6—8 位教师的课，副校长听 9—10 位教师的课。在这样的工作分配下，一学年内能对每位教师的教学工作进行研究，一边进行系统听课，一边进行系统分析。

## 2. 听课和分析课程的目的何在

有时会听到校长抱怨：这位教师的课，我已经听了好几年了，要么五年，要么十年？但是一点作用也没有啊，课还是很差……为什么会出现这种状况呢？这是因为一般情况下，我们将听课和分析课程的目标设置得过于狭隘：发现这堂课的错误和不足，好点的情况，就是给教师指出，如何备好课，如何让教学方法获得更好的效果。

在听课和分析课程的过程中，要始终记得，今天这位教师的课，不仅仅只是他昨天花费时间准备的结果。每一堂课，都不只是局限于教师在走进课堂前看过的那些参考书。

课堂，这是反映教师基本素质和教育素质的一面镜子，从中映射出教师的智力财富、视野范围和博学程度。说到上课，我们还有一个事实不能忽略，那就是教育和教学的环节是相互交叉的：教师在讲解材料的时候，不仅要为学生打开知识世界的窗户，同时也要善于表现自我。

我认识全国各地数十位杰出的教育能手，他们的一个突出特点就是善于表现自我，善于将自己的精神财富展现给学生。几年前我认识了戈梅利州[①]科尔姆寄宿学校的校长米哈伊尔·阿法纳西耶维奇·德米特里耶夫。他来过我们学校好几次，我也去过科尔姆。这是一位非常完美的教师，他的教育诀窍就是，让学生在听课的时候，就能感受到令人震撼的人类精神财富。他用丰富的思想吸引着学生，在教授历史的课堂上，大段大段的历史文献资料，他都能烂熟于心，信手拈来。跟随着教师的讲解，学生们的眼前闪现出一幅幅鲜明的历史事件图景。这位教育能手的课，最大的特点就是善于找到生动鲜明的、有表现力的、扣人心弦的方式来表现自己的思想。米哈伊尔·阿法纳西耶维奇·德米特里耶夫说："在备课的时候，我从来不会用条条框框束缚住自己。我只会考虑要讲解的史实范围，再特别注意，怎么用这些史实将思想表达清楚。"

您今天听的这节课，它的质量高低，与教师的精神生活丰富程度紧密相

---

① 现为白俄罗斯一级行政区，位于该国的东南部。

关。听课和分析课程的主要目的，应该是研究教师在课堂上是如何表现和发掘自己的精神财富、视野和兴趣的。我在听课时，首先关注的是，教师在生活中关注什么，他读什么样的书籍，书籍在他的精神生活中占据什么样的地位，他如何关注科学和文化方面的最新成就，等等。

例如，在一节文学课上，教师正在讲解莱蒙托夫的小说《当代英雄》。我在听课的过程中发现，教师对作品是很熟悉的，能很好地讲述作品内容，但当他尝试着讲解主人公的内心悲剧时，就暴露出教师对 19 世纪上半期那一代青年人的内心世界知之甚少，他对那一时期的作品读得也不多。如果对这位教师的讲述方式、文学作品分析方法提出建议和意见，会起作用吗？答案是不会有作用的。所以，校长在和教师谈话的时候，应该先建议他去阅读哪些书籍，通过什么途径去扩大自己的视野，怎么样去丰富自己的精神生活。

在一节数学课上，教师正在讲解三角函数的初步概念。他下定义，举例子，都是正确无误的，但是学生要掌握这部分新知识很有难度，因为教师没能讲解清楚，数学中的抽象，是对日常生活中各种具体事件的概括。教师也没有举出一些例子来证明，学会三角函数就能够顺利解决一些实际问题，例如，确定一个点和另一个无法实地测量的点之间的距离。学生对数学概念的生活基础不了解，只好去死记硬背，可是没有理解的记忆，得到的知识只能是肤浅表面的、流于形式的，更大的弊端是，无法将所学的知识运用到实践中去。对于这堂课的分析，也要从教师应该阅读什么书入手，应该收藏哪些教学论和普通教学法的书籍。

有一次去一个低年级班级听语法课，我注意到，语法课上的学习材料都是来自生活中的鲜活语料：女教师教学生们思考，教他们讲述自己在大自然中、在劳动中、在人与人的关系中的所见所闻。所幸有这种方式，学生们不再将语法规则当作需要死记硬背的抽象概念，而是当作正确思考、描述性质与关系细微差别的必须法则。乍看之下，这位女教师并没有花费专门的时间来让学生背诵语法规则，整整一节课，都是让学生们在兴味盎然中学习和重复语法规则。这样的教学和教育方法值得我们给予特别的关注，我将这位女教师的经验进行了总结，并介绍给了低年级的全体教师和其他年级的语文教师。从此以后，这种创造性的词汇教学法就成了最重要的语法学习法。之所以举出这个例子，我想说明的是，该如何听课和分析课程，才能总结经验并进一步推广，如何将一位教师的经验推广给其他教师，丰富学校集体的创造性教育。

## 3. 教师如何理解课程目标，如何达成课程目标

许多课程，包括一些有多年教龄的教师的课程，都有一个重大的缺点：缺少明确的课程目标，课程内容和环节也就无从遵循课程目标。不只要在课程教案里写明课程目标，光是在形式上写明，教师并不能认识到真正的目标。漫无目的的课程只会白白地浪费时间，徒劳地给学生增加负担，反而导致学生养成游手好闲、懒懒散散等恶劣的道德品质。

这样看起来，理解课程目标似乎再简单不过了。"课程目标吗？"一位一年级教师重复了一遍我的问题，"让学生读一读，复述一遍，这就是课程目标啊。"

而在课堂上，我更是满心焦虑：这就是在白白浪费时间啊，孩子们上完一节课后，什么也没学到，和没上过课一个样。为什么会这样呢？正是因为教师没有确立课程主要目标：要教会所有的学生（不只是那几个被提问的学生）阅读，发展学生的阅读能力。教师要提醒学生们，认真听其他同学的朗读，发现其中的问题并一起帮忙纠正。一年级的阅读课文并不复杂，单词都很容易记住，学生们要记住那些错误也不困难。一旦发现同学的朗读错误，学生们就不继续往下听了，也忘记了要认真看课本的要求，因为他们担心忘记了所发现的错误。随后，一个个举手发言，要求纠正同学的错误。课堂氛围很好，但是益处不多：学生们并没有学会阅读。

那么，在一年级和各个低年级中，学习阅读意味着什么？首先是要学会把一个单词，尤其是多音节的单词，当作一个整体来感知，而这可以通过分音节朗读单词来达到。在其他同学朗读的时候，要让学生仔细看课本。不只如此，还要让学生在仔细看课本的同时，按音节轻声朗读或者是默读。这样做的目的，就是要让每一位学生都能学会独立阅读。要想达成这个目标，并不是那么容易的，而这项目标正是低年级，尤其是一二年级阅读课的最主要目标。这里必须高度关注每一位学生的学习情况，有一些读得快，有一些读得慢，这些情况都要考虑的。不用担心有的学生落后了，比站起来朗读的学生读得慢；也不用担心学生们读起来"嗡嗡"作响，像一群蜜蜂一样。并不是所有一年级学生都会默读的，这一点不必着急。朗读起来没有语调，也不是什么要紧的事，就让他们先学会读一个个的单词，再慢慢学会带着感情朗读吧！

课后，在分析教师和学生的过程中，我对这些问题和缺点进行了特别关注。当下，教师对什么是课程目标已经有了一定概念。多年的经验表明，越是看起来简单的课程目标，越是难以确定。以下课程就属于这一类：低年级阅读课、外语课以及需要解题的算术课、代数课、几何课、三角课、物理课和化学课等。外语课上的一个主要学习形式就是阅读课文，这里还需要专门规定好时间，让学生独立阅读，最好是默读。教师此时应当仔细关注每位学生的学习情况，教会他们独立学习。

在解题的同时，怎么才能设定课程目标并达成？你们可能经常会遇到这种现象：教师把应用题读了一遍，一些成绩好的学生就已经理解了题目的条件了，这会给人造成一种错觉，好像全班学生都已经弄懂了。连校长和教师也经常被这种假象所误导：你们去问问成绩差的学生，他们肯定还没弄懂题目条件，也解释不清楚。成绩好的学生能径直走向黑板，轻松解出题目。教师不断提问，那些成绩好的学生也总是能对答如流……教师于是想当然地认为，本节课的课程目标已经达成了：学生已经学会了解答应用题。然而这堂课的实际情况如何呢？实际情况是，成绩差的和成绩中等的学生并没有学会独立解题。常见的情况是，在七八年的学习时间里，学生无论在学校还是在家里，竟然没有独立解答出一道题目。

在遇到这些情况的时候，我建议教师们：不要过分迷恋集体作业这种形式，也不要被看似顺利的假象所迷惑。学习数学的基本形式，应当是学生独立的、个人的作业。可以给全班布置几种不同类型的作业，让每一个人都独立地完成。让他们独立分析应用题的条件，思考各个数量之间的从属关系。在开始阶段，教师就要注意到学生在学习中的千差万别：有的学生十五分钟就能解出一道题目，还需要再给他一道新题目；另一位学生，花了一整节课的时间也解不出一道题。对于后一种学生，您不要感到惊讶也不要感到失望。在下一堂课上，可以让这位学生继续解答这道题，让他思考，再思考，一定要求他独立解答。

如果不劳动不锻炼，肌肉就会退化、无力，智力也一样。如果没有紧张的脑力劳动，没有思考和独立的探索，智力就无法发展。终有一天，成绩最差的学生也能独立地解答出题目来。

我想给青年校长和教导主任们提一些建议：对于数学课，无论是低年级还是中高年级的，请你们多去听一听，多去分析一下课程，去专门分析一下学生智力活动的独立性。

在听课和分析课程中，要特别关注每一位学生的学习情况，关注教师是否设立了以下目标：让每一位学生都进行独立的智力活动。

## 4. 为何以及如何检查学生的知识

很多课程都存在一个很大的问题，就是在课程的第一阶段，花费大量的时间检查家庭作业。然而遗憾的是，校长们并不一定能注意到这个问题。然而正是在这个环节容易忽略课程的明确目标：在 15—20 分钟里，教师提问三四个学生，并给他们打分，然而与此同时，全班其他同学却无事可做。稍微好一点的情况，就是有一些刻苦的学生，会在等待提问的时候翻阅课本上的答案。一个学生回答完了，其余的学生就会变得很紧张，焦急等待着老师的提问。而只要教师喊出一个学生的名字，其他学生就松了一口气，埋头做自己的事情了。

就这样日复一日，学生们渐渐变得懒散起来。一堂课的三分之一时间里，他们是无所事事的。而这种懒散也会影响到课堂接下来的环节。

造成学生成绩薄弱、知识浅显、懒惰散漫的主要原因之一，就是课堂上浪费时间。校长不应该容忍这种情况：检验知识、评定知识变成了一种目的，提问学生只是为了给他打一个分数。请校长在听课和分析课程中注意观察，当别的学生在黑板上或者座位上回答问题时，其他学生在做什么？检查知识的时候，应该让全体学生都忙于积极的、独立的、个人的智力活动。而对于七至十年级的高年级学生来说，这种智力活动应当具备自我检验的性质。

如何在实际教学过程中达成这一目标呢？优秀的教师们自有一些窍门：让每一个学生都备一个草稿本，各门课程合用一本即可。在检查知识的时候，让学生打开草稿本，听教师的提问，然后拿起笔在草稿本上简要回答题目，可以用图画、图表、示意图等形式，也可以用简单列举的形式。例如，一个学生到黑板上求分数的公分母题目，那么其他学生不用等着教师叫他们从黑板上抄下题目，或者写下自己的例题。教师要教学生逐渐学会独立学习，自我检验知识。学生可以自己在草稿本上写下例题，求公分母，并同在黑板上答题的学生进行比较。这样一来，教师慢慢教会了学生独立学习。

有些课堂上，一个学生在黑板上答题，其余学生也在机械地、千篇一律地重复着，这种情形下，自我检查就显得尤为重要了。以语法课为例，被叫上黑板答题的学生，将自己刚刚造好的句子写在了黑板上，底下的很多学生就直接抄写了下来，一点也没自己动脑子。而只有独立的完成作业才能保证积极的智力活动，有经验的教师都会要求学生自行造句。

总的来说，应当仔细分析教室里的黑板使用是否得当。只有那些学生不能独立完成的练习题，才应该在黑板上写出来。另外，听写单词时也需要用到黑板，但也并不是所有单词都要写，只限那些拼写复杂的单词。生物、化学、地理、历史和物理课的教师们，要善于利用黑板来画各种简图。在讲解新课内容的时候，可以用哪些方法来画图，有必要专门给教师们讲一讲。这需要长期的、细致的工作。

总之，在分析课程的时候，要注意分析教学过程，注意检查知识和打分的时候，学生的知识是否得到了发展和巩固。有很多种途径可以让学生的智力活动积极起来，善于思考的教师能有很大的空间发挥创造力。

检查作业的环节浪费时间，经常还体现在教师所提的问题不过是将课本里的小标题重复了一遍，这就会导致学生走上死记硬背的老路，这在不少学校都普遍存在。在文学、历史和社会科学课上，学生经常会花 20—25 分钟的时间来复述整个章节的内容。一节又一节课的复述和背诵，学生会渐渐失去智力和能力发展的机会。校长有责任去消除这种不良现象，他应当给教师们提出具体的建议：怎么样提出问题，才能发展学生的智力，启发学生的思维，培养学生的兴趣，而不是让学生们死记硬背。

例如在历史课上，检验学生对于 1861 年改革的知识掌握情况。这里就应该先提出一些问题，让学生解释清楚历史事件的因果关系。以下就是一位经验丰富的历史教师提出的问题。

沙皇政府为什么被迫将农奴从农奴制中解放出来？如果沙皇政府没有解放农奴，俄国社会发展将会走什么样的道路？

不分配土地的农奴解放，并没有改善农奴的状况，那为什么说这次改革在俄国历史上具有进步意义？

俄国哪些阶层和社会群体，只关注农奴解放，而不关注是否分配土地？为什么？

如何理解 H. A. 涅克拉索夫对这次改革的评价："粗重的枷锁被打破了，一端打在贵族老爷身上，另一端则打在农奴身上。"

俄国的农奴解放与其他国家的农奴解放有什么不同？

为什么俄国的农奴解放要晚于其他西欧国家？

之所以提出这些问题，目的是让学生认真阅读、理解教材，而不是去死记硬背。

对于低年级学生来说，检查知识有特殊的形式。不需要花专门的时间去检查语法规则和运算法则是否掌握，因为这些都可以在实际完成作业的过程中得到检查。低年级教师如何在学生运用知识的过程中检验知识，如果您能对这一过程进行分析，那么您就是在分析课堂上极为复杂的教育现象了。知识的运用，能给学生带来极大的益处。校长在课后和教师谈话时要特别关注，学生在做练习时运用了哪些知识，他们的知识有了哪些进步。

## 5. 学生学会学习了吗

校长还应该特别关注那些为了教学生学习而采取的一系列方法和方式。学生在课堂上的智力发展，分为以下两个方面：（1）获得关于大自然、社会和人们精神生活的知识；（2）在教师的指导下，具备独立获得这些知识的能力。学生的学习成绩和视野，他们对书籍和科学的热爱，都取决于智力发展的这两个方面是否能够和谐统一。

具备获得知识的能力，这在低年级阶段有着十分重要的意义。校长应该要经常注意到这样一个问题：学生的观察能力、思考能力、阅读能力和写作能力等，它们之间相互状态和关系是怎么样的？在低年级听课和分析课程的时候，应当好好研究和考虑一下，教师为了让学生掌握知识，在课堂上花了多少时间？用于大声朗读的时间是否充裕？有没有被形形色色的谈话所取代？

教师是否检查了学生自己在家的朗读时间？经过多年的观察，我们得出了以下结论：要想获得快速地、形象地、有意识地阅读能力，学生在四年的学习时间中，至少应该完成 200 个小时的阅读，其中，一二年级每天朗读 10 分钟，三四年级每天朗读 15 分钟。教师对于这项工作应该统筹安排时间，而校长则应该对教师如何指导每个学生的阅读工作加以检查。

我和教导主任在听低年级课程的时候，设定了专门的听课目标：听学生们的朗读。与此同时还提出了一项任务：要在一年的时间内，对每一位学生的阅读能力进行评价，了解学生快速阅读能力如何，了解学生课外阅读书目情况等。一个没有掌握阅读能力的学生，很有可能会沦为差生。如果没能在低年级阶段教会学生快速阅读，那么日后他将会在学习中遇到难以克服的重重困难。掌握快速地、形象地、有意识地阅读能力，这是防止产生学习惰性、成绩落后现象的有效途径之一，也是学生通往知识高峰的路径之一。掌握阅读能力后，即便学生不能掌握数学、物理和化学等学科的知识（这里指的是不能掌握某一学科足够分量的知识，以便在这一学科领域发挥才能），即便学生仍然不能像中等生那样解答题目，但是这项能力将为我们未来的劳动者和社会公民们，打开通往丰富精神生活世界的窗户。没能掌握数学知识，不会解答应用题目，我们的学生依旧可以成为一个生活幸福的人。但是，要想生活幸福，不可能不掌握阅读能力。没有掌握阅读技巧的人，是教育涵养不够、道德素养不高的人。

要让学生掌握相当迅速地、清晰地、正确地书写能力，就要在低年级学习阶段中，让学生完成培养书写速度的专门书写练习。在听课和分析课程的过程中，校长不仅要研究学生的学习内容，还要研究每一位学生的学习分量。

思考能力，即通过类比、比较和对比，找出答案的能力，提出问题的能力，具有非常重要的作用。在听课和分析课程的过程中，校长要关注，学生完成了哪些思维任务，以及这些任务是否是在掌握知识的过程中完成的。

到了中、高年级，还有一种能力将显得尤为重要，即自我监督、自我检查的能力。定期听课和分析系列课程，已经为校长提供了充足的素材，可以判断出学生自我监督、自我检查的能力是否得到了适当的、有目的性的训练。

周围环境，这是知识的第一个也是最重要的源泉。教师如何利用这一源泉，决定了学生的智力和能力发展情况。在教学过程中，经验丰富的教师总是将自然界、劳动中和社会生活中的种种现象作为学生思维的主要对象。校长的任务，就是要观察教师是否能够将学生引领到知识的源泉处，让学生观察周围世界，在劳动中与周围世界产生相互作用，学习分析、综合、抽象和概括的逻辑方法。在低年级听课和分析课程的过程中，校长要特别注意，教师是否带领学生在大自然中发展言语能力。

如果教师没有这么做，这就是教学脱离智力训练的危险信号。应当让教师知道，如何在大自然中进行授课，如何教会学生思考。

## 6. 学生学习新课时的智力活动

对于学生智力活动的积极程度做出一个正确的结论，在这里是非常重要的。然而，要想做到这一点，不仅对于校长，即便对于经常上课的教师来说，都并非易事。如果教师讲解新课时，用的是讲述法，即讲解、演讲的方法，那么这种情况下要想做出结论则更是难上加难了。

教师在讲述的过程中，难以判断学生是否接受了新知识内容，他们的智力活动达到了什么样的积极程度。而正是对于这一点，校长和教师都应当有清晰的认知。这里就涉及学生学习新课时，能产生积极性的一个重要条件——保证反馈联系，即在讲述（讲解、演讲）结束前，教师应当了解学生对新课内容的理解情况，以及课堂上讲解的新内容与学生已知的哪些概念、定理是相联系的。

我听着教师们对教材的讲述，从讲述的教材内容本身，就能发现教师是否能够调动学生思维的活跃性，以及他怎样将新内容与学生已知的旧知识联系起来，他提出的问题，是否促使学生运用旧知识来解释新内容，他采取了哪些专门的逻辑方式来引导学生集中注意力。经验丰富的教师从来不会忘记亚里士多德的那句名言："思维始于惊奇。"所以，他们一般先从学生已知的内容讲起，从引导学生产生问题的内容讲起，让鲜明的、情感丰富的问题引发他们产生好奇之心。例如，在植物课上，教师向学生讲解各种现象，让他们知道，在一定的温度、湿度和光照条件下，无机物是能转化成有机物的。对于这一事实，教师要将其作为大自然的奥秘加以揭示，从而激发出学生探索这一奥秘的意愿。而这种意愿，是推动思维发展的巨大动力，也是思维情感的源泉。教师的引导作用在这里尤为重要，他要善于引导学生，让学生积极主动、专心致志，从司空见惯、习以为常中发现未知、探索未解之谜。在实践中，这种智力活动也被称之为智力主动性。

督促学生独立自主完成作业，是学习新课的有机组成部分之一，也是促进学生积极思维的重要方式之一。例如在一个六年级的几何课堂上，学生们在学习斜线在直线上的射影概念。经验丰富的教师会将学习新课的整个过程与学生独立完成作业结合起来，他给学生布置几道习题：作垂线、画斜线、由斜线上的一些点用虚线作直线的垂线，等等。所有这些题目只需要在草稿本上完成，学生在听讲解的过程中就已经消化掌握了。教师在讲解新课的过程中，注意每个学生对于教材内容的掌握程度，会遇到哪些难点。要掌握的内容越复杂越困难，越是需要学生去独立完成作业。

教学的技巧，并不在于，让学生学习和掌握知识的过程变得轻轻松松、毫无困难。相反的是，只有在学生遇到困难并独立解决的时候，智力才能得到发展。教师应该给学生布置任务，让他们聚精会神、专心致志，运用已有知识去认识未知的内容，在达成目标后，他们才能体会到克服困难后的欢欣与喜悦。

在教师的指导下，学生独立研究各类事物和现象，这也是促进智力发展的因素之一。校长在听课和分析课程中，要特别关注，学生的独立钻研活动是如何成为新知识掌握过程的有机组成部分。课堂上学到的定理、公理等知识，原本就是从周围世界的具体事物或现象之间的相互联系中总结归纳出来的，这些事物或现象应当成为学生独立研究的对象。

校长应该要了解，教师是如何将这些事物和现象成为学生独立研究的对象的。教育技巧在这里是多方面的，校长的任务就是要帮助教师千方百计地去发展这些技巧，并将他们的先进经验推广给其他所有教师。这里需要特别注意的是直观教学。真正的教师在使用直观教具的时候，不只是展示作用，为学生形成事物的鲜明概念，而且也是为了让学生进行独立研究。

让学生研究这些事物或现象，可以让他们形成科学的唯物主义世界观，这一点尤为重要，这种独立研究不应该仅仅局限在课堂内。例如，为了让学生独立研究"种子发芽"这一课题，经验丰富的生物教师会给学生布置一系列的作业任务。学生在不同的条件下，比较种子发芽的生命过程，并写下观察笔记。这项工作的意义，不仅在于让学生在认知的道路上迈出了第一步，还有一项特殊的教育目的：在独立研究的过程中，学生会产生很多疑问，能从司空见惯的现象中发现复杂之事，他们为此兴奋不已，进而对事物的本质进行深入地思索。如果没有这种情绪意志的刺激，思维的幼苗就会渐渐枯萎。

学生进行独立研究的对象，可以是图片、插图、流程图、线路图、模型、语言材料（包括词、句）等。教育的技巧就在于，并不是将现成的结论直接告知学生，而是让他们通过自己的思考去得出结论。

对于智力发展有偏差的学生，独立研究周围世界的各类事物和现象，具有十分重要的作用。有必要专门给他们布置一些习题，让他们有时间对这些事物和现象进行深入地思考。

有个别教师刚刚讲解完新内容，就马上转入所谓的"知识巩固"环节：叫学生复述出教师刚刚讲解的内容。当然，叫的都是成绩好的学生。

不应当这样着急叫学生复述，讲解新课之后要留一点时间给学生思考：教室里要保持安静，学生们认真思考教师刚刚讲解的内容。教学内容不同，进行思考的形式也可以多种多样：阅读、列提纲、做流程图、画简笔画，等等。例如在讲解完三角函数的概念之后，可以让学生在草稿本上画一些草图。

一定要专门留出思考的时间给学生，让他们有机会深入思考，有机会聚精会神。并不是所有学生都能快速掌握新课内容，也并不是所有学生都能用同样的方式进行思考，就让每一位学生独立自主地弄懂教师的讲解吧！有些教师会建议学生用不同的形式来思考：图片、插图、流程图、线路图、模型，等等。

教师讲解完之后，个别学生还有些地方没理解，没搞懂，这种情况也是经常有的。而且，学生经常自己也说不清，哪些内容懂了，哪些还没有懂。因而，需要时间和精力来理清思路、自我检查。在经验丰富的教师看来，深入思考上课内容是课堂上最重要的一个阶段。

只有教师的讲述文理通顺、条理清晰、合乎逻辑，学生才能进行积极的思考活动。如果教师本身思路混乱、表述不清，那么势必会导致学生脑中一团乱麻，课堂上 90％的时间就会被白白浪费掉。我会定期将一些教师的部分讲课内容逐字逐句地记录下来，然后再和教师们一起分析，重点关注他们的思维逻辑连贯性，关注学生对讲课内容的接受度，他们理解了哪些，又是如何记忆的。

## 7. 如何发展和巩固学生的知识

在教学的过程中发展和巩固学生的知识，这是教育和教学工作中最重要的问题之一，然后同时也是我们研究最少的问题之一。学生在课堂上了解和领悟的真理、法则、规则、公式等，还不能算是已经牢固掌握的基础性知识。只有等学生在今后的思维活动中，能够自如运用这些知识，将它们当作工具和帮手来掌握新知识时，才能算得上已经牢固掌握了。

在听课和分析课程的过程中，校长应当特别关注，学生是如何运用以前获得的旧知识为工具，来帮助自己掌握新知识的。作为学习这一多维现象的最重要组成部分，在实际工作中，我们将其称为"知识的巩固"。

我们就以五至八年级的语法学习来说，以副动词短语的学习为例。如果教师只是按照大纲规定的课程时间来讲授这项知识，那么学生将永远无法真正掌握。教育的技巧就在于，要让学生在长时间内运用副动词知识。这样就可以将复习旧知识与学习新知识结合起来，也就无须再单独花时间来复习了。经验丰富的教师总是能很好地掌握这项能力，他们从来不需要专门布置家庭作业来让学生复习。例如，一位经验丰富的历史教师，从来不会叫学生在家里复习"国家""阶级斗争""剥削""革命"等这些概念，因为教师在带领学生学习不同时期历史事件的过程中，已经多次重复、强化学习了这些概念。

在语法、数学、物理和化学等课堂上，这些课程中的规则、法则、公式以及其他总结性的知识，都具备实际运用的性质。在这些课堂上，如果不单独花时间复习，就发展和巩固了学生的知识，教师一旦掌握了这项能力，那是十分有益的。在分析课程中，校长要特别注意，教师是如何布置习题，来发展和巩固学生之前学习到的规律、规则、法则、公式及其他总结性知识，学生是如何完成这些习题，是否与学习新课内容相结合。校长之所以要关注这些方面，不只是为了对这节课做评价，而首先是为了提升所有课程的质量。

要想发展和巩固学生的知识，就需要特别注意学生的课外阅读：学生在读哪些书，他们在书籍的海洋中找到了哪些喜爱的杂志和科普书籍？在课堂上学习过的、需要记忆的内容，应当在日后学习新事物和现象的过程中反复思考。发展和巩固知识，就是对事物和现象之间的相互关系有更深入的理解。

## 8. 所有学生都牢固掌握知识，是评价课堂的主要指标

课堂教学效果和教师的工作成果，并不是指个别的学生能正确回答出教师的提问，而是指所有学生都能牢固掌握知识。课堂上经常会出现成绩好的

学生能从容而正确地回答出问题，校长不能被这种大好局面的表象所蒙蔽。校长应当关注，教师是否给学生布置了作业，并要求所有学生都独立、自主地完成。让所有学生无一例外地独立完成作业，这是促使学生保持紧张的智力活动的动力之一。经验丰富的数学、物理、化学和语文课程教师，在布置作业的时候，总是力求让每一位学生都能完全独立地完成。为了达成这一目标，他会布置好几种不同类型的习题。他还会单独留出时间来，让学生去思考和理解，即便成绩最差的学生也能在这段时间内完成作业。他并不急着去提问成绩最好的学生，既然要把全体学生的独立作业成绩当作反映学生智力活动积极性的主要指标，那么这样做确实是毫无意义的。对于那些能迅速完成作业的优秀学生，教师可以给他们布置一些额外的习题，这些习题要有一定难度，让优秀的学生也需要好好思考一番才能解答出来。而对于那些中等生特别是差生，完成作业的过程中，从头至尾都不能指望他人帮忙。在数学、物理、化学和语法等许多课程的课堂上，教师应当少一点讲解，多留一些时间，让学生安安静静、专心致志地思考。

校长和教导主任应当好好了解学生们，尤其是低年级学生们的实际能力和技能。我和教导主任对低年级班级进行了任务划分，一半由校长负责，另一半则由教导主任负责。在整整一学年的听课中，我们主要检查了学生的阅读和书写能力，给每一位学生都打了分数，分析学生的技能掌握状况，并且和教师们一起讨论，如何进一步完善学生技能。我们对学生的阅读和书写能力进行了长达二十年的分析，根据这些分析材料，我们得以对教学过程提出了以下几点结论。

（1）低年级阶段能出色掌握快速阅读和书写技能的学生，到了中、高年级绝不可能成为差生；

（2）越早掌握快速阅读和书写技能的学生，到了中、高年级获得知识的质量就越高，他用于全面发展的可自由支配时间也就越多；

（3）在低年级获得的快速书写技能，越能牢固掌握的学生，到了中、高年级后，就越能掌握较高的读写水平；

（4）如果学生在低年级结束时，还没能牢固掌握快速阅读技能，那么等到了五至八年级，他就只能靠死记硬背来获取知识，他的智力发展会变得迟钝缓慢。

这些结论让我们相信，对学生实际能力和技能的具体分析，是领导教育教学过程中的一个至关重要因素。

这里还应该对智力发展有偏差的学生进行特别地关注。在听课和分析课程的时候，我常常关注的是，为了让学生逐渐掌握发现能力、观察能力、探索能力，教师们做了哪些努力。

## 9. 应该怎么布置家庭作业

如果教师在下课前最后一分钟才布置家庭作业，只是告诉学生们习题在教科书上的哪一页、哪一段、第几题，那么就别指望学生能高质量地完成。这种布置作业的方式，只能说明教师的教育素养低下。多年的观察表明，学生在课外独立完成家庭作业和独立钻研的能力是参差不齐的：一些学生遥遥领先，另一些学生则远远落后。校长要和全体教师一起，对布置家庭作业这个问题进行讨论，总结出有益的经验，以提高教师在这一方面的教育素养。

校长应努力避免的是，教师认为家庭作业与课堂作业相比，不过只是在数量上的追加。恰恰相反，家庭作业应该帮助学生进一步发展和巩固知识，完善学习技能，为掌握课堂所学知识做准备。还应该让学生在课外去观察大自然和社会现象，发展学生个人的爱好和多方面的智力需求。

教师在布置学生阅读教科书中的课文时，要同时给学生布置一些问题，让他们一边阅读一边思考。实践性作业，比如各类习题、简图等，应该与知识的运用、巩固结合起来。因而，教师在布置作业的时候，还要告诉学生，如何把学习过的理论知识与完成实践作业结合起来。重要的是，要让学生在课堂上就先完成一些类似的习题。

分析、研究、比较——这些积极思维活动的表现形式，应当贯穿家庭作业的始终，这样才能让学生把阅读、观察和劳动结合起来。

给学生布置家庭作业，要特别重视个性化的需求。如果教师没能按照学生的个性特点布置相应的作业，那么只能说明教师没能好好研究每个学生的能力。通过对学生智力活动的研究，教师会发现，有些学生遗忘速度特别快。知识的遗忘，特别是技能的遗忘，是经验丰富的教师应当特别注意的问题。每个班总归有那么两三个学生，需要定期给他们布置一些作业，专门防止他们遗忘了知识。在听课和分析课程中，校长要特别关注，教师是否忽略了实践工作这一重要问题。教导主任要经常和所有任课教师专题讨论以下问题：布置什么样的家庭作业，才能防止学生遗忘知识，学生课业负担是否过重等。

## 10. 在分析课程的环节中做好总结

校长在分析课程的过程中，会逐渐发现教育教学工作中的一些重要规律。对这些规律的理解，反映在教育教学的具体方法和方式上，反映在全体教师的教育信念中，又在优秀教师的经验中得以发展，不断完善和提高着年轻教师的教育技巧。多年的经验表明，在分析课程的环节中，要对实际材料做好总结，整理成教育教学工作报告。最近五年来，校长在校务委员会的会议上做了以下报告：学生在课堂上如何掌握数学概念和语法概念；讲解新课过程中的逻辑性；学生在课堂上如何掌握知识；知识的发展与巩固；知识与实用技能；将知识的运用作为发展和巩固知识的重要途径；学生在课堂上的独立智力活动；课堂上的时间分配问题；在检查家庭作业的过程中进一步发展和巩固学生知识；在讲解新课的过程中检验学生的知识掌握情况；掌握知识的技能；对大自然中各种现象和事物的观察；如何教会学生思考；思维发展迟缓学生的智力活动；课外智力活动的特点；课堂上的理解和识记；教育和教学的统一；等等。

校长与教师的个别谈话，作用十分显著，而在我看来，通过报告的形式总结教育教学规律，所起的作用更为显著。通过对这些报告的讨论，大家热烈交流、开展辩论，所有这一切都促进着教师集体信念的形成，提高教师的教育技巧，启发教师进行创造性探索。

# 第八次谈话　学年总结工作

○ 教育的本质就是让人努力去表现自己，表现出自己的优点。从自己身上发现闪光点，这是人的高尚志向，善于发展这种志向是多么重要啊！

在做了几年校长工作，分析了不下上千节课程之后，我才开始明白：上一堂好课，并不是说教师按照事先准备好的教案，逐字逐句地把内容搬到课堂上来。一名好教师，也并不会在教案制订好之后，就囿于其中不敢越雷池半步。在我们的教育工作中，没有计划和安排是万万不行的，然而即便是一堂好课，教师也只能事先在脑海中勾勒出其大致的框架，真正的好课只能诞生在课堂中。作为一名好教师，他应当善于把握课堂发展的内在逻辑，洞悉学生智力活动的细微变化，以便对课程计划做及时相应地调整。有一说一，即便再优秀的教师，也无法对课堂上的每一个细枝末节做出预判。但这并不代表他是在盲目工作，而恰恰说明，他了解什么样才算是一堂好课。那么，我们为什么需要几年工作之后，才能参透这个真理呢？下面我们就来探讨这个问题。

## 1. 学年总结工作为何是必要的？

教育过程中的各类现象，比其他任何方面的现象，都有着更复杂、更多维的相互联系。在我看来，这些联系有着独属于教育过程的特点：每一种具体现象，每一个具体事物，表面看起来似乎是互不关联的，实际上却有着千丝万缕的联系，从这些联系中，我们可以得出一般性的结论来。所以，对于教育过程中的每一种现象或事物，我们都应当从不同的角度多加考察，有意识地将它与教育过程中的其他方面、其他因素和组成部分联系起来，加以对比考虑。

我曾经看到过一个六年级学生在学校图书馆里挑选课外阅读用书，他对有趣的文学作品视若无睹，也完全不关注那些新鲜出炉的、介绍优秀作家创作的画册，却在物理科普书籍的书架前停了下来，拿起一本介绍基本粒子的书，眼睛里闪耀着求知的火苗。我看了看这位少年的借书卡，发现他借阅的都是科普读物，而且主要是介绍物理学科最新成就的书籍。

这一现象与其他一些现象、一些总结性论断有着千丝万缕的联系。从这一现象可以看出来，物理课教师非常善于组织课堂教学，在他的讲课过程中，包含了一种推动力，能激发学生去阅读大纲以外的内容。对此，我已经掌握了一些事实材料和总结性想法，但还需要从这个角度入手，对他的课进行更仔细地考察：这位物理教师是通过什么样无形的线索，将学生从必修教材引导至课外读物呢？怎么样才能把他的成功经验推广给其他教师呢？阅读大纲范围以外的书籍，对学生的智力活动会产生什么影响呢？这个学生是怎么学习课本的？课外阅读对于青少年的天赋、爱好和志向的培养以及自我培养，有多大影响？学生偏爱某一学科，对其他学科的成绩有何影响？喜爱阅读科普书籍的学生，在课外是如何进行智力活动的？

对此，我已经得出了一些初步性的结论，大致可以表明：对于不局限于课本学习的学生来说，他们的智力活动由以下两个部分构成：（1）课堂学习；（2）课外书籍阅读，不要求熟记和背诵。初步的数据资料显示，第二个部分，即学生课外书籍阅读得越多，学生的课堂学习就会越容易。当然，这只是一个初步的看法，还需要进一步的验证。一位真正的教育大师，他关心的是"后勤保障"——如果可以这样表述的话，换言之，即为学生的学习创造一个广阔的智力环境。在这位物理教师的课堂上，我看到了这种教学技巧的特点，但当时没有进行深入思考，现在才发觉很有必要对这些特点好好关注研究。我们要思考这样一个问题：真正的教育大师是怎么样为自己的学科创造智力环境的？

还应该单纯地从学校图书馆工作的角度来思考这些问题：学校图书馆工作，尤其是图书宣传工作，该如何在课堂教学中体现出来？学校的图书管理员对课堂教育和教学的内容应当有哪些了解？沉迷于阅读物理书籍却对文学作品丝毫不感兴趣，这种令人担忧的状况是怎么形成的？对某一学科的过分迷恋，是否会产生片面发展的危险性？这样来看，从某种意义上来说，同一个班级的所有任课教师，是在开展一场吸引学生兴趣的竞赛，这是一个非常有趣且值得深思的问题。如何才能做到让学生的智力在科学性和文艺性两方面和谐地发展呢？

无意中注意到一位借书的少年，就引发了我以上这一系列思考。世界上没有比人更复杂的了，因此，您作为一校之长，应当经常性地、有意识地发展自己的这种能力：善于发现各种现象之间联系的能力，善于总结概括的能力。那么请您准备一个专门的笔记本，不是那种偶尔用来记事的活页本，而是结实耐用又不失美观，可以保存多年的笔记本。请在这个本子上记录下您所观察到的所有现象吧！

这些一手的资料可以好好用来研究，同时，也可用来对教育过程进行严密分析。您不仅要将那些一眼就能发现的事物记录下来，您首先要记录的，是那些经过仔细观察才能发现的事物。您要学会观察，学会发现，找出各种事物和现象之间错综复杂的关系。比如说，您去听一堂音乐课，注意到个别学生根本无法感知韵律之美。那么您就应当想一想，这个班级的学生里，有多少人家里有乐器？对此，您要收集数据，并进行分析。您会发现，学生只有从小生活在有音乐氛围的环境中，才算得上接受了真正的音乐教育。

作为一校之长，您一旦踏进了学校的门槛，就要以仔细的、敏锐的眼光去观察一切，一切与劳动、热爱劳动相关的，一切与懒散、自由散漫相关的现象。对于学生参加劳动、热爱劳动的情况，您要多加思考，并在笔记本上留出专门的地方加以记录。您要善于观察学生劳动生活、学习态度、知识掌握之间细微的、相互的关系。

我强烈建议您，要善于发现以下这些现象之间的相互关系：教师的工作和学生的知识；课堂教学与其他多种多样的教育、教学组织形式；课堂教学艺术与创造性教学活动；书本和学生的智力活动；师生思想的一致性和教师的人格对学生理想、情感的教育影响；等等。要知道，您作为学校的主要教育者，作为"教师之师"，听课和分析课程只是您广阔工作领域中的一隅之地。

《共青团真理报》上曾经刊发了一篇文章，这是一位经验丰富的教师撰写的，文章指出：在很多学校里，教师是不欢迎校长和教导主任去听课的。校长一旦去听课，教师就会专门为校长来上这节课。令人遗憾的是，这些都是事实，真是令人苦恼的事实。为什么会出现这种状况呢？出现这种状况，就在于有些校长在分析课程中，错认为课堂教学是囊括一切的，而学生的知识掌握只取决于教师的课堂教学。对于这种有些武断的结论，每一位有自尊心的教师都会从内心深处感到抗拒。教师那种"为了校长（或督导）来上课"的做法，其实就是这种抗拒态度的委婉表达。如果教师了解到（依靠自身经验感受到），校长能够发现并理解学生的知识掌握情况取决于学校、家庭、社会等多方面的复杂因素，校长能够以这种理解为指导思想来分析教师的工作，那么，教师在课堂上就会表现自如，按照原先计划展开教学工作，也就不会产生"为了校长来上课"的想法，同时也不会把校长只看成是监督者。

领导学校教育工作的逻辑性在于，我们必须经常性地将现在、过去和将来联系起来分析，否则就无从开展工作。我们要有预见能力，而这首先就是要善于回顾过往走过的路，分析调查，得出当前成绩和不足的原因。我想给青年校长们一些建议：你们要善于回顾过往，善于对已经做过的工作进行思考，这些是学校宝贵的精神财富。我面前摆放着最近二十年来的学校工作计划、每周课外活动计划，还有十年前的一年级学生的书面作业。我把这些作业和现在的学生作业进行比较，因为这些都是学生的劳动成果。这些书面的总结、书面作业和计划，值得我们精心保护并给予尊重。有些人错误地认为，这些不过是一堆废纸。令人十分遗憾的是，有些学校甚至连最近五年、十年的资料都没能保存下来。

一学年快结束了，您需要花上几个小时的时间看看自己做的笔记，这其中既有您听课和分析课程时做的笔记，也有您对教育教学问题的一些思考。您要仔细想一想，学生的知识与教师集体丰富的精神生活的关系；您要仔细想一想，作为学校领导者，您要怎么样才能成为教师进行创造性工作的激励者和灵魂人物。

学生的书面作业，尤其是作文，是学校的重要资料，我们面前摆放着最近二十年来低年级学生写的童话故事。对这些学生作业进行分析、比较，我们可以看清学生思维发展这个复杂而又长期的过程。我们可以得出一个结论，学生的思维发展受到了在大自然中进行的活动、课外阅读等因素的影响。

我们如果能经常性地回顾过往，对自己的工作进行分析，就能避免学校工作中出现的一些悲剧事件和意外状况。您知道的，比如这些事：突然发现，万尼亚到了六年级，还不会解应用题，给他五年级的题目，他还是不会，四年级的甚至是三年级的，结果也都一样。那么，这个万尼亚是从哪儿冒出来的？我们这些教师当时都干吗去了？怎么会在眼皮底下任他什么也没学会？于是所有人开始围绕万尼亚忙碌起来：个别辅导，额外布置作业。为什么我们猛然之间发现了万尼亚呢？难道之前没人发现他，也没人知道他的弱点？不，大家都知道，也都发现了，只是没有人愿意去对万尼亚的事情做个总结而已。早在万尼亚上一年级或者二年级的时候，就应该能够发现，他既不会审题，也不会从具体的数量关系中列出算式来……我们要善于从每一个教育现象中看出其背后的实质，这样才不会出现意外状况。

分析、概括和运用能力，正是领导学校教育工作的本质所在。在领导学校的工作中，这些能力每天都需要用到。而当教育和教学工作进入一定阶段的时候，这些能力就显得尤为重要了，这些阶段包括：

（1）学年结束；

（2）低年级教学工作结束；

（3）一门学科教学工作结束；

（4）班级的领导教育工作结束；

（5）一年级到十年级的教育和教学工作周期。

这项分析工作是非常有意思的。我们每年都会将应届毕业生和往届毕业生进行比较，然后得出结论：我们要送入社会的年轻人们，在智育、德育、美育等方面具备哪些新特征？我们的工作取得了哪些新成就？我们还得出了一个很有意思的结论：我们要回顾的工作离现在越久远，全体教师就越能往前看，对自己的任务目标就越清晰，也就越能理解和体会到，个人的工作与每一位同事、与整个集体的工作密切相关。

为了能够自觉地对十年间的工作进行回顾，就需要对工作进行科学地分析。每一年有学生进入一年级，我都会特意为他们写教育日志。对这个班集体采取的各类教育措施，都记入这个本子里。如果将教书育人比喻为栽种果树的话，那么，这些笔记就记录了栽种者对幼苗的每一次培土照顾，从栽种伊始到开花结果。

我们的果实，就是我们所教育的学生拥有良好的道德面貌、理想、劳动和品行。

总结工作，这是一个很广泛的概念。对于校长来说，这是一个非常有意思的话题。如果您能认真地思考 A. C. 马卡连柯关于如何"培养人"的问题，那将是非常有益的。顺便说一下，在我们日常的教育工作中，面对具体问题要具体分析，而不是机械地照搬 A. C. 马卡连柯的某些教育方式，才是对这位杰出教育家的教育理念进行创造性地实践。如果您再对我们的工作深入思考一下，就会发现"培养人"正是理论与实践相结合的最主要领域。

不偏题了，我们现在的话题是如何做学年总结。学年结束是教育和教学过程中最重要的阶段之一，更确切地说，与其他时期相比，这一时期的教师和学生，其精神生活的性质、内容和形式，都发生着剧烈的改变。这一时期，校长和教师也有了思考的时间，这一点也是相当重要的。学校党组织也应该在学年总结中发挥积极的作用。

学年结束，这对于学生和教师来说，都是攀登途中的一个重要台阶。学年结束之时，我总是要对听课笔记进行一番分析，给每一位教师问诊把脉：他的精神财富是如何提升的？这一点是最主要的。

## 2. 总结工作的本质及技巧

我想再次提醒各位校长同行们，一定要备一个笔记本，如果您想严肃认真地对待自己的工作，那么您就要一年年地保存好笔记本，尊重这个笔记本，也就是尊重您的自身工作。实际上，这是一本教育日志，同时也是您对教育教学过程进行一个长期分析和总结的准备工作。任何一种引起您注意的、甚至只是令您产生模糊想法的事实，您都要一一记录到笔记本中。积累教育事实，善于从具体现象中总结共性规律，这是一种智力基础，有了这个基础，您就一定能有恍然大悟的一刻，长久以来的不解之谜，将会在某个时刻突然间真相大白。

大概二十年前，我在一堂七年级的文学阅读课上听了两位学生的朗读。他们的朗读单调乏味，毫无表现力，而且我还感觉到，他们朗读的时候很紧张，似乎朗读是一件十分困难的事。对于他们来说，眼前这些词语似乎组成了一个复杂的迷宫，他们需要在黑暗中摸索，越过重重障碍。我不禁陷入了沉思，他们为什么会这样来朗读？他们领会了所读文章的意思吗？我把这些疑问写进了笔记本里，并一直为之焦虑不安。后来我又去了那个班级，听了好几次文学阅读课，发现了一些令人百思不得其解的现象。

原来，这两个学生不能同时通过视觉和思维感知一个以上的单词。他们不能同时感知几个单词，特别是一个长句中的完整逻辑部分，对于他们来说更是无法胜任的任务。我们和语文教师整整花了一年的时间，想尽办法来提高学生的阅读水平，然而最终却一无所获。可以毫不夸张地说，最奇怪的、最不能胜任的、最让人惊讶的事情才刚刚开始。通过对这些青少年的言语研究，我进一步确认，他们早在三四年级的时候，就已经出现了不会阅读的情况，而这严重阻碍了学生的思维发展。

我们将这种令人遗憾的现象称为"思维混乱"，它会表现为想法混乱、毫无章法，行为举止都趋于低龄幼稚化：人们很难理解，这些学生想表达什么，他的思路从哪里开始，又会在哪里结束。他开始表述的时候，总是表现得万分紧张，费尽憋出几个单词后，又好像突然忘记了自己要讲什么，思路断了，也想不起来教师提的问题是什么了。在六七年级也同样找到几个情况类似的学生，他们每读一个单词，都要费尽九牛二虎之力。我将这些情况都记录在笔记本上，这些简短的记录让我对青少年智力发展的很多复杂问题进行了深入而持续的思考。这些思考让我得出了一个结论，让人不禁眼前一亮：不会阅读并不是智力发展不正常的结果，恰恰相反，是不会阅读妨碍了抽象思维的发展。

我们对三百多名青少年和成年人的智力活动情况进行了观察研究，这些都是在小学阶段没能牢固掌握流利阅读技能的人。我们希望能营造类似于小学的正常而完善的学习环境，重新培养他们的阅读技能，然后没有一例能取得成功。

所有这些研究工作，都是从观察到一个不起眼的事实开始的。全体教师们发现，智力发展、大脑思维过程，与日常的阅读、智力训练等，有着极其微妙的依存关系。我们教师对每一位学生的命运都负有重大的责任：他的阅读能力，决定了他的智力发展水平。教育上的"半成品"会导致严重的后果，因而，每位教师都开始在日常教学中高度关注学生的阅读水平。我们意识到，阅读不单单是一项基本技能，它其实是一个复杂的智力活动过程。我们希望，不让任何一个学生停留在只能理解一个单词的阅读水平上，否则后果不堪设想。那种一个单词一个单词阅读的学生，必然会在学习中遇到不可克服的困难，实际上，他是不可能进行正常学习的。在我们国家的校园中，有成千上万个后进生、差生、留级生，一般来说，这些都是没有掌握阅读技能的学生。很多情况下，教师都会认为他们的智力发展有偏差，而实际上，他们的智力发展偏差并非原因，而是结果。

我们开始对学生的阅读技能进行精雕细琢般地培养：教学生从以音节为单位进行阅读，逐渐过渡到部分句子单位和完整句子阅读。这个过渡是一条分界线，我们要培养和引导学生跨越这条分界线。关于这个问题，教育心理学研究颇多，Н. А. 列昂捷夫、Г. С. 科斯丘克、П. И. 津琴科等均有这方面问题的专门著作。依靠这些研究成果，我们争取能让学生在学习中发展智力。我们全体教师深信，离开家长的帮助，这项工作是无法达成的。智力训练不能局限于课堂之内，还应该在家里，在学生独立阅读的过程中。

这就又出现一个新问题，即家长的心理素养，这也正是我们全体教师正在研究的问题，我们需要逐渐地、一步步地引导家长们走入心理认知的世界。我校的心理学委员会曾经召开过一次会议，邀请了六年级的学生家长一起参加。我们讲解了学生在阅读过程中，大脑中发生了怎样复杂的活动。我们还给家长们提供了一些意见和建议：如何辅导孩子完成家庭作业，如何让阅读成为智力发展的一种手段。

教育总结工作的路径大致如此：从初步的观察、三言两语的简短笔记，逐步扩展到教育集体广泛的研究工作，逐步深入研究学生思维活动的过程实质。以上我举的例子，在学校教育的领导和总结工作中，都是非常具有典型性的。从收集事实、分析事实、研究事实，到做出总结性的、抽象性的结论，这样的一条路径，学校领导应当每天都走一遍。

对笔记本上记录的内容进行思考加工，是我对一天工作的总结。在我的笔记本中有一个专栏，专门记录我的总结和结论。这种记录并不是很多，也不是每天都有的。等到了一周结束的时候，我就对这一周内听的所有课进行思考，从纷繁复杂的事实中抽离出来，而只关注最重要的内容。以下就是我在某一周结束时，在笔记本上写下的几点结论。

（1）师生智力活动的一致性。教育过程中蕴含的技巧就在于，要让学生的思维过程反映在他们的作业形式中，这样的话，教师就能依据学生的外在表现，考察学生的思维过程，判断他们遇到的困难。如果教师要等到下课后，才能了解到学生哪些弄懂了，哪些没弄懂，那么这样的工作就是盲目的。

（2）不能过度追求直观性教学。对于学生早就熟知的事物，千万不要进行直观性教学，这会妨碍学生抽象思维的发展。教师带着一只猫进课堂教学，并不能帮助学生对猫产生更多的了解。如果您真的想讲解关于猫的新知识，您就需要好好想想其他办法。

（3）学生的注意力，不是靠专门的教学方式就能培养出来的，首先是要取决于智力活动的性质。目标清晰、思维专注——这是注意力的主要源泉。要尽量使思维和意志达成一致。

（4）在低年级，尤其是在一年级，学生注意力集中片刻就会迅速疲劳。不能让低年级学生长时间处于大脑紧张的状态，这是一个系统性的问题：要设计一些习题，让学生在完成的时候轻松自如。

（5）记忆负担过重，这是导致智力衰退的原因之一。记忆力是极其娇嫩而细腻的东西，需要我们小心翼翼地对待。有一些思想和词组是特别难记的，孩子们不能承受过重的记忆压力。您一旦发现他们有疲累的症状，就要赶紧变换方式，让学生进行不需要有意识的识记活动。

以上这些笔记，就是我进行学年总结的材料。按照同样的原则，我在一周结束时，将那些从日常工作中总结出来的想法写在笔记本上，主要包括：检查教师的课堂教案、学生的书面作业、班级杂志；对一些复杂的教育现象进行观察，尤其是教师和学生之间、不同班级之间、不同年龄之间的精神交流现象，等等。以下是我在某一周结束后记录的。

（1）真正的教育大师不会把教材提纲写进课堂教案里的。所有的知识都已经储备在他自己的大脑中，课堂教案是对教材的一种加工。这里有一个有趣的细节：如果教师过度依赖大纲，如果他费尽力气挤出几个单词来，那么学生就听不懂教师的讲解，脑子里就会一团糨糊。

（2）课题计划是否有必要？课题计划，即按课题制订授课计划，这在当下十分流行，我们需要对这个问题好好思考一番。至于五节课、十节课之后，到什么阶段将进行谈话或者让学生进行独立作业，教师能够预测出这些问题吗？一名好教师，好就好在他是按照课程的内在逻辑来进行授课的，毕竟，上课首要面对的是活生生的孩子们。适合六年级 A 班的计划，不一定适用于六年级 B 班，因为在不同的班级里，有着完全不一样的孩子。一名好的教师并不一定能准确预见到课堂上每个细节，但是，他能够在课堂过程中善于找出专属于这堂课的有用细节。

我再举几个关于教育工作的每周总结。

（1）集体对个人的教育影响应当是细致入微的。不能让学生，尤其是少年朋友们感觉，教师是在专门"教育"他，教师是为了"杀鸡儆猴"。我认为，这是我们在处理集体与个人的关系中，最不愿意看到的一种现象了。这会导致学生对自己的命运抱有冷漠无谓、漠不关心的态度，不能让学生觉得自己是实验品小白兔。

（2）一位少先队女辅导员教师去参加了区里一所中学的研讨会，回来对我们说：那里举办了一个以道德教育为主题的展示型辩论会。七年级学生们在一起辩论，而二十位辅导员则在一旁研究"教育过程"。为什么要这样做呢？难道学生们的心灵可以打开来进行展示吗？这样教育不会导致孩子们变得虚伪吗？

（3）在一所八年制学校里，有四个延长学习时间的班级。学生们跟我们讲了一些奇怪的事情：所有学生在课后都要继续留在班里，无一例外，谁也不准回家。下课铃响后，班级门口会站着一位值班老师，学生只有把书本留在班级，才能出门。学生们就想出了一个好点子：他们先把书包从气窗口扔出去，然后再自己空手走出教室。学校发现这一现象后，又下了一道命令：窗口也派教师值守。我原本以为，这只是一个玩笑，后来发现原来都是真实的事件。下届区党委全体会议的时候，需要好好讨论下这个问题。这些延长学习时间班级以及教师们采取的教育方法，都值得我们多加思考。

（4）米佳，是一位个子不高、黑眼睛的五年级小男生，我对他已经持续观察了半年的时间。学习对于他来说，是一件难上加难的事情。有一次，他的作文得了"4分"，我那次正好在他们五年级班级听课，和米佳坐在一起，不知道为什么他是一个人单独坐，没有同桌，我还帮他造了两个句子。后来那篇作文写得挺好的，女教师在办公室批改作文时，还表扬了米佳。于是，我特意去听了下一节课，想看看米佳听到表扬会有什么样的反应。可惜的是，不知道为什么教师没有在全班同学面前表扬米佳。即便没有得到表扬，米佳依旧很高兴，他写起来多努力啊！听课也极其认真。一天之后，我去参加了一个少年植物栽培学家课外小组活动，有可能只是我的感觉，但也有可能是我脑子里蹦出的一个想法：在俄语课堂上，米佳心中被点燃的欢乐之火，到现在还没有熄灭。米佳十分努力地将自己的一块天地维护得漂漂亮亮。我一边看着他的作业一边想：也许，教育的本质就是让人努力去表现自己，表现出自己的优点。从自己身上发现闪光点，这是人的高尚志向，善于发展这种志向是多么重要啊！教育工作者长久以来苦苦追寻的学生自我教育的强大动力，不正是在此处吗？在心理学研讨会上需要讨论这个问题：人的表现。康•季•乌申斯基就使用过这个术语：人的表现。怎么样才能让人努力表现出自己的优点呢？我坚信，一个人想表现自己优点的意愿越强烈、越真诚，他内心的自我约束力就越高，也就越不会容忍自己身上的缺点。我们要好好想一想，一个人不仅要在分数和课程学习上表现自己，还要在其他领域也学会表现自己。对于米佳同学来说，在学习上（更确切地说，只是在学习上）表现自己已经很困难了。他还要在其他方面也学会表现自己。而像米佳这样的学生，大有人在。

（5）一位女教师向学生们允诺：如果星期六天气好的话，他们就去森林里玩。等到了星期六，是个阳光灿烂的好天气，可是他们并没有去森林里。我看到泪花在孩子们的眼睛里打转转，孩子们不仅仅是想去游玩一次，他们对这次出行抱有热切的期待之情。对于孩子们的失望之情，女教师采取了冷漠无视的态度。为什么要给孩子们带来痛苦呢？这样会导致学生们不仅对教师失去了信任，还会对真话失去了信任。孩子们的期待心情就像火花一样，需要我们好好保护珍惜。

（6）科里亚的成绩不好。班主任决定对他采取"强有力"的手段：星期六的时候，班主任把科里亚喊到黑板前，强迫他讲一讲学习成绩差的原因。小男孩羞愧不已，脸色苍白，一言不发，一动不动地站在黑板前，教师一筹莫展。后来了解到，科里亚的家庭情况不是很好：父母总是在吵架，弄得小男孩有时整夜都睡不好。作为一名教育者，需要怎样的洞察力和敏锐感知力，才能不会粗鲁地伤害儿童，才能不会给儿童的心灵带来新的伤痛？不公正会引发儿童心中的怨恨。

从第三学季末开始，我就着手准备校务委员会的总结报告。我们一般在8月27—28号，即全区教师会议之后举行总结报告会，因为这个时候已经排出课表了。多年的经验表明：如果您想成为一名真正的学校领导者，您就不能委托其他任何人——包括教导主任或者教师，去作这个总结报告。如果您把这件事委托给其他人，自己袖手旁观，那么您就会对此事"一无所知"。如果年复一年这样下去，您就会变成一个多余人。在有些学校，总结报告是用教师们的汇报材料和工作总结七拼八凑出来的，这样的话，还谈什么领导素养呢？

如果校长作的报告是这样七拼八凑出来的，这就好比是大型企业的领导人被蒙上了双眼之后，在各个车间巡察了一整天，最后别人带他来到一个完全陌生的角落里，帮他取下蒙在眼睛上的布，然后问他："猜一猜，现在在哪里？"说来惭愧，不少学校的领导人宣读的，就是由别人代写的教育教学工作总结报告。

在教育教学工作中，党、团和工会组织可以发挥巨大的作用。教师集体的任务，就在于进行思考和讨论，提出想法，付诸实践。不要用写总结报告来占用他们的时间。学校工作、教育学习工作，比其他任何领域的工作都更加需要智慧的总结。而这样的总结工作应当是建立在集体智慧的基础之上的。在准备总结报告的过程中，我不断查阅党员、团员在各类党团会议上的发言记录，教师在校务委员会上、心理学研讨会上的发言记录等。这些发言，连同我的教育日志，其实都是集体思想的结晶。我这样说一定是没问题的：校长作为一名组织者，他的作用就是要善于倾听集体的声音，捕捉微小的新生事物，善于从看起来最微不足道的事实中作出概括。

考试和考试结束后的时期，是准备学年总结报告最紧张的时候，在这段时间里，我会把所有的结论、总结、建议与实际结果、数字和百分比进行对比。多年以来，人们对这些评价都很反感，我对此是不能理解的。我们不能不考虑学校教育工作的实际水平，就下结论说用数据、百分比是好事还是坏事。如果学校教育工作的水平很高，那么评百分比就是有必要的、有价值的。如果学校教育工作是无知盲目的，那么评百分比就只会沦为弄虚作假的方式，还会在师生的心灵中埋下虚伪的种子。

我们尊重分数、尊重百分比，因为这是最可靠的总结材料。例如，我每年都要检查每一位学生的阅读情况，还会分别在第一学季末和第三学季末给学生们打分。而对于那些学习最困难的学生，我会到第四学季末的时候再给他们打分，这是一年中最后一次评分。如果我发现，有 73％以上的学生都得到了"4分"和"5分"，那么这个数据能说明很多问题。我同时还发现，如果上一学年结束时，五到八年级的学生们当中，有 5％—6％的学生不会流利地阅读，而到了本学年结束时，这一比例降到了 3％，而且其中没有一位是八年级学生。这说明已经取得了巨大的进步，但危险性依然存在。全体教师还要多多努力，才能让学生们学会在阅读中把握住句子成分和整个句子的意思。如果这 3％的学生仍然没能学会流利地阅读，这就意味着到了七八年级还会有六七名学生，智力得不到正常发展，也就不能顺利地掌握知识。

如果没有统计数据的分析，不通过数据来检验结论和总结，就无从衡量领导教育工作的水准。不尊重评分，实在是不应该的。对教育的真正领导是建立在总结性的教育结论上的，如果没有这些评分数据的支撑，也就无从评判结论的正确与否。

我校低年级的每一位教师和所有年级的语文教师，都给学生规定了应当掌握的基本词汇量，这些词必须牢牢掌握住，书写的时候不能出一点差错。学生的所有独立作业，也都要服从于掌握基本词汇量这个任务。等到学年结束的时候，通过对学生平时测验和考试成绩的数据分析，就可以对这个体系的结论作进一步的完善。统计数据表明，哪些类型的练习和书面作业，最能帮助学生牢固掌握基本词汇量。

暑假期间，我们对将要入学一年级的学生进行开学前的准备工作。这项工作首先是要研究学生，我和老师们带领学生到大自然中去，到思想和语言的源泉中去。这是我们整个智育体系中一项非常重要的内容。与此同时，我对几年前接受过这种专门训练的学生进行研究，研究能够反映学生知识和智力发展水平的书面作业和统计数据。这是一项很有意思的分析工作，每一个数据对于我们教师而言，都意义重大。

准备在校务委员会的总结会议上作的报告，一直在新学期开始前还在不停填充新思想。这个报告既是对上一学年的总结，也是对新一学年的展望。报告的篇幅一般在 40—45 页左右。最近几年并没有人要求我们写出书面的工作报告，但我们还是照旧写出报告，因为没有报告的指导，我们无法开展工作。

年度总结报告需要具有前瞻性、目标性。理论性总结不能空有华丽的词藻，而要成为领导工作的工具，要反映出全体教师的教育观念和信念，这种总结与实际工作有着千丝万缕的联系。如果各项理论性总结都是经过深思熟虑过的、经过充分论证过的，如果教师们将其看成是自己的劳动、探索和思考的成果，而非外界强加的，那么这种理论总结才能与实际工作联系得更紧密更牢固。

如果教师没能实现从具体事实向理论性总结、再从理论性总结向具体事实转化的逻辑，那么也就不可能实现对教育和教学过程的具体的、有实效的领导。教师参与到集体领导工作中，就体现在他们能够深刻领会到从具体到一般、从一般再回到具体的道理。我认为，集体领导的实质就是深刻理解教育教学日常工作中的各类事实，并善于从那些看起来微不足道的事实背后发现重要的教育现象。

## 3. 智力活动应当是我们分析的中心

每一所学校都有自己的面貌特点。首先在于，学校中的教师都形成了自己的一般性教育观念和信念，有他们自己达成总目标（让学生牢固掌握知识）

的途径，也有各自遇到的障碍和绊脚石。正是这些有个性的、有特点的方面，应当在教育工作的总结报告中，在学年的计划中有所体现。没有哪两所学校的工作计划和总结报告是一模一样的，正如不可能存在两滴一模一样的水珠。刻板化和公式化，正如铁锈一般腐蚀着教育过程的精细肌理，这是极具危害的现象之一。

经常会出现这样的情况：某位经验丰富的教师按照课题计划授课，并取得了不错的效果，于是校长和区教育局的督导员们，就开始要求所有教师们不仅要写课堂教案，还要写课题计划。这种要求会导致什么样的结果呢？只会导致刻板化、公式化，教师们不得不在缺少数据、无法预见的情况下去制订计划。上课，首先要面对的是一个个具体的学生。例如，教师准备明天给五年级学生讲解百分数的初步概念。那么他在备课的时候，如果只考虑如何讲解百分数，而不去设想课堂上那一张张鲜活的面孔，他的眼前没有出现聪明伶俐的米沙和反应迟缓的科里亚的形象，那么，他的备课只是停留在抽象的理论思考层面。如果教师不了解自己学生的情况，不了解什么人要来听他的课，那么他是没法备好课的。公式化的课题计划往往会变成死板的模式，首先是因为教育工作是鲜活生动的，原先是正确的、必要的事情，可能十分钟后就需要进行创造性的修正和调整。当然，我们对死板模式的批评，并不意味着我们在教育工作中无法预见五节课或者十节课之后将会发生的情况。否则，一切教学大纲都毫无意义，学校中的教育教学工作也就完全变成自发性的行为。但是，我们能预见的，是达成教育教学目标的一般路径，而不是具体细节。每一节课都有不同的细节，它们互相之间的联系是极其复杂极其多变的。

我在这里稍微偏离一点话题，就是想强调教育分析的具体性。我们教师集体年复一年对这一系列问题进行研究，这些问题在实际中解决得怎么样了，哪些已经解决了，哪些尚待解决——这正是总结分析中要讲的内容。

我们将智力活动情况放在总结分析的中心位置，智力活动不仅指学生的，还包括教师的。我们全体教师一直在研究并在学年教育分析中讨论的一个重要问题，就是教师的思维素养问题。总结了校园生活这一细微领域的众多事实后，我在学年总结的笔记本上也对此做了分析和记录。分析这些笔记，并对一些成功的课和失败的课进行对比后，我认为教师的思维素养问题应该表现在以下方面：在学习新教材的过程中，教师就应当发现并了解，学生的智力活动是怎样进行的？学生对教师的讲解接受程度如何？学生在理解的过程中遇到了哪些困难？等等。

然而在许多课堂上，教师完全沉醉在自己的思想中，根本不去注意学生是否能理解讲课的内容。一切看似顺利，学生们在听讲着、思考着，可到了快下课的时候教师才发现，即便最聪明的几个学生都一知半解，剩下的大部分学生更是一无所知。与此相反，在另外一些课堂上，教师密切关注学生对知识的理解过程，一刻也不错过。他不用等到快下课时，才了解学生对知识的掌握情况，他在课堂学习过程中就已经了如指掌。他一边思考着自己讲述的内容和学生所理解的内容，一边还在思考着教育技巧中一个最重要的问题：所做与所得之间的相互关系是怎样的？

教师真正的思维素养就在于，他能够在学习教材的过程中就发现适合的工作方式和方法，来发现学生的思路发展过程。我这里指的就是所谓的"反馈联系"原则，这是教学中的一条重要原则。优秀的教师在每一节课上都在践行着这条原则，而不需要使用任何复杂的机器或者设备。通过让学生独立完成作业的方式，教师能够在这个过程中发现学生理解和掌握知识的情况。例如，在学习三角形面积测算的时候，就让五年级学生在草稿本上画图，测算，他们这就是在实际中运用刚刚学到的公式。这一切都被教师尽收眼底，他能发现每一位学生的智力活动特点，并能给予学生"适时"的帮助。所谓"适时"，就是指在学生还没有牢固掌握知识的时候，而不是指在学生无法理解知识的时候，这两种情况是完全不一样的。

在对"反馈联系"的过程分析中，我们可以得出一条对未来实践具有重

218

要意义的结论：学生在感知、理解知识的过程中，应当尽可能多地进行积极的独立自主活动。学生不能单纯地听讲和思考，他还要动手实践。

思考应当反映在实践中，只有这样，才能在课堂上让所有学生都思考起来，杜绝开小差、不注意听讲的现象。这里要注意让学生使用草稿本，这个草稿本并不是为了让学生工工整整地记录什么现成的内容，它只是学生用来记录思路的便写本。在分析课程的过程中，校长和其他领导们应当每天都密切关注草稿本，关注学生的智力活动是如何反映的。

分析课堂的教育过程，首先是要分析如何指导学生的智力活动，着重分析教师创造性活动的重要意义。上课并不是剪裁衣服，不是把事先量好的、裁好的布料摆放得当就可以。问题的实质就在于，我们面对的不是布料，而是有血有肉、有思想有灵魂的儿童，他们敏感又柔嫩。因而，真正的大师会把"剪裁方案"放在脑子中，一旦有需要，他就能随时调整课堂方案，而这是经常会遇到的情况。作为一名好教师，他好就好在能够感知到课堂的内在发展逻辑，让它顺应学生的思维发展规律。如果一个教师只抱守着一种方案，不管遇到什么情况都把它当作万金油，那么他是没法取得什么好成绩的。更确切地说，他没法让学生取得什么好成绩。教师要善于修正教案，甚至于完全改变教案。这并不是说不尊重教案，恰恰相反，这才是一种真正的尊重。只有对教育过程中的事实和规律之间的相互关系经过充分研究、精确预测，才能成为真正的教育大师，才能随时随刻改变既定计划。假如说，反应迟缓的科里亚今天没有来上学，那么教师就要计划如何调整授课内容。

我在听了数十节课后，对这些听课材料进行了总结，进一步得出了一个结论：即教师需要具备什么条件，才能感知和理解学生的所思所想。在有些课上，教师在讲课过程中似乎非常痛苦，是生拉硬挤出来的语言，而学生并没有能够跟上教师的讲解思路，反而是在静观，教师如何搜肠刮肚地寻找合适的词句来讲解。教师无暇顾及学生的思维活动情况，这样的课显然不会有好的效果，也不可能在学生的记忆中留下什么烙印。对于处于少年时期的学生来说，这样的讲解形式实在是不应该的，这个问题需要专门的心理学分析。与此相反的是，有些教师对本学科有着既深刻又广泛的了解，因而在讲课的过程中，他无须将注意力集中在自己的思路上，而能够集中在学生身上，注意学生是如何进行思维活动的。我在这里强调"广泛"这个词，并非随意为之。教师的知识面越是超出教科书的范围，他的讲课就越能深入浅出，学生也就能学到越多的知识。

由此我们可以得出一个结论：学生的智力活动情况，是反映教师智力活动情况的一面镜子。教师在备课的时候，无论如何也不能将教科书当作唯一的知识来源。真正的教育大师是从学生的视角出发，来审视教科书的。伊·尼·乌里扬诺夫曾经写过，教师所掌握的知识量，应当比他传授给学生的多10倍、20倍，而教科书不过是他的跳板而已。如果您发现，哪位教师只是在忠实地复述课本，那么可以断言，这位教师的教育素养水平亟待提高。

我还要对智力活动进行一个总结，我们全体教师同仁已经对这个问题研究多年了，即知识掌握的问题。好几年前我们就发现，有些教师费尽心思，力求将课程讲得通俗易懂，让学生理解起来不费脑筋。在总结学年工作的校务委员会会议上，我多次举例来说明这种类型的课程，大约可以从以下两方面来进行评价：从教师授课的角度来说，是不错的；但是如果从学生的智力活动角度来说，只能算是一般般。如果教师一味地降低智力活动的难度，那么也就谈不上掌握知识了。只有触动到学生的思维和情感，激发出学生的探索欲、求知欲，才能让学生真正掌握住知识，将知识内化为己有。掌握知识，意味着对事实、现象等材料进行积极的思考和研究。而积极的思考和研究正是从运用概念、判断和推理开始的。

如果将知识掌握的过程比作是建造房子，那么教师应当给学生提供的，就只是建筑材料——砖头、砂浆等，至于砌墙的事情，则应该全交由学生自己去完成。然而教师不给学生们去做这些粗重辛苦的建筑工作的机会，学生才会变得思维缓慢、迟钝麻木。学生只有在实践过程中才能掌握住知识。

例如说，学生好不容易学习了副动词短语这个知识点，他们好像理解了，却并不会实际运用。为什么呢？正是因为，学生没有得到实际运用的机会，没有在刚刚弄懂材料的时候进行自我检验。要知道，弄懂材料并不意味着掌握了知识，经验丰富的教师总是力求在理解的过程中加入积极的思维活动。例如说，当学生弄懂了副动词短语主要是指同一个主体的次要行为时，教师就马上给学生布置了一道实践作业：请大家想出几对动词，每对中有一个表示基本行为，另一个则表示次要行为，然后把表示次要行为的动词变成副动词。课堂里静悄悄的，学生们都在聚精会神地思考着。请教师们重视这样的时刻，让课堂上多一些这样的安静时刻。我们需要注意的是，课堂上不能总是教师一个人在讲解，这并不是什么好事。我得出了这样一条结论：数学和语文教师每次讲课时间不要超过5—7分钟，只有让学生通过自己的努力去理解教材，才能真正掌握住知识。

有鉴于此，在总结学年工作的时候，我把从上百节课程中总结出的一些关于巩固学生知识的初步看法，与全体教师进行了讨论交流：教师不能一讲完课，就自认为学生已经弄懂了，于是马上叫学生回答问题。这种做法并不能巩固知识，好点的情况不过是能了解到讲课在学生头脑中留下了什么印象，但这种了解也是很片面的，因为回答问题的往往都是能力最强的学生们。

要想真正地巩固知识，就要对各类事实、现象的实质进行独立思考。经验丰富的教师会在学生大概理解教材之后，依据教材内容难度给出5分钟、10分钟或者15分钟的时间，让学生集中精力、独立思考。这里之所以说"大概"，是因为个别学生一时还不能确定是否真正理解。这里有一点很重要，要让学生的思考过程，即知识巩固的过程，能够以实践作业的形式反映出来，以便后续进行观察与分析。例如，教师在黑板上画了两条平行线，再画一条直线与它们相交，学生们打开草稿本，回忆刚刚听过的大概已经理解的内容，自己开始画图，并标明每个角的名称。与此同时，教师已经擦掉了黑板上的内容。这种做法便是让学生深入了解到教材的实质，同时也是对自己知识的一种检验。每个学生都对已经理解的、尚未理解的知识重新进行了一次思考。而在这一阶段里，教师就可以对学生的情况进行观察，了解学生的听课情况、对知识的掌握情况，以及两者之间的相互关系。

在与全体教师的讨论交流中，我还提出了一个看法：在讲解新知识和检查新知识这两个环节之间，应该有一些专门的作业，来帮助学生加深领会和理解教材。在教师检查知识之前，学生应该进行自我检查。

对于智力活动中的另一个问题，即发展抽象思维的问题，我校全体教师也进行了研究。通过多年的观察，我们得出这样一个结论：发展抽象思维的必要性，不仅仅是保障学生顺利完成越来越复杂的学习任务。教师时不时会遇到这样一种可悲的现象：学生在童年时期学得很轻松，能顺利掌握住知识，可到了少年时期，学习对于他来说，就变成了痛苦艰难、无法胜任的任务。我查阅了记事本，总结了一些能揭示这种智力活动本质的事实。在学年总结报告中，我对数学的抽象作用做了特别关注。优秀的教师会尽早让学生学会解答综合性的算术应用题，学会自己导出公式。

还有一个问题是我们全体教师都认为亟待解决的，即课堂上学生的兴趣和注意力问题。什么时候，在什么样的条件下，学习的材料才是有趣的？在总结过去一年的工作时，我详细研究了如何确定抽象和具体的比例问题。

在总结报告中，我还分析了课堂教学和学生自主学习这两个问题之间的关系。报告中还对以下问题进行了总结：如何在课堂教学中激发学生阅读科技书籍的兴趣？如何培养学生的爱好、兴趣和志向？等等。

## 4. 分析教育工作

分析教育工作，我们首先从分析智力教育入手。在总结报告中列举出一系列事实，再根据这些事实总结出相关结论，如学生的智力教育和劳动教育怎样统一起来，学生的科学唯物主义世界观是怎么形成的，学生掌握知识和社会实践的过程是怎么样的，等等。我力求唤醒教师的兴趣点，让他们去研究教育过程中各种因素之间的微妙关系。

在总结报告中，还对以下品质进行了详细分析：热爱钻研、富有创造力、勤劳好学、将劳动视为精神需求并掌握高度的劳动修养，对懒惰、散漫、不屑一顾等态度绝不容忍……这些品质都是和谐统一的。以下方面是绝不可少的，如采取什么措施发展道德教育、劳动教育及美学教育等。这些方面都是不可分割的，在实际教育工作中，都是相互联系和相互制约的。劳动教育并不是智力教育和道德教育的附属品，而是学生世界观、创造性智慧和道德信念的源泉所在。

在总结报告中，我还分析了学生们的双手都在忙些什么，以及合理的劳动安排是如何影响学生的智力发展、心智形成的。如果将人个性的和谐发展比作有数十种乐器的交响乐队，这个乐队里每一种乐器都有自己独特的音效。那么，劳动扮演的角色，既相当于乐队中的作曲家，也相当于总指挥。在我们这个时代，要培养学生对劳动的精神需求，这是未来主人翁的最重要品质。这是一项重要的教育任务，劳动教育强有力的、全方位的作用已经开始显现。

我在总结报告中还分析了创造性思维与智力活动的关系。教学工厂、工作室、实验室、温室、教学实验角、养蜂厂、畜牧场等，这些设施场地并不是为了防止学生无事可做，而是学生思维发展的源泉。在和全体教师的讨论中，我提出了这样的想法：我们该怎么去丰富这些思维发展的源泉？

劳动同时也是一个人发现自我、肯定自我、认知自我和自我教育的领域。让学生在劳动中体验道德尊严感，这是我们全体教师孜孜以求的目标。我们苦苦找寻打开每个学生心扉的钥匙，缺少了这把钥匙，教育就失去了意义。因而，劳动的道德实质问题就成了总结报告中的又一个课题：在个人与社会的关系中，劳动起着什么样微妙又坚定的作用；参加劳动，能够在多大程度上体会到自己对社会的贡献；从自身的劳动成果中，他能够看清几分自己的价值；劳动的社会意义与劳动之美，这两者之间是否能达到和谐交融，因为在这种和谐交融中蕴含着人的道德品质和审美原则的一致性。

对劳动的初始需求蕴含在创造美的过程之中。这是对学龄初期儿童进行劳动教育、道德教育和审美教育的原则之一。在年度总结报告中，我分析了学生在自己用双手创造美的同时，会产生什么样的自豪感。以及，我们在今后如何进一步加强劳动教育的趋势。

在总结报告中，我们还对说理教育进行了分析。归根结底，人类教育中最重要的方式就是语言。人类脑中所思考的、双手所创造的，都需要借助语言才能反映在人的心灵里，这是人类所特有的行为。我在总结报告中还分析了"语言—知识—世界观"问题，这是个细微的问题，尚且研究甚少。

在对优秀教师的授课工作进行分析时，我们注意到，优秀教师不仅善于运用语言传播思想和知识，还善于运用语言深入探索学生的心灵，这是教师对学生的一种教育。教师只有具备这种能力，才能在课堂上实现教育和教学的真正统一。在对人文学科的课程进行分析时，我回忆了一些具体的事例：优秀教师讲解历史事件或者文学作品中的主人公命运，这些虽然与每个学生的精神世界没有什么直接联系，但是能够直击每个活生生的人的理智和情感。优秀教师力争点燃学生心中信任他人的火种，成长为一个更好的人。要想触及人心灵深处最敏感的角落，语言就是最精妙的工具。

从最近一年听的几十节课中，我们发现了一些事实，这些事实可以说明，辩证唯物主义世界观的形成不只要通过学习科学基础知识，还要让学生对现实世界进行客观的分析，要让学生变得更加高尚，要让他们对自己公民的、智力的、道德的和审美的创造力心怀自豪。例如说，我们在生物课上，不难让学生相信以下这个道理：宗教中关于灵魂的说法都是不可信的，这世界上根本没有什么灵魂，人一旦死了，就会化为乌有，和所有其他动物一样，逃不过相同的生老病死的规律。如果教师只是让学生相信这一点，那么学生只能将人和动物一样看待。请你们好好想一想：为什么有的学生明明已经通过万事万物的现象，了解到了唯物主义的本质，最终却依然信教了呢？这是因为，无论是教师，还是无神论的宣传者们，都只是想让学生们相信：你的身体，不过是某些物质的载体；你的大脑，不过是生物进化的过程……这是世界观教育中一个极其重要的问题，值得专门进行研究。在我看来，应当对优秀教师的经验进行好好研究，他们最善于向学生灌输一些重要的思想：人并不是时间长河中的一粒微尘，他可以永垂不朽的，他能够以自己公民的、社会的、智慧的创造流芳于世。

在年度总结报告中，爱国主义教育问题也占有重要篇幅。在这里，语言再一次具有十分重要的意义。教师要能够运用智慧的、包含情感的语言，要言语和行为一致、思想和行为一致，才能培养出具有爱国主义情怀的学生。我想简明扼要地说明，教师应当怎样引导学生用爱国主义的眼光去看待周围世界，并从中激发出深厚的个人情感，从而履行对祖国的义务。到底要做哪些具体的工作，才能让学生们喜爱且珍惜祖国的每一寸土地、每一座山川？怎么样才能让学生在认知世界的同时，从上一辈人手中接过接力棒，在经过一番艰苦卓绝的斗争取得祖国的独立自主之后，继续争取物质财富和精神财富呢？小朋友们从自身的劳动中学到了哪些思想，什么样的爱国主义情怀在激励着学生进行着创造性的活动？以上这些问题，不仅要在总结时加以探讨，也要在日后的计划中做出安排。要让学生们用爱国主义的眼光看待世界，而不是冷眼旁观。学生首先要学会创造，要实实在在地参与到社会事务中去。

军事爱国主义教育问题，是值得专门分析的。我和课外活动组织的教师们一起分析：青少年学生们是如何学习我国伟大的战争历史的？他们又是如何掌握保卫祖国所必备的知识和技能的？

对于共青团员参加社会生活的情况，我们进行了尤为细致的分析。共青团和少先队的领导工作，首先要用公民的思想和激情去激励他们。如今十四岁的少年，已经为社会做了些什么？正在为社会做些什么？在他十四年的人生道路上，已经用自己的双手创造出哪些可见的事物？他为同学、为他人做过哪些事情？最近几年里我们开展了一种社会活动，广泛吸引共青团员和少先队员参与其中，且活动形式日臻完善着，我们将其称为"文化宣传"活动。青少年们会每周为集体农庄庄员作一次自然科学方面的报告，播放幻灯片，回答各类问题。这类有趣的活动一般是在农庄庄员的家里，在村子里的偏远角落里进行的。我们希望，学生们在少年时期就能为他人作奉献。

劳动人民千百年以来形成的高尚道德品质，诸如助人为乐、同情他人、大公无私、慷慨大方等，教师力争让学生们都能拥有和掌握这些精神财富。这是教育工作中最为细致的一项，与情感教育紧密相关。为了培养学生的文化情操，我们能做些什么？如何才能让集体关系转换为情感关系？在集体中，人与人之间是怎样相互对待的？在回答这些问题的同时，我力争唤醒教师们的创造性教育思想：怎么样才能创造出有助于丰富情感的环境和关系？怎么样才能将语言和积极的活动结合起来？

年度总结报告中的美育章节中，我们主要分析了审美情感的素养。我给全体教师们提出了一些概括性的意见：儿童、少年和青年学生们能够认识和创造哪些审美价值？又能怎么将认识美和创造美达到和谐统一？审美财富在个人的精神生活中占据着什么样的地位？学生之间是如何交流审美观点的？等等。在本学年即将结束之时，我有意将自己对学校情感教育问题的一些初步设想提出来，即每个人在童年、少年和青年时期，为了能够认识审美价值，需要接受哪些教育？我的设想是，要高度重视学生的感官训练，这也是我们教育研究中的一个空白点。

在年度总结报告中，我们也花了相当大的篇幅研究了如何完善教育影响的方法问题。

今年，我们将主要的注意力集中在青少年教育方法的特点上。在本次谈话的一开始，我曾经特意谈到少先队辅导员研讨班的一次观摩性辩论会。这种辩论会反映出我们教育工作中的一大弊病——形式主义，这只会导致学生养成虚伪作假的风气。小孩子们会觉得：老师找我谈话，并不是心里想和我交流，只不过是在履行义务而已。少年学生们对此异常敏感，他们不需要这种类型的教育。他们能从教师的话语中，感知出背后空虚的精神。这些话语干巴巴、空洞洞，连它们自身所包含的高尚内容也变得毫无价值。

如何开展教育工作，如何使师生在精神上保持一致，如何促进师生之间维持亲密无间的友好关系；个人的精神生活中，哪些领域是可以在集体中进行探讨的，哪些又是不容集体干涉的；什么样的艺术可以对人的情感施加间接的（非直接的）影响作用；如何揭示出道德信念中的情感因素；等等。对以上这些问题的结论，都不能从别处照搬照抄，而要凝聚起全体教师的智慧结晶。

我们就是用这种方式来进行学年总结的。总结报告中，没有必要一一列举出姓名、例子，也没有必要起草和通过校务委员会连篇累牍的决议。总结报告是集体思想的凝练，是集体创造的总和，也是全体教师新学年的工作出发点和方向所在。报告中提出的一些设想，能引发教师们的讨论和思辨，而经过一番讨论和思辨之后，教师们就能将报告确定为今后工作的基本路线、基本方向。